高等职业教育"十三五"旅游服务类专业规划教材

饭店管理概论

主　编　梁　唯　闻　芳

副主编　罗志珍　贾　薇　张毓威

参　编　牛海霞

上海财经大学出版社
SHANGHAI UNIVERSITY OF FINANCE & ECONOMICS PRESS

图书在版编目（CIP）数据

饭店管理概论／梁唯，闻芳主编 .－上海：上海财经大学出版社，2018.2
ISBN 978-7-5642-2938-2/F.2938

Ⅰ.①饭…　Ⅱ.①梁…　②闻…　Ⅲ.①饭店－企业管理－教材
Ⅳ.①F719.2

中国版本图书馆CIP数据核字(2018)第022013号

□ 责任编辑　徐　超
□ 封面设计　众拓新创

FANDIAN GUANLI GAILUN
饭 店 管 理 概 论

梁 唯 闻 芳 主编

上海财经大学出版社出版发行
（上海市中山北一路369号　邮编 200083）
网　　址：http://www.sufep.com
电子邮箱：webmaster @ sufep.com
全国新华书店经销
三河市金轩印务有限公司
2018年2月第1版　2018年2月第1次印刷

787mm×1092mm　1/16　15 印张　334千字
定价：42.00元

前　言

　　21世纪是中国的世纪，21世纪的旅游是中国的旅游。近年来，随着中国综合国力和经济发展水平的不断提高，中国旅游业有了长足的发展。作为旅游业三大支柱之一的饭店业，自20世纪50年代以来取得了突飞猛进的发展，不仅数量剧增，而且经营模式和管理水平突飞猛进。随着中国加入WTO与中国—东盟自由贸易区的建立，饭店业的各种机遇与挑战接踵而来。

　　本书是为适应现代旅游饭店业飞速发展的需要，大力培养旅游饭店经营管理人才，提高现代旅游饭店经营管理水平而编写的一本旅游管理专业教材。本书共分十章，分别介绍了饭店管理概述、饭店组织与管理制度、饭店计划与经营管理决策、饭店直接对客部门的业务管理、饭店间接对客部门的业务管理、饭店服务质量管理、饭店人力资源管理、饭店市场营销管理、饭店财务管理、饭店发展管理系统等内容。

　　本书作为旅游专业的基础专业课程用书，主要针对两类读者：高职学院旅游管理专业的学生，以及从事饭店业的广大工作者。通过本书的理论分析和实例证明，能为读者的思维视野提供一个全新的视角，较全面地总结了饭店管理的经典理论，同时运用大量实际案例的分析使读者能够感受时代脉搏，了解饭店管理的最前沿。

　　本书最大的特色在于力求以方便学习者学习为己任。每一章都安排了【关键词】【学习要点】【章前导读】【阅读专栏】【前沿资讯】【自我检测】【思考与讨论】【实践与应用】，并注意了各章节内容在全书中的地位、逻辑关系和侧重点。

　　本书由南充技师学院梁唯、黔东南民族职业技术学院闻芳担任主编。江西工业贸易职业技术学院罗志珍、山西工商学院贾薇、重庆城市管理职业学院张毓威担任副主编。河南省经济管理学校牛海霞担任参编。其中，梁唯编写第一、二章；闻芳编写第三至第六章；罗志珍编写第七章；贾薇编写第八、九章；张毓威和牛海霞编写第十章。

　　本书在编写过程中，借用和引述了国内外许多学者大量的研究成果与观点，在此表示诚挚的谢意！由于作者水平有限，书中不免有浅陋和错误之处，敬请读者指正。

编者

目 录

第一章　饭店概述 ………………………………………………………………… 1

第一节　饭店的含义和作用 ………………………………………… 1

第二节　饭店的产生与发展 ………………………………………… 3

第三节　饭店的分类与等级 ………………………………………… 6

第四节　饭店的特点与地位 ………………………………………… 16

第二章　饭店组织与管理制度 …………………………………………………… 20

第一节　饭店组织设计原理 ………………………………………… 20

第二节　饭店组织管理原则 ………………………………………… 37

第三节　饭店组织管理制度 ………………………………………… 40

第四节　饭店组织管理的内容与方法 …………………………… 43

第三章　饭店计划与经营管理决策 ……………………………………………… 56

第一节　饭店计划管理概述 ………………………………………… 56

第二节　饭店计划类型与指标体系 ……………………………… 58

第三节　饭店计划编制的程序及方法 …………………………… 64

第四节　饭店计划的评价、执行和控制 ………………………… 72

第四章　饭店直接对客部门的业务管理 ………………………………………… 76

第一节　饭店前厅部管理 …………………………………………… 76

第二节　饭店客房部管理 …………………………………………… 81

第三节　饭店餐饮部管理 …………………………………………… 85

第四节　相关案例与分析 …………………………………………… 89

第五章　饭店间接对客部门的业务管理 ………………………………………… 92

第一节　饭店人力资源部的管理 ………………………………… 92

第二节　饭店财务部的管理 ………………………………………… 96

第三节　饭店工程部的管理 ………………………………………… 100

第四节　饭店安全部门的管理 …………………………………… 102

第五节　饭店采购部门 ……………………………………………… 105

第六章　饭店服务质量管理 ……………………………………………………… 109

第一节　服务质量管理的含义 …………………………………… 109

第二节　饭店服务质量的保证体系 ……………………………… 113

第三节　饭店服务质量的分析与控制 …………………………… 118

第四节　饭店服务质量认证与ISO9000体系标准 ·································· 125

第七章　**饭店人力资源管理** ··· **132**
　　第一节　饭店人力资源管理概述 ··· 132
　　第二节　饭店人力资源开发的过程 ··· 137
　　第三节　饭店人力资源管理的方式 ··· 144
　　第四节　相关案例与分析 ··· 150

第八章　**饭店市场营销管理** ··· **153**
　　第一节　饭店市场营销管理概述 ··· 153
　　第二节　饭店市场营销计划 ··· 169
　　第三节　饭店市场营销组织 ··· 172
　　第四节　饭店市场营销执行 ··· 180
　　第五节　饭店市场营销控制 ··· 183

第九章　**饭店财务管理** ··· **192**
　　第一节　饭店财务管理概述 ··· 192
　　第二节　饭店的资金筹集活动管理 ··· 196
　　第三节　饭店投资活动的管理 ··· 202
　　第四节　饭店成本费用的管理 ··· 205
　　第五节　相关案例与分析 ··· 208

第十章　**饭店发展管理系统** ··· **212**
　　第一节　饭店发展系统概要 ··· 212
　　第二节　饭店业集团化发展 ··· 218
　　第三节　中国饭店集团化发展 ··· 221
　　第四节　饭店业发展的新趋势 ··· 224

参考文献 ··· **233**

后记 ··· **234**

第一章　饭店概述

饭店的含义　饭店的管理目标

■【学习要点】

掌握饭店的含义与作用；了解饭店的分类、等级；掌握饭店在社会中的经济地位；熟悉饭店的管理目标；了解饭店未来发展的大趋势。

■【章前导读】

饭店是伴随着人类旅行活动的开展而出现在人类社会中的，它最初的基本功能是为在旅途中的人们提供过夜住宿服务。随着人类社会的发展和经济的发达，在现代社会中，饭店已经成为向客人提供住宿、餐饮、购物、娱乐、健身、商务等诸多服务的综合性企业。饭店已经成为一个城市、地方乃至一个国家的建设标志，是当地社会公共设施中必不可少的组成部分，是当地对外交往、社会交际活动的中心。饭店的大力发展刺激和促进了当地社会的对外交往、经济发展和文化交流，提高了社会的文明程度。

同时，饭店业与旅行社、旅游交通一起被称为旅游业的三大支柱，是旅游供给的基本因素，是旅游业经营活动必不可少的物质条件。饭店是旅游者在旅游目的地开展一切活动的基地，是旅游者的"家外之家"。饭店业的发展水平直接标志着接待地区、接待国家旅游业的发展水平。

饭店业属于第三产业，随着一个国家的经济发展、社会进步和现代化程度的提高，第三产业在国民经济中所占的比重将越来越大。可以预言，饭店业发展潜力巨大，将成为21世纪最有发展前途的行业之一。

第一节　饭店的含义和作用

"饭店"（hotel）一词源于法语，原指富贵门第或官宦之家所拥有的宏伟而豪华的宅邸，是主人们款待宾朋的地方，也是一般人赞赏和向往的去处。后来，英美国家沿用这一名称来指所有商业性的住宿设施。在中文里表示住宿设施的名词有很多，例如旅馆、宾馆、招待所和涉外旅游饭店等。2003年《旅游饭店星级的划分与评定》（GB/T 14308－2003）颁布，我国用"旅游饭店"取代"旅游涉外饭店"，并按国际惯例明确了旅游饭店的定义。在这里，我们先来研究饭店的含义和作用。

■ 一、饭店的含义

随着社会的进步以及旅游业的发展，各种类型的饭店应运而生。无论一个饭店的设施是简单还是豪华，它都必须具备提供住宿的能力，否则就不能称之为饭店。现代饭店是由客房、餐厅、酒吧、商场以及宴会、会议、通信、娱乐、健身等设施组成的，能够满足客人在旅行目的地的吃、住、行、游、购、娱、通信、商务、健身等各种需求的多功能、综合性的服务设施。

国外的一些权威辞典对饭店下过如下定义：

饭店是装备好的公共住宿设施，它一般都提供膳食、酒类与饮料以及其他的服务。

——《美利坚百科全书》

饭店是在商业性的基础上向公众提供住宿，也常常提供膳食的建筑物。

——《大不列颠百科全书》

饭店是提供住宿，也经常提供膳食与某些其他服务的设施，并接待外出旅游者和非永久性居住的人。

——《韦伯斯特美国英语新世界辞典》

从上述各条定义来看，作为一个饭店，应该具备以下四个条件：

（1）它是一个建筑物或由诸多建筑物组成的接待设施。

（2）必须是经过政府批准的，能够提供住宿设施，也往往提供餐饮和其他高水平服务的设施。

（3）它的服务对象是公众，且主要是外出的旅游者，也包括半永久居住地的人，但不应当是当地永久居住地的人。

（4）它是商业性的，以营利为目的，所以使用者要支付一定的费用。

饭店是一个以提供服务为主的综合性服务企业。同其他各类企业一样，饭店是利用多种生产要素（土地、资金、设备、劳动力等），在创造利润的动机和承担风险的情况下，运用现代化技术从事生产、销售等活动的基本经济组织。

任何一个企业都有需要有它的产品。饭店的产品是由满足客人物质享受的各种设施、物品等有形产品和满足客人精神享受的服务所形成的无形产品所组成的。以物质形式出现的有形产品是饭店产品的基础，而体现为无形产品的服务是一种直接给客人提供精神享受的活动。无形产品是一种特殊的产品，有别于其他看得见、摸得着的具有一定几何形状的物质产品，饭店是以提供具有特殊使用价值的无形产品为主的企业。

饭店作为一个企业，在法律上具有"法人"地位。具有"法人"地位的饭店符合以下条件：

（1）必须获得国家有关部门批准，符合国家有关的法律、章程、条例等。

（2）对饭店的财产拥有管理权或所有权。

（3）能以饭店的名义从事经济活动，取得合法的权益，并承担义务。

（4）能用饭店的名义参加诉讼活动，要求法院保护饭店的合法权益，并能够承担义务。

具有"法人"地位的饭店由饭店的经营管理负责人或者授权的代表执行其权利、义务和行为。

▍二、饭店的作用

饭店的作用包括如下几个方面：

（1）饭店是所在城市、地区对外交往、社会交际活动的中心。饭店业的发展会给当地社会的政治、经济、文化诸方面的发展带来重要的影响，会刺激、促进和活跃当地社会的对外交往、经济发展和文化交流，提高社会的文明程度。

（2）饭店是创造旅游收入，尤其是外汇收入的重要部门。对国家外汇收入、平衡国际收支有着重要的意义。

（3）饭店能为社会创造直接就业和间接就业的机会。按目前我国饭店的人员配备状况（即平均每间客房配备1.5～2人），一座有300间客房的饭店能创造500～600个直接就业机会。饭店又能为与饭店业相关行业，如饭店设备、物品生产和供应行业提供大量的间接就业机会。根据国际统计资料和我国近年来的实践经验，饭店每增加一个房间，可以直接和间接为5～7人提供就业机会。

（4）饭店业的发展促进了社会消费方式和消费结构的发展变化。饭店向饭店所在地的居民提供活动的场所，如饭店的餐厅、娱乐厅等设施对外开放。同时，随着饭店消费模式越来越普及，人们的消费方式和消费结构必然会发生变化。

（5）饭店业的发展带动了其他行业的发展，同时为所在地区带来了巨大的经济效益。据有关资料统计表明，一家饭店住客开支的近60%花费在饭店以外的社会其他行业，而且住客在饭店消费的物品大多都是由社会其他有关行业提供的，因此饭店发展也间接刺激了其他行业的发展。

第二节　饭店的产生与发展

▍一、国外饭店的产生和发展

饭店业在商品生产出现之后就有了发展。商品交换刺激了人们的贸易和旅游活动。由于外出活动，住宿的需求是必不可少的，所以就出现了适应这种要求的最早的饭店。最原始的设施是极为简单的客栈，大约在古希腊和罗马时期就已存在。但真正大批兴建和进行管理的饭店，直到19世纪才开始兴起。其发展进程经历了古代客栈时期、大饭店时期、商业饭店时期、现代新型饭店时期四个阶段。

（一）古代客栈（驿站）时期

古代客栈（驿站）是饭店最早的雏形，设备极其简单，规模极小，价格低廉。

在埃及古墓的古画中，我们可以看到将游客安顿在现在成为饭店的客栈里的情景；在古巴比伦，政府对当时的客栈质量与管理十分关注，我们可以在《汉穆拉比法典》中找到禁止客栈主要饮料中掺水的严格规定。

在意大利南部的旅游胜地庞贝和黑古拉宁至今存留着几千年前的客栈，这使我们对古罗马时期的客栈有了初步的认识，并且由此而知当时的客栈主要由奴隶或战俘从事经营和劳作。古代的商人大都集结成商队，沿途住在不同层次的商用客栈。而在古代中国与古代罗马，都有设在沿途的驿站，供皇家使者住宿。

重视农业，贸易不发达，人们聚居在相对隔绝的村镇，因此外出旅行的人很少。由于提供住宿的地方很少，教堂与寺院常以比较低廉的价格向旅行者提供膳宿服务。中世纪后期，随着商业的发展和旅行、贸易的兴起，客栈的需求量增加，普通平民与新兴资产阶级都有了去客栈寄宿的需要。

早期的英国客栈，是当时人们相互沟通、交流信息的场所。随着公共马车的出现，每隔10～15英里便可找到一家客栈，而且还可提供膳食与啤酒。当然早期的客栈仅仅只是一幢大房子，内部设计几间房间，摆上一些床即可。到15世纪后，情况发生变化，客栈已拥有20～30间客房，较好的客栈里还设有酒宴、食品室、厨房，有的还设有制酒作坊和带壁炉的宴会厅、舞厅。美国的客栈在1750年以后开始有所改善，客栈内增加一些设施，如保龄球、草坪等。

（二）大饭店（豪华饭店）时期

在19世纪的欧美，随着上层社会极为奢侈的生活方式的蔓延，专为王室、贵族、大资产阶级服务的豪华饭店应运而生。这些饭店规模宏大、建筑别致，设备豪华，餐饮精美，讲究礼节，服务周到，能尽可能地满足宾客的需要，但价格昂贵，是专为上层富有的显贵和特权阶级服务的。

18世纪后期，美国的饭店逐渐成为世界上最好的饭店。1794年，首都饭店在纽约建成，内设客房73套，成为当时一座大宫殿。1892年特里蒙特饭店（Tremont）在波士顿落成，被称为第一座现代化饭店，为整个新兴的饭店行业确立了明确的标准。内设客房170套，就当时而言，规模是比较宏大的，据说也是第一家建立了前厅的饭店。在这里，宾客不必再到柜台上登记入住。饭店共设有200个座位的餐厅，供应法式菜肴；服务人员都经过训练，饭店里不仅有单间客房，房门还可以加锁，为了让顾客记住归还钥匙，在把钥匙上都带有一个长形的铁片；为了方便，游客不必上饭店后院的水泵处洗澡，客房里都备有脸盆、水罐和肥皂，特里蒙特饭店就此闻名于世，成为饭店发展历史上的里程碑。

美国的豪华饭店出现于19世纪末20世纪初。此时期的饭店崇尚豪华，供应比较精美的饰物，摆设高档的家具，当时豪华饭店的代表为恺撒·里兹（Caesar Ritz，1850—1918）开办的饭店。里兹饭店聘用了名厨，让饭店的菜肴精美，而且以主顾或他们的女友的名字来为菜品命名，使这时期的饭店成为一种地位、身份、权力的象征。

（三）商业饭店时期

商业饭店是在20世纪初期，随着世界经济的发展，商务旅游的急剧增长而应运产生的。其特点是提供完善的设备和设施，提供优良的服务，给旅游者舒服、方便、清洁、安全的感觉，而且价格便宜合理，主要为商人和旅游者提供服务。

20世纪20年代，饭店业发展迅猛，在纽约兴建了许多饭店，特别是集资兴建饭店有力地促进了饭店业的大发展。20世纪20年代中期，美国饭店的客房平均出租率达86%左右，并且随着汽车工业的发展，汽车饭店也产生和发展起来，第一家汽车旅馆于1926年开设于加利福尼亚州的圣累斯奥比斯波（San Luis Obispo）。那时饭店的条件十分简陋，客房生炉火，炉上放一个水壶，客人自带铺盖，一晚只需付2.5美元。由于汽车旅馆客房卫生，价格便宜，自诞生以来发展很快，并从公路边建到了大都市，在洛杉矶、旧金山、纽约和华盛顿，我们经常看到"Motel"的巨大灯箱招牌。现在汽车旅馆总数已占全美饭店的一半以上。到20世纪30年代，由于经济大萧条，旅游业面临危机，饭店业也不可避免地陷入困境。在兴旺时期开业的饭店，几乎尽数倒闭，饭店业受到极大挫折。

在商业饭店时期，汽车、火车、飞机等给交通带来很大便利，许多饭店设在城市中心，汽车饭店就设在公路边。这一时期的饭店经营方向开始以客人为中心，饭店的价格也趋向合理。商业饭店时期是世界饭店业发展中最为主要的阶段，从各方面奠定了现代饭店业的基础，也是世界饭店业最为活跃的时代。这一时期，欧美诸国以及日本纷纷成立了为饭店建设筹集资金的金融机构，制定了不少饭店管理的法规，培养了不少饭店管理方面的优秀员工。

（四）现代新型饭店时期

随着世界经济的发展和新技术的应用，特别是由于汽车的普及和喷气客机的出现，汽车饭店集团得到了空前的发展，进一步加速了饭店业的发展变化。新型饭店时期也称饭店集团阶段。所谓饭店集团，就是几十家、几百家饭店通用一个名称，在饭店设施、服务水平、经营管理等方面都有统一的规格标准。目前世界上饭店集团公司大都只负责经营管理，而直接投资的不多。最著名的有洲际酒店集团、胜腾集团、希尔顿等集团公司，在世界各地都拥有几十万间以上的客房。

▋二、中国饭店的产生和发展

（一）中国早期的住宿设施

我国是世界上最早出现饭店的国家之一。我国最早的住宿设施可追溯到殷商时代的驿站，当时主要是为传递官方文书往来的人提供膳食和驻马的场所。从商代中期到清光绪二十二年止，驿站长存三千余年，是中国最古老的旅馆。

周王朝为了巩固其统治，在都城通向各诸侯国的官道上设置了大小不同的馆舍，由专人管理，供各位官客沿途食宿。据《周礼·地官·遗人》中记载："凡国野之道，十里有庐，庐有饮食，三十里有宿，宿有路室。路室有委。五十里有市，市有候馆。候馆有积。"候馆的规模比较大，专门接待比较大的官吏，相当于我们现在的宾馆或高级招待所。而当时接待一般游客的饭店泛称"逆旅"。逆旅发展到战国后期，至少在秦国，已经为数甚多。商民数量的增多，影响到了农业生产的正常进行。所以引出了商鞅的《废逆旅令》，认为取消旅店便可以奸人不生，人民一心务农，天下太平了。这当然是逆时代潮流的行为，是行不通的。但反过来却说明了当时旅馆业的发达。魏晋时代都城十分繁华，洛阳已有一些专供外国来访者的住宿设施，如四夷馆。

到了唐代，由于经济的发展，对外贸易的扩大，人口的增加，饭店又有了较大的发展。韩愈"府西三百里，候馆同鱼鳞"的诗句反映了当时饭店业的繁荣景象。当时，供各阶层人士居住的不同等级和性质的饭店在首都等大城市不断涌现，在广州、泉州、宁波、扬州等口岸城市出现了专门接待外国客商的饭店雏形——"蕃坊"。蕃，通"番"。这里的"蕃"指的是外国人，"坊"则指的是唐代对城市街巷的通称。"蕃坊"即城市中外国人居住的街区。到了元朝，忽必烈命礼部设"会同馆"专门接待外国来宾。而明清时代，为了接待外国使臣和国内各兄弟民族的代表，在北京也出现了"会同馆"，内有较大的宴会厅，提供各种服务。

（二）近、现代饭店业的发展

我国饭店业在20世纪也有一定的发展。20世纪20年代和30年代，在一些大城市兴建了一批比较现代化的饭店，如北京的北京饭店、天津的利顺德饭店、上海的静安宾馆和锦江宾馆、广州的爱群大厦等。据1939年统计，全国旅游招待所有23家之多。20世纪50年代和60年代，各省市都建有比较高级的宾馆，如北京钓鱼台国宾馆、广州的东方宾馆等。20世纪70年代，由于"文革"的影响，旅游事业陷入瘫痪，饭店发展缓慢。但自从1978年中国进行对外开放以来，饭店又有了较快的发展，进入了一个新时期。一批标准高、规模大、设备先进、设施齐全的现代饭店出现在中国的大地上，自立于世界饭店之林。广州白天鹅宾馆于1985年被世界一流酒店组织接纳为在中国的首家成员，这标志着我国饭店业已进入了一个繁荣昌盛的时期。截至2016年底，星级饭店统计管理系统中共有11 685家星级饭店，其中11 289家完成了填报，填报率为96.61%。其中，2016年度全国星级饭店营业收入总额为2 027.26亿元，利润总额为4.71亿元。客房和餐饮分别占营收比重为44.79%、41.30%。

第三节　饭店的分类与等级

一、饭店的分类

饭店的分类多种多样，可分别按照传统分类法、饭店规模、地理位置、建筑投资、星级标准、经营性质等来进行划分。

（一）按传统分类法分类

按传统分类法，可分为商业型饭店、长住式饭店、度假型饭店和会议型饭店。

1. 商业型饭店（commercial hotel）

所谓商业型饭店，就是为那些从事企业活动的商业旅游者提供住宿、膳食和商业活动及有关设施的饭店。

一般而言，商业型饭店大都位于市中心，居住时间大都从星期一到星期五，即从事商业贸易和洽谈活动的办公时间。商业型饭店的一大特点是回头客较多，因此，饭店的服务项目、服务质量、服务水准，应为商业旅游者创造便利条件。例如直播海外电话、电信、各种规模的谈判室、会议室，还应提供小型电影的放映机、录像机、投影机等。

在商业型饭店服务的服务员应具备高超的服务技能。他们应当注重礼节、礼貌、服务态度、外语流利，应能根据客人所来自的国家和地区，根据客人的饮食习惯为他们提供所喜欢的食物。由于商业旅游者一般受教育的程度较高，是有着国际交际礼节和丰富的企业管理经验的上层人物与企业家。因此，对饭店服务的要求比较高。如果饭店服务不能让他们满意，他们就会选择其他能满足他们要求的饭店。

商业型饭店注重康乐设施、健身房、游泳池等，以方便客人恢复一天紧张后的疲劳。根据调查，在旅游客源市场的比例中，商业旅游者占45%。根据旅游市场的这种需求，目前我国的商业型饭店占全部饭店总数的60%，例如我国北京的长城饭店、西苑饭店、南京的金陵饭店、广州的花园饭店，另外世界国际饭店集团所属的饭店，绝大多数也都是商业型饭店，如纽约希尔顿饭店（New York Hilton Hotel）、日本东京帝国饭店（The Imperial Hotel Tokyo）等。

2. 长住式饭店（residential hotel）

长住式饭店主要是面向长期住宿的客人，这些客人或家庭可能正从另一个城市搬迁过来，或者是进行职业培训和长期出差的商务人员，需要在酒店住上半个月或者一个月，有的时间甚至更长。据调查，长住酒店的客户主要包括自助旅行者、政府和军队工作人员、培训师和受训人员、咨询师、保险调节人、搬迁的职员、临时医疗工作人员以及公司客户等。

长住式饭店最显著的一个特点是，大多数长住式饭店的客房都配备有厨房。厨房里至少要配备一个水池、冰箱、微波炉和炉灶，有些厨房也配备洗碗机和烤箱。长住式饭店与传统饭店不同之处在于，其趋向于提供更家庭化的环境和设施，因为当人们需要离开家较长一段时间时，他们也希望找到一个感觉自己像在家里的地方。其他可能提供的项目包括：烤面包机、咖啡机、盘子、壶、锅、烹饪器具和银制餐具等，这些主要取决于不同的饭店品牌和价位等级。

长住式饭店一般收费较高，原因在于长住客人不像一般客人在饭店就餐、购买纪念品及公共服务项目花费，加之长住客人要求一些额外的客房设施，也是增加费用的原因。

3. 度假型饭店（resort hotel）

度假型饭店主要位于海滨、山城景区或温泉附近，主要是为度假旅游提供娱乐和度假场所。这类饭店最为突出和最为重要的部门是它的康乐部，因为度假游客在自己的游玩当中，还需进行社交活动，作为度假型饭店应设有含室内保龄球、台球、网球、室内外游泳池、音乐酒吧、咖啡厅、舞厅、美容中心等在内的康乐部。

4. 会议型饭店（convention hotel）

会议型饭店是专门为各种从事商业、贸易展览会、科学讲座的商客提供住宿、餐饮、展览厅、会议厅的一种特殊型饭店。

会议型饭店一般设立于大城市和政治、经济中心，或者是交通方便的游览胜地。这类饭店的很多楼层都设置一个或多个会议厅与多功能厅，配备会议设施，如扩音设备、视听设备、录放像设备等，要求服务人员具有高素养、高效率，可协助会议组织者协调和组织各项会议事务。这些会议室在必要时可用作宴会厅、舞厅。

（二）按饭店的规模大小分类

饭店的规模是以饭店的占地面积、客房数量、饭店的销售额和纯利润多少为衡量标准的，其中主要的标准是客房数量。

1. 大型饭店

大型饭店一般拥有客房600间以上，具有较高档次的设施，服务项目较为齐全，拥有现代化的设施，先进的室内装饰，安全、稳健的世界一流电梯，旋转餐厅、桑拿浴、康乐设施等最先进的项目。因此一般而言，大型饭店都称之为豪华饭店，此类型饭店盈利较高，也难以管理，必须采用世界饭店集团的先进科学管理体系。

2. 中型饭店

中型饭店拥有客房300～600间，是一般旅游者比较满意的娱乐休息场所，价格也比较合理、适中，服务项目比较齐全，设施也较为（先进）现代化。这类饭店一般属于中档水平饭店，拥有舒适、方便的客房、餐厅、酒吧、康乐中心、公共服务部，很多旅游者都偏爱此类饭店，经济效益可观，经营、管理相对比较容易。

3. 小型饭店

小型饭店拥有客房300间以下，提供较为一般的服务，如小酒吧、客房、简单的服务设施，价格比较低，一般属于经济型饭店，比较适合中下层客人居住。

（三）按饭店的地理位置分类

1. 机场饭店（airport hotel）

顾名思义，机场饭店一般位于机场附近，主要是为一些大型航空公司和一般飞机乘客提供服务，为游客暂时停留提供住宿、饮食服务。游客在机场饭店一般停留一天左右。

2. 公路饭店（high way hotel）

在欧洲，汽车旅游极为普遍。为了满足乘车旅游的需要，公路饭店便应运而生，游客可以十分方便地驾车住进公路饭店，此类饭店可为游客提供住宿、餐食、洗衣、电话机、停车场等服务，而且十分廉价、舒服、便利。

3. 风景区饭店（resort hotel）

在风景区、山城、海滨地带设立饭店，以满足观光游客住宿、娱乐等需要，与度假型饭店相同。

4．城市中心饭店（downtown hotel）

位于城市中心的饭店其实也就是商业型饭店，前面已详述之，此处不再赘述。

（四）按建筑投资规模分类

1．中低档饭店

依据国际饭店建筑投资标准，一般每个标准间（standard room）的建筑投资为2万～4万美元，其中包括各种设备、用具、建筑材料、室内装饰、陈列的费用，也包括各种技术、人员的训练费用等。这是中低档饭店每个标准间的建设投资总费用。客房除了卫生间的日用洗漱用品以外，还包括沙发、写字台、彩电、音响系统、室内空调等家庭陈设。每个标准间建筑面积为12英寸×22英寸，即265平方英寸（25平方米）。

2．中档或中档偏上饭店

这个档次所需的投资费用，按一个标准间来计，建筑投资（包括建筑材料、室内装饰的设备、用具、陈设费用以及所需的技术、人员培训费等）为4万～6万美元。客房拥有舒适先进的卫生间，室内陈设十分讲究，如音响系统、中央空调系统、室外风景、壁画等都是质量优良的名牌产品。中档偏上饭店标准间建筑面积为14英寸×28英寸，即392平方英寸（36平方米）。

3．豪华级饭店

豪华级饭店的投资费用，每个标准间为8万～19万美元，其中包括建筑材料、室内装修、大厅、走廊、公共康乐中心、健身设施、管理设施（如计算机预订系统）、音响设备、室内陈设、用具的总费用，还有建筑中所需的各种技术、人员训练的费用等。客房内设有豪华沙发、写字台、两张座椅、室内用餐桌、室内酒吧（mini-bar）、高级彩色电视机，备有"自动付费点播电视"服务系统、中央空调、名人字画、壁画、豪华级卫生间及呼唤安全电话、室内的海外直拨电话、音响系统等高级设备。客房宽敞、舒适，可以随意布置和安排室内陈设，各个方面都给人以豪华的感觉。每个标准间的建筑面积为16英寸×32英寸，即512平方英寸（47平方米）。

（五）按星级分类

根据星级可分为一星、二星、三星、四星、五星级饭店（具体将在饭店等级中陈述）。

（六）按经营性质分类

1．国有饭店

国有饭店的资产归国家所有，过去称之为全民所有制饭店，有较长的发展历程，档次也较多，在我国饭店业中占主导地位。

2．合资饭店

合资饭店是由两个或两个以上的投资者联合集资经营的饭店，它可以是投资各方都为全民所有制或全民与集体、全民与外资或集体与外资，是实行改革开放、引进外资的产物，运用国外先进的管理方法。

3. 外资饭店

外资饭店是国外投资者在我国境内开设的独资饭店，采用国外的管理原则与方法。

4. 饭店集团（hotel chain）

所谓Hotel Chain，译成连锁饭店或饭店集团，是指本国或世界各地直接或间接地控制两个以上的饭店，以相同的店名和店标、统一的经营程序和管理水平、统一的操作程序与服务标准进行联合经营的企业。实质上，饭店集团是指以经营饭店为主的联合经济实体。

饭店集团发展到今天，其规模和实力与日俱增，并向相关的行业渗透。

5. 个体饭店

个体饭店是由个人经营投资，是国有饭店、集体饭店的一种补充，这种饭店可分为外商个人独资饭店和国内个人开办的饭店，外商个人独资饭店一般建在开放程度较高的地区，一般来说，投资较大，档次较高，服务质量较好，而国内个人投资开办的饭店投资则较少，多为一些小饭店。

（七）按饭店计价方式分类

1. 美式计价方式

美式计价饭店的客房价格包括房租和一日早、午、晚三餐费用。

2. 欧陆式计价饭店

欧陆式计价饭店的房价包括房租及一份简单的欧陆式早餐，即咖啡、面包、果汁，这类饭店中一般不设餐厅。

3. 欧式计价饭店

欧式计价是指饭店客房价格只包含房租，不包含饮料、食品等其他费用，世界上绝大多数饭店属于此类。

4. 修正美式计价饭店

此类饭店的客房价格包括房租和早餐以及中餐或晚餐的费用，以便宾客可自由安排白天活动。

5. 百慕大计价饭店

此类饭店房价包括房租与美式早餐的费用。

二、饭店的等级

饭店等级是指一家饭店的设备设施水平、服务范围、服务质量、豪华程度。就旅游者而言，可以通过饭店的等级了解一家饭店的设施、服务状况，从而可以有选择地入住适合自己的饭店。目前，国际上采用的饭店等级制度与表示方法大致有以下几种：

（一）星级制

星级制是把饭店根据一定的标准划分为等级，分别用星号（★）表示出来，以区别档次的一种制度。比较流行的是五星级制，即把饭店分为五星，星级越多，等级越高，档次也越高。一般来说，一星级为低档、经济型，设备、设施服务质能满足客人的基本需要；二星级为中档偏低型，满足一般大众或家庭旅游的需求；三星级为中档（或中档偏高）型；四星级是一流的、豪华的，突出完备的设施、设备和精良的服务，满足经济地位较高的上层消费者需求；五星级为超豪华型，是最高级别，其设备、设施与服务都比较现代化，可满足消费客人的特殊消费要求。这种分级制在世界上广为使用，但也有的国家虽然采用星级制，但级别及表示的方法有所不同。如有的国家只有四个星级，有的国家虽用五星级，但等级排列顺序不同，星多档次反而低等。

（二）字母表示法

有些国家把饭店的等级用英文字母来表示，即A、B、C、D、E五级，A为最高级，E为最低级；有的虽分为五级，但只用A、B、C、D四个字母来表示，而最高级用A来表示，或者使用"特别豪华级"来表示。

（三）价格表示法

瑞士把饭店等级按价格高低分为六级，称其为1、2、3、4、5、6级，一目了然。

（四）数字表示法

用数字表示的也有几种，用序数，自低到高，最高级用豪华，然后由高到低次序是第一，第二，……；有的用基数，继豪华级别之后则为1、2、3、4，数字越大，档次越低；有时数字与字母混用。

（五）以类代等

有的国家不设等级制，用饭店的类别代替饭店的等级，直接用文字表述出来，例如，乡村、市镇、山区、观光四等，加蓬把饭店分为三等，用豪华、舒适与现代化表示。

三、我国饭店的等级

在饭店迅速扩容的情况下，为了使其管理理念和接待服务水平迅速与国际接轨，适应旅游业的发展，国家旅游局根据国务院的要求，于1984年1月在天津召开饭店经理会议，首次提出划分饭店等级的设想，1986年参照国际上通行的饭店管理和服务要求，开始同国务院有关部委协商，正式启动起草饭店等级评定的标准，1988年经国务院批准，国家旅游局颁布实施《中华人民共和国旅游涉外饭店星级标准》，1993年9月1日经国家技术监督局重新审核修订作为国家标准正式颁布了《中华人民共和国旅游涉外饭店星级划分与评定》（GB/T 14308—93）。这是我国第一个饭店行业管理的国家标准。1997年，国家技术监督局再次修订并以国家标准颁布（GB/T 14308—1997）。2003年，国家旅游局和国家技术监督局根据形势的变化和十几年星级饭店评定的经验，第三次重新修订颁布了旅游饭店星级的划分和评定的国家标准，从概念上不再提涉外饭店。2011年1月1日，新版国家标准《旅游饭店星级的划分与评定》开始实施。任何饭店以"准

×星""超×星"或者"相当于×星"等作为宣传手段的行为均属违法行为。30多年来由旅游部门组织进行的饭店星级标准评定工作，催生并推动了我国旅游饭店业的蓬勃发展。

（一）《旅游饭店星级的划分与评定》（GB/T 14308—2010）的主要内容

前 言

本标准代替GB/T 14308—2003旅游饭店星级的划分与评定。

本标准与GB/T 14308—2003相比，主要技术内容变化如下：

a）增加了对国家标准GB/T 16766、GB/T 15566.8的引用

b）更加注重饭店核心产品，弱化配套设施

c）将一二三星级饭店定位为有限服务饭店

d）突出绿色环保的要求

e）强化安全管理要求，将应急预案列入各星级的必备条件

f）提高饭店服务质量评价的操作性

g）增加例外条款，引导特色经营

h）保留白金五星级的概念，其具体标准与评定办法将另行制订。

本标准的附录A、附录B、附录C均为规范性附录。

本标准由国家旅游局提出。

本标准由全国旅游标准化技术委员会归口。

本标准起草单位：国家旅游局监督管理司。

本标准主要起草人：李任芷、刘士军、余昌国、贺静、鲁凯麟、刘锦宏、徐锦祉、辛涛、张润钢、王建平。

本标准所代替标准的历次版本发布情况为：

——GB/T 14308—1993

——GB/T 14308—1997

——GB/T 14308—2003

旅游饭店星级的划分与评定

1. 范围

本标准规定了旅游饭店星级的划分条件、服务质量和运营规范要求。

本标准适用于正式营业的各种旅游饭店。

2. 规范性引用文件

下列文件对于本文件的应用是必不可少的。凡是注日期的引用文件，仅注日期的版本适用于本文件，凡是不注日期的引用文件，其最新版本（包括所有的修改单）适用于本文件。

GB/T 16766旅游业基础术语

GB/T 10001.1标志用公共信息图形符号 第1部分：通用符号

GB/T 10001.2标志用公共信息图形符号 第2部分：旅游设施与服务符号

GB/T 10001.4标志用公共信息图形符号 第4部分：运动健身符号

GB/T 10001.9标志用公共信息图形符号　第9部分：无障碍设施符号

GB/T 15566.8公共信息导向系统 设置原则与要求 第8部分：宾馆和饭店

3．术语和定义

下列术语和定义适用于本标准。

3.1　旅游饭店 tourist hotel

以间（套）夜为单位出租客房，以住宿服务为主，并提供商务、会议、休闲、度假等相应服务的住宿设施，按不同习惯可能也被称为宾馆、酒店、旅馆、旅社、宾舍、度假村、俱乐部、大厦、中心等。

4．星级划分及标志

4.1　用星的数量和颜色表示旅游饭店的星级。旅游饭店星级分为五个级别，即一星级、二星级、三星级、四星级、五星级（含白金五星级）。最低为一星级，最高为五星级。星级越高，表示饭店的等级越高。（为方便行文，"星级旅游饭店"简称为"星级饭店"。）

4.2　星级标志由长城与五角星图案构成，用一颗五角星表示一星级，两颗五角星表示二星级，三颗五角星表示三星级，四颗五角星表示四星级，五颗五角星表示五星级，五颗白金五角星表示白金五星级。

5．总则

5.1　星级饭店的建筑、附属设施设备、服务项目和运行管理应符合国家现行的安全、消防、卫生、环境保护、劳动合同等有关法律、法规和标准的规定与要求。

5.2　各星级划分的基本条件见附录A，各星级饭店应逐项达标。

5.3　星级饭店设备设施的位置、结构、数量、面积、功能、材质、设计、装饰等评价标准见附录B。

5.4　星级饭店的服务质量、清洁卫生、维护保养等评价标准见附录C。

5.5　一星级、二星级、三星级饭店是有限服务饭店，评定星级时应对饭店住宿产品进行重点评价；四星级和五星级（含白金五星级）饭店是完全服务饭店，评定星级时应对饭店产品进行全面评价。

5.6　倡导绿色设计、清洁生产、节能减排、绿色消费的理念。

5.7　星级饭店应增强突发事件应急处置能力，突发事件处置的应急预案应作为各星级饭店的必备条件。评定星级后，如饭店营运中发生重大安全责任事故，所属星级将被立即取消，相应星级标识不能继续使用。

5.8　评定星级时不应因为某一区域所有权或经营权的分离，或因为建筑物的分隔而区别对待，饭店内所有区域应达到同一星级的质量标准和管理要求。

5.9　饭店开业一年后可申请评定星级，经相应星级评定机构评定后，星级标识使用有效期为三年。三年期满后应进行重新评定。

6．各星级划分条件

6.1　必备条件

6.1.1　必备项目检查表规定了各星级应具备的硬件设施和服务项目。评定检查时，逐项打"√"确认达标后，再进入后续打分程序。

6.1.2　一星级必备项目见表A.1；二星级必备项目见表A.2；三星级必备项目见表A.3；四星级必备项目见表A.4；五星级必备项目见表A.5。

6.2　设施设备

6.2.1　设施设备的要求见附录B。总分600分。

6.2.2　一星级、二星级饭店不作要求，三星级、四星级、五星级饭店规定最低得分线：三星级220分，四星级320分，五星级420分。

6.3　饭店运营质量

6.3.1　饭店运营质量的要求见附录C。总分600分。

6.3.2　饭店运营质量的评价内容分为总体要求、前厅、客房、餐饮、其他、公共及后台区域等6个大项。评分时按"优""良""中""差"打分并计算得分率。公式为：得分率＝该项实际得分/该项标准总分×100%。

6.3.3　一星级、二星级饭店不作要求。三星级、四星级、五星级饭店规定最低得分率：三星级70%，四星级80%，五星级85%。

6.3.4　如饭店不具备表C.1中带"＊"的项目，统计得分率时应在分母中去掉该项分值。

7.　服务质量总体要求

7.1　服务基本原则

7.1.1　对宾客礼貌、热情、亲切、友好，一视同仁。

7.1.2　密切关注并尽量满足宾客的需求，高效率地完成对客服务。

7.1.3　遵守国家法律法规，保护宾客的合法权益。

7.1.4　尊重宾客的信仰与风俗习惯，不损害民族尊严。

7.2　服务基本要求

7.2.1　员工仪容仪表应达到：

a）遵守饭店的仪容仪表规范，端庄、大方、整洁；

b）着工装、佩工牌上岗；

c）服务过程中表情自然、亲切、热情适度，提倡微笑服务。

7.2.2　员工言行举止应达到：

a）语言文明、简洁、清晰，符合礼仪规范；

b）站、坐、行姿符合各岗位的规范与要求，主动服务，有职业风范；

c）以协调适宜的自然语言和身体语言对客服务，使宾客感到尊重舒适；

d）对宾客提出的问题应予耐心解释，不推诿和应付。

7.2.3　员工业务能力与技能应达到掌握相应的业务知识和服务技能，并能熟练运用。

8.　管理要求

8.1　应有员工手册。

8.2　应有饭店组织机构图和部门组织机构图。

8.3　应有完善的规章制度、服务标准、管理规范和操作程序。一项完整的饭店管理规范包括规范的名称、目的、管理职责、项目运作规程（具体包括执行层级、管理对象、方式与频率、管理工作内容）、管理分工、管理程序与考核指标等项目。各项管理规范应适时更新，并保留更新记录。

8.4　应有完善的部门化运作规范。包括管理人员岗位工作说明书、管理人员工作关系表、管理人员工作项目核检表、专门的质量管理文件 、工作用表和质量管理记录等内容。

8.5　应有服务和专业技术人员岗位工作说明书，对服务和专业技术人员的岗位要求、任职条件、班次、接受指令与协调渠道、主要工作职责等内容进行书面说明。

8.6　应有服务项目、程序与标准说明书，对每一个服务项目完成的目标、为完成该目标所需要经过的程序，以及各个程序的质量标准进行说明。

8.7　对国家和地方主管部门和强制性标准所要求的特定岗位的技术工作如锅炉、强弱电、消防、食品加工与制作等，应有相应的工作技术标准的书面说明，相应岗位的从业人员应知晓并熟练操作。

8.8　应有其他可以证明饭店质量管理水平的证书或文件

9.　安全管理要求

9.1　星级饭店应取得消防等方面的安全许可，确保消防设施的完好和有效运行。

9.2　水、电、气、油、压力容器、管线等设施设备应安全有效运行。

9.3　应严格执行安全管理防控制度，确保安全监控设备的有效运行及人员的责任到位。

9.4　应注重食品加工流程的卫生管理，保证食品安全。

9.5　应制订和完善地震、火灾、食品卫生、公共卫生、治安事件、设施设备突发故障等各项突发事件应急预案。

10.　其他

对于以住宿为主营业务，建筑与装修风格独特，拥有独特客户群体，管理和服务特色鲜明，且业内知名度较高旅游饭店的星级评定，可参照五星级的要求。

（二）新标准的实施对我国饭店业发展的影响

经过近三十年的发展，饭店行业需要通过标准来规范的内容已经发生了较大的变化。因此，标准自身需要与时俱进，才能为饭店业的健康发展服务。

现阶段中国饭店业带有普遍性的问题是：设施、项目应有尽有，有些档次也不低，但却由于经营管理水平方面的原因，好的设备没有最终转化成为好的饭店服务产品。有些消费者曾评价一些饭店是"硬件很硬，软件很软"，尽管从专业的角度看这种说法不一定十分准确，但也从一个方面反映出中国饭店业现阶段所急需解决的主要问题。而原标准的局限恰恰在于：

强调了设备设施的高档豪华，但对其使用功能强调不足；

强调了装修材料的选择，但对其营造出的整体效果强调不足；

强调了"豪华"性，但对饭店同时应具有的舒适性重视不足。

还有一些条款已经不适合变化了的饭店市场形势。

从2011年1月11日起实施的新的国家标准在继承和保留了原标准精华的基础上，又结合饭店业发展的现实，与2003年的旧版本相比，最明显的特点是对星级酒店的服务内容划分更加明细。新标准倡导节能减排，鼓励客人自备洗漱用品。新版标准要求一星级至五星级饭店必须制定相应的节能减排方案并付诸实施，牙膏、牙刷、拖鞋、沐浴液、洗发液等客用品不再作为增、减分值的评定标准。

第四节　饭店的特点与地位

■ 一、饭店的特点

饭店和其他各类企业一样是一个独立的营利性经济组织，除了具备经营上的自力性、组织上的完整性、经济上的独立性等基本条件之外，饭店还有与其他企业不同的特点。

（一）饭店企业的服务性

饭店是以提供劳务为主的服务性企业。通常所说的饭店产品，是饭店有形的设备设施与无形的劳务服务的有机结合，其中以劳务服务为主，以设施设备为辅。饭店的经营活动是租让饭店设施的使用权，消费者只是在一定的时间和空间内购得有形设施的临时使用权，却不能购得有形设施产品的所有权。饭店产品中的实物部分，实际上只起着促进服务销售的作用，习惯上被看作"助销产品"。因此，从本质上讲，饭店生产和销售的主要是无形的服务产品。服务产品所具备的无形性、生产和消费的同时性、价值的不可储藏性、质量的不稳定性等特征，决定了饭店与其他企业有着不同的特点。

（二）饭店业务的综合性

饭店是一个具有综合功能的企业。现代饭店不仅要满足顾客住宿和饮食的基本需要，还必须同时满足不同客人的多种消费需求。如商业贸易、会议、度假、文秘、通信、健身、娱乐、购物、货币兑换、票务、委托代办（concierge）等。因此，饭店必须配备相关的设施并提供相应的服务。综合服务已成为饭店竞争的重要手段，一家饭店的多种功能越是完备，就越能满足客人的多样化需求，获得更多的客源。

（三）享受性

饭店所能满足客人的不是简单的物质需要，而是享受性产品，这是现代消费的必然需求，也是与一般商品和服务的主要区别。

（四）饭店的文化性

探求异地文化是旅游者的共同需求。旅游饭店作为旅游者在旅游过程中的居留场所，不仅应该是客人的物质消费场所，而且应该是客人感受异地文化和精神消费的场所。饭店应积极营造良好的文化氛围，倡导主流文化、健康文化、民族文化、特色文化，通过外在的店景文化和内在的企业文化建设，丰富饭店的文化内涵，使饭店劳务活动升华为一门服务艺术，把饭店服务产品中的使用功能价值，推进到具有文化附加值的新境界，使客人在多彩的饭店文化氛围中，感受到精神的享受和愉悦。

■ 二、饭店的地位

饭店作为旅游业的支柱，在旅游乃至整个国民经济中占有重要的地位。

（一）饭店是旅游者旅游活动的基地

饭店为旅游者提供了住宿、饮食、商务、购物、健康、娱乐、社交等方面的综合服务，成为旅游者的"家外之家"，是旅游者在旅游目的地从事旅游活动的重要基地。没有饭店提供的服务保障，旅游者的旅游活动将难以维持。可以说，饭店已成为现代旅游活动的物质承担者，是反映一个国家或地区旅游接待能力的重要标志。

（二）饭店是创造旅游收入，尤其是外汇收入的重要部门

饭店通过生产和销售饭店产品而获取收益，其收入在旅游收入中往往占一半以上，特别是通过接待以外汇结算的海外旅游者，可以获得大量的外汇收入，从而对接待国的外汇收入平衡，促进国家经济建设起到了重要作用。

（三）饭店为社会创造就业机会

饭店是劳动密集型企业，需要大量的管理人员和服务人员。

（四）饭店业的发展促进了社会消费方式和消费结构的发展与变化

饭店向饭店所在地的居民提供活动的场所，如饭店的餐饮、娱乐等设施会吸引本地居民，使之成为当地社交活动的中心。饭店为客人提供的服务越来越多，将促进人们消费方式和消费结构发生变化，同时促进社会经济的发展和科技文化的交流。

（五）饭店带动了其他行业的发展

饭店业的发展带动了其他行业的发展，如建筑业、装修业、设备制造业、轻工业、食品加工业等，对活跃国民经济起到了很大的促进作用。据有关统计表明，一家饭店住宿开支的60%花费在饭店以外的其他行业，而且，在饭店消费的物品大都是社会其他有关行业提供的。因此，饭店实际上间接地刺激了其他行业的发展。

（六）饭店的发展水平是旅游业发展水平和社会经济与文明程度的标志

饭店的发展水平，标志着接待国旅游业的发展水平，也反映了一个国家国民经济发展水平及其社会的文明程度。旅游饭店的设施完善与否、设备水平的高低和服务质量的优劣，不仅影响着旅游者的经历，同时还影响着旅游者对一个地区乃至一个国家的总体形象评判。

□ 【阅读专栏】

商业饭店之父：斯塔特勒

美国旅馆家埃斯沃斯·密尔顿·斯塔特勒（Ellsworth Milton-Statler，1863～1928）出生于美国的宾夕法尼亚州。斯塔特勒先生是把豪华贵族型饭店时代真正推进到现代产业阶段的商业型饭店时代的鼻祖。他的经营方法与里兹先生迥然不同，他的成功经验之一是：在一般人能够负担得起的价格内，提供必要的舒适、服务与清洁的新型商业饭店；或者说，在合理成本价格限制下，尽可能为顾客提供更多的满足。

在经营方面，他提出"对任何酒店来说，取得成功的关键是地点、地点、地点"的原则，而"客人永远是正确的"这句行业名言，也源自斯塔特勒先生。他还亲自制定了《斯塔特勒服务守则》，因此，斯塔特勒还被称为"饭店标准化之父"。

□ 【前沿资讯】

港中旅KGH获颁洲际酒店集团年度"欧洲区最佳收益团队"

美通社北京2017年10月16日电　港中旅酒店有限公司旗下英国 Kew Green Hotels Limited（以下简称"KGH"）于2017年10月获得洲际酒店集团颁发的年度"欧洲区最佳收益团队"奖项。

KGH是洲际酒店集团在欧洲合作的第三方酒店管理公司，于2015年8月被港中旅酒店有限公司全资收购。因其稳定的经济收益和良好的发展势头，曾获巴克莱银行、劳埃德银行、高盛资本、德泰资本等多家著名资本方投资。目前旗下拥有55家酒店，运营品牌包括假日酒店、智选假日酒店、皇冠假日酒店、万怡酒店等多个品牌，主要分布于英国的中部南部和东部地区，覆盖了包括伦敦、利兹、伯明翰、朴次茅斯、布莱顿等重要的商务、旅游和休闲观光城市。

KGH英国收益管理团队以"聚焦"及"极大的决心"为行动指导，这在欧洲市场极具典范。这个团队以出色表现彰显了绝佳的收益管理理念，即"收益管理"必须与"销售"有机结合。他们创新性地提出了"商业运营管理中心"概念，将销售、市场及收益管理出色地进行了整合，并获得了"赢"的杰出成果。在过去的20个月里，KGH英国收益管理团队科学运用了"变革管理"并获得了领先的市场份额。他们持续使用全新工作模式并出色地发挥了收益管理系统效能，为收益指标实现提供了优秀的指导。

（资料来源：http://news.cncn.com/259004.html）

□ 【自我检测】

1. 饭店的特征是什么？

2．饭店的管理意识有哪些

3．饭店管理的主要内容有哪些？

4．简述饭店的地位。

5．饭店服务质量管理的主要内容有哪些？

□【思考与讨论】

1．饭店的作用有哪些？

2．简述国外饭店发展概况。

3．如何理解"宾客就是上帝"？

□【实践与应用】

在世界十大酒店集团中选择一个酒店集团，就其发展特点、优势做出自己的分析报告。

【思考与讨论】

1．饭店的作用有哪些？

（1）饭店是所在城市、地区对外交往、社会交际活动的中心。

（2）饭店是创造旅游收入，尤其是外汇收入的重要部门。

（3）饭店能为社会创造直接就业和间接就业的机会。

（4）饭店业的发展促进了社会消费方式和消费结构的发展变化。

（5）饭店业的发展带动了其他行业的发展，为所在地区带来了巨大的经济效益。

2．简述国外饭店的发展概况。

古代客栈时期、大饭店时期、商业饭店时期、现代新型饭店时期四个阶段。

3．如何理解"宾客就是上帝"？

"宾客就是上帝"其含义是客人在酒店中享有至高无上的地位。时代在变，"上帝"的需求也在不断变化，"上帝"左右酒店的力量也变得越来越强大。酒店只有在对"上帝"进行深入调查研究的基础上，深深把握客人的需求规律，并辅之以独到的营销策略，才能吸引"上帝"，得到让"上帝"满意的机会。

第二章 饭店组织与管理制度

■【关键词】

饭店组织 饭店组织的层级化 饭店非正式组织

■【学习要点】

掌握饭店组织的概念；了解饭店组织机构设置的要求和任务，熟悉饭店主要的组织结构类型；熟悉饭店组织管理的内容与方法；掌握饭店非正式组织的特点、影响和管理。

■【章前导读】

饭店组织是饭店存在的基本保证，是饭店正常运行的重要条件，在传统的管理理论中，有"组织是管理的心脏"的说法，可见组织管理的重要性。饭店组织是由管理人员、服务人员和其他各种技术人员所组成的组合体。这些人员之间有着相互关联的关系，通过运用各种管理方法和操作方法及技术把投入饭店的资金、物资、信息转化为可供出售的产品，以达到饭店组织经营的目标。现代饭店业的竞争越来越激烈，饭店只有通过科学的组织结构设置、科学的组织管理才能在市场中占有一席之地。

第一节 饭店组织设计原理

一、饭店组织和组织管理

（一）组织的概念

组织是指为达到共同的目的而在时间、空间上协调人们的劳动分工、劳动协作和有效决策的有机体，是由权责的分配和层次结构的建立而形成的，并随着环境的变化而自行调整、适应和发展。它包含三层意思：①组织必须具有目标，因为任何组织都是为了目标而存在的，目标是组织存在的前提；②没有分工与合作也不能称为组织，分工与合作的关系是由组织目标限定的；③组织要有不同层次的权利与责任制度，要赋予每个部门乃至每个人相应的权利与责任，以便实现组织目标。

（二）饭店组织的概念

饭店组织作为组织中的一种类型，是指饭店的结构和管理体制、各管理层的职责和权限、人员分工协作以及饭店的规章制度等。也就是说，饭店组织进行建设的目的是建立一整套能够有效控制饭店行动的，保证实现饭店目标的机制。虽然旅游饭店业具有劳动密集型和服务性这两个难以控制的特点，但饭店也必须建设一个灵活的、能够迅速适应顾客各种需要的组织结构。饭店组织的灵活性是饭店管理工作的关键，因为每个客人的情况都是不一样的，是否善于处理各种意外的突发事件，是衡量一个饭店组织是否设置合理、运行高效的重要指标。

（三）饭店组织管理的含义

饭店组织管理的含义是指为实现饭店组织选择的目标，决定完成什么样的工作内容，采用什么样的工作技术和技巧，然后如何合理选择和分配人力资源，合理进行财务控制的工作。从不同的角度对饭店组织管理可以有不同的外延界定。从企业管理角度出发，饭店组织管理就是创建饭店组织工作和组织生活的各种框架；从人力资源管理的角度出发，饭店组织管理就是建立一支可以完成饭店组织目标的人员队伍。但无论外延有什么不同，笔者认为饭店组织管理定义的内涵就是"为实现饭店组织目标的管理就是饭店组织管理"。

（四）饭店组织的功能

1. 提供服务的功能

饭店所提供的产品有综合性的特点。客人需要的服务往往不是单一的一个部门就可以提供完毕的，往往需要几个部门的配合才能构成一次产品服务。

目前大多数饭店在进行部门设置的时候，都会设置两种类型的机构。一种我们把它称为业务部门，如餐厅、客房、咖啡吧等，它们是直接生产产品的地方；另外一种我们把它称为职能部门，如人力资源部、总经理办公室、财务部等，它们不直接生产客人需要的产品，但它们却是业务部门的润滑剂。给客人提供一次完美的产品服务感受，离不开业务部门和职能部门的通力合作。因为机构存在的价值就是实现企业价值，作为企业价值中最核心的经济价值是必须要实现的，否则企业就可能破产；那么如何实现饭店企业的经济利益诉求呢？这就要求满足客人的需求；要满足客人的要求，如果职能部门和业务部门不合作，那是不可能办到的。特别是现在，随着生活水平的提高，客人对生活、对服务的要求越来越高。如果部门与部门之间各自为战，必然不利于饭店服务水平、工作效能的提高，必然会影响到客人对饭店产品的满意度。

2. 信息交流的功能

饭店的生存取决于饭店的消费者，也就是说客人的满意度是饭店企业生存的根本。客人是饭店企业的衣食父母，这种说法一点也不夸张。如何让饭店组织的一切让客人满意，这是个问题。这个问题的关键在于服务过程前、服务过程中、服务过程后的交流。现在是买方市场了，我们做得不好，别人做得好，那客人就去其他饭店；我们做好了，人家饭店做得更好，这说明我们还需要学习。学习什么，如何学习，这也涉及信息交流的问题。总而言之，通过信息交流主要有三个问题要解决：第一，饭店是服务行业，直接与客人打交道、向客人提供服务的工作人员的工作心态是需要了解的；第二，饭店的竞争是非常激烈的，如何做到人有我优、人无我有，离不开行业内信息的收集；第三，客人的满意度是第一位的。客人是否满意，客人希望得到什么样的服务，都离不开和客人的信息交流、情感互动。

3. 创新的功能

企业成功的秘诀就是以最小的成本获取最大的效益。当然，这个利益包括经济效益、社会效益和环境效益。要实现这个目标就要求我们的饭店组织进一步的整合和优化饭店的人、财、物等资源，通过一系列的创新活动，提高饭店的运行效率。创新可以是组织结构上的创新，也可是管理手段、管理技术方面的创新。不管哪一种类型的创新，其目的都是致力于饭店减少运行成本，提高企业综合效益。

（五）饭店组织管理的重要性

1. 组织管理是实现饭店相关利益群体价值的保证

饭店是一个企业。作为企业，饭店的目标就是要追求经济效益。当然，有些饭店由于体制的原因，比如说饭店是政府所有的，那么会出现经济效益不是它最关心的效益，可能更关心社会效益或其他效益。但是总的来说，饭店最主要的效益是经济效益。饭店相关利益者主要是指的是与饭店发生关系的利益主体，发生的这种关系主要表现为经济效益，但还有其他效益（比如环境效益）。因此，通过组织管理要努力实现饭店所有者、饭店经营者、饭店员工以及饭店其他利益相关者的经济效益，同时也要充分考虑饭店周边居民或社区的环境效益。如果一个饭店不注意环境保护，而导致饭店周围的水或大气出现污染问题，那么就可以说这个饭店没有处理好周边居民的利益问题，就可能引起公关危机。

2. 组织管理是调动饭店员工积极性和打造学习型企业的重要途径

如果说客户是企业的生命，那么员工就是企业的血肉。企业只有照顾好了自己的员工，员工才会照顾好企业的顾客，从而照顾好企业的利润。因此，员工是饭店健康发展的基本，任何饭店都必须考虑开展各种员工活动来提高员工的素质。提供饭店员工的学习培训，积极创建学习型企业，正是许多著名饭店成功的关键所在。有效的组织管理，以人为本的员工管理方式，通畅的信息沟通渠道，学习型企业结构的建立可以让员工充满激情地完成每天的工作，并且产生强烈的企业归属感。

3. 组织管理是提高饭店核心竞争力的重要手段

组织管理对饭店核心竞争能力至关重要，它能带来组织惯例的优化与创新，并能培育出企业的核心专长和关键技术。随着社会经济模式的变化，饭店组织的形式、规模、发展战略、竞争策略、市场环境都正在或即将发生变化，通过组织管理，合理整合资源，可以让我们的饭店扬长避短，找到降低运行成本和提高经济效益的最佳运行策略。

▋ 二、饭店组织设计的必要性

饭店管理是饭店管理者通过信息获取、决策、计划、组织、领导、控制和创新等管理职能的发挥来分配、协调饭店的一切可利用资源，以实现饭店经营管理目标的过程和活动。在这一过程和活动中，要有效地实现饭店的组织目标，饭店就必须设计有效的饭店组织结构。

饭店组织设计就是对饭店组织的结构和活动流程进行创建、变革和再设计。

传统的饭店组织设计是建立在劳动分工的基础上的。饭店组织设计者为了实现饭店的经营管理目标，把工作任务按照性质、复杂和难易的程度进行分解，然后委托给一定数量的饭店管理者来负责具体的管理劳动，并授予一定的权力。

但是，这种传统的饭店组织设计只适合饭店外部经营环境相对比较稳定的条件。在市场经济的今天，饭店的外部经营环境日趋复杂，单一封闭的组织设计模式容易导致组织僵化和本位主义盛行，无法保证饭店生产出来的产品与市场需求相适应，无法适应有卖方市场转化为买方市场所带来的种种变化。因此，现代饭店就必须以系统、动态权变的观点来理解和重新设计饭店组织，在权变的思想指导下，饭店组织需要被设计成一个开放的系统，一个能够不断地与外部环境进行资源和信息交换，充分具备灵活性和适应性的组织。

▍三、饭店组织设计的要求和任务

（一）饭店组织设计的要求

1. 产权清晰，系统管理

现代企业管理的一个突出特点是经营权和所有权分离。饭店管理的技术含量是非常高的，管理饭店的难度是很大的。因此，在饭店里面经营权和所有权分离的现象非常普及。在这种情况下，饭店的组织设计就必须在产权明确的前提下，合理分工。合理分工主要是指饭店所有者的作用是决策、领导和经济监督，饭店经营者则具体负责饭店接待服务和日常的经营管理工作。所谓系统管理，就是饭店提供的是综合性的服务，在对客服务过程中只要有一个环节没有处理好，客人就会产生不满意感，因此就要求我们的酒店从系统观念出发，设置管理部门和业务部门，使整个饭店的管理和服务合成一种强大的竞争优势，从而让我们的饭店成为客人流连忘返的地方。

2. 职责明确，机构精简

职责明确要求饭店组织进行设计的时候要为每一个岗位制定职责规范，以此来规范饭店总经理、副总经理到各部门负责人的工作定量、各岗位员工的行为规范，通过规范来管理饭店，而不是传统的通过"人治"来管理。机构精简要求饭店一方面要坚持因事设立机构和人员，不人浮于事，工作效率高；另一方面要求饭店进行组织设计时要考虑到畅通的信息渠道的建立。建立健全组织管理的信息渠道，保证信息畅通，对于提高饭店运营的效率具有重大的意义。

3. 等级分明，管理幅度合理

等级分明、管理幅度合理要求饭店组织进行设计的时候需要考虑如下四个问题：一是饭店应该设置多少等级与饭店规模有关；二是管理幅度的设置需要考虑管理者的工作能力、管理工作的性质、被管理者的素质等；三是一个下级只能有一个直接领导，不能出现多头领导；四是部门与部门之间不能出现职权交叉。

（二）饭店组织设计的任务

饭店组织设计的任务是设计一个柔性灵活的饭店组织结构，规划和设计饭店组织中各部门的职能和职权，确定饭店组织中的职能职权、参谋职权、直线职权的活动范围并编制职务说明书。

饭店组织结构是饭店的组织基本框架，是对完成饭店经营管理目标的工作、人员、技术和信息所作的制度性安排。正确合理地设置饭店组织结构，可以保证饭店合理的配置各种资源，使饭店顺利完成饭店的经营管理目标。

饭店的组织结构可以用复杂性、规范性和集权性三种特征来表述。

饭店组织结构的复杂性是指饭店的组织内部专业化分工程度、组织层级、管理幅度以及人员之间、部门之间关系存在着巨大差别性。饭店的分工越细，专业化程度越高，组织层级越多，管理幅度越大，组织的复杂性就越高，而且随着组织部门的增多和人员的增加，工作协调的难度也会加大，从而对饭店的产品质量产生很大的影响。

饭店组织结构的规范性是指饭店的日常经营管理活动要靠规章制度以及程度化、规范化、标准化的工作来完成，否则饭店很难保证整个组织经营活动的有序运转和饭店产品质量。规范性的内容包括了饭店以文字形式表述的规章制度、工作程序、各种指令以及各种没有文字表述出来的如组织文化、管理伦理、行为准则等。

饭店组织结构的集权性是指饭店在决策时，正式权力在管理层级中的分布和集中程度。在传统的饭店组织里，权力一般都高度集中在上层，饭店出现问题时要求由下而上反映情况，由饭店高层管理者来做决定。问题是饭店产品具有生产和消费的同时性，饭店员工在对客服务中常常会遇到一些突发事情，需要立刻解决。如果遇到什么事情都要等高层来决定，很多时候就让"让客人满意，急客人所急"变成了一句空话。因此，随着消费者需求越来越个性化，很多饭店授予了员工越来越大的决策权，从而使饭店组织结构集权化的削弱趋势增强。

■ 四、饭店组织设计的原则

（一）有效性原则

饭店组织设计的终极目的就是为了实现饭店经营管理的总目标。因此，在饭店的组织设计上，就有必要强调设计的组织层次、部门、职能、职务都必须要为实现饭店的总目标服务，所设计的层次、部门、职能、职务等不仅要考虑到饭店的短期目标，还要考虑到饭店的中长期目标。同时，设计出来的饭店各部门之间的职能既要有区别，又要能相互协作。总之，设计出来的饭店组织必须具备满足饭店可持续健康发展的能力。

（二）统一指挥原则

饭店作为一个组织，有它的组织目标。组织设计时应当保证经营指挥的集中统一，这是现代化大生产的客观要求。在饭店里，统一指挥有广义与狭义之分。广义的统一指挥原则要求我们的饭店组织协调整个饭店的所有部门、所有员工和所有资源，把部门利益、个人利益高度统一到企业利益上。狭义的统一指挥原则则指每个下属应当而且只向一个上级主管直接负责，接受直接上级的指令和安排，没有人应该向两个或者更多的上司汇报工作。

（三）分工协作原则

饭店作为一个服务性的企业，包含有很多的服务项目、服务内容，是个劳动分工比较细致的企业。因此，在组织设计时，一定要按工作性质、工作内容以及难易程度等标准把工作细分。这样，才能为饭店组织设计的层级化、部门化提供设计依据，才能设计出一个规范化的组织结构。同时，由于饭店产品是由饭店的不同部门、不同员工共同生产的，具有关联性。因此，在分析、确定饭店分工时，还要注意这些分工之间的协作关系，保证饭店所有部门和所有员工为实现饭店的总目标而团结协作。

（四）责权对等原则

职责是饭店每个工作岗位所应履行的责任和义务，权力是饭店员工完成岗位职责所应有的权力。没有权力的职责，饭店的员工是没有办法履行的，而没有职责的权力，又会导致饭店员工不负责任的滥用。因此，饭店要让所有员工都能在本职岗位上尽心尽职，就必须给每个员工的工作岗位规定相应的职责和权力。饭店在进行职能职务设计的时候，必须考虑到责权对等原则。只有考虑了责权对等原则，才能设计出可操作性的饭店组织结构。

（五）控制幅度原则

控制幅度是指一个上级直接领导与指挥的下属人数应该有一定的控制限度，并且应该是有效的。在饭店的日常经营管理中，每一个管理者由于知识、技能、经验、时间以及精力等原因，可以处理的各种事务有限。所以，在设计饭店组织的时候，要考虑到饭店各级管理者所能管理的下级人数。法国的管理学者格拉丘纳斯曾提出一套数学公式来说明当上级管理者的控制幅度超过了6～7人后，上级管理者和下级之间的关系会越来越复杂，以至于最后无法驾驭。这个公式是$N=n(2^{n-1}+n-1)$，其中n代表直接向一位上级报告的下级人数，N代表上级需要协调的人际关系数。从这个公式可以看出，当n是呈算术级增长的时候，与上级形成的互动关系会呈几何级增长。这意味着管理幅度不可能无限制的增长。尽管现代管理中影响管理幅度的因素很多，但目前还没有一个普遍接受的有效管理幅度标准，饭店组织设计饭店组织时一定要结合饭店的人力资源状况考虑到这一因素，否则饭店就不可能优化配置各种资源。

（六）柔性经济原则

所谓柔性，就是指饭店的各个部门、各个岗位都是可以根据饭店内外经营环境的变化而进行灵活调整和变动的。在现实的经营活动中，饭店所面临的内外经营环境是不确定的，饭店在进行组织设计的时候需要考虑到这一因素，让设计出来的组织结构具有一定的柔性，以避免饭店在遇到经营问题时进行大的组织变革，影响整个饭店经营的稳定性、持续性。经济是指饭店的管理层次与幅度、人员结构与部门工作流程的设计要合理，以比较低的成本实现饭店经营管理的高效率。饭店组织的设计要坚持柔性和经济相辅相成的原则，从而有效保证饭店的组织结构精简而又高效。

■ 五、饭店组织设计的影响因素

在日益激烈的市场竞争中，饭店所面临的外部经营环境是变化不定的。饭店的经营管理要适应外部市场的变化，相应的组织结构也要适应这一要求。要设计出一个能适应外部市场变化的饭店组织，就要对影响饭店组织设计的因素有一个全面的了解。影响饭店设计的因素主要有以下几个方面：

（一）饭店经营环境

在设计饭店组织的过程中，要充分考虑到饭店所处的环境，这些环境主要包括对饭店经营管理目标产生间接影响的一般环境（如政治、经济、社会文化以及技术等环境条件）和对饭店经营管理目标产生直接影响的特定环境（如政府、顾客、竞争对手、供应商、劳动力市场等具体环境条件）。同时，饭店经营环境还可以分为饭店外部环境和饭店内部环境。饭店内部环境主要是指饭店的人力、物力、财力的条件；而饭店外部环境主要是指饭店以外的政治、经济、消费者需求变化等。特别是饭店外部环境的复杂性和不确定性决定了饭店在进行组织设计时，必须要设计出能够和外部环境变化相适应的组织结构。所以，在设计饭店组织结构时，要坚持以下几个原则以提高饭店组织对外部环境的适应性。

1. 对传统的职能部门和职位进行相应的调整

饭店所面临的外部环境是复杂的、不确定的。当外部环境变化的时候，饭店可增设必要的职位、缓冲部门或减少不必要的职位、部门，以适应饭店外部环境的变化。在激烈的市场竞争中，为了及时了解外部环境的变化动态，提高饭店计划和预测的准确性，饭店还可以聘用一些组织外部的专家或与其他组织一同构建信息情报网络来收集必要的情报信息，以使饭店能更好地把握外部情况的变化，更好地针对外部环境的变化作出相应的调整。

2. 根据外部环境的不确定程度，设计不同类型的饭店组织结构

饭店外部环境和饭店的组织结构是有关联性的。当饭店外部经营环境相对稳定时，饭店为了提高整个组织的运行效率，会制定明确的规章制度、工作程序和权力层级，整个饭店的规范化、集权化程度会比较高，组织结构层级化会比较明显。而在外部经营环境不确定的情况下，饭店为了适应市场需求，内部组织会比较松散，决策权力会分散下移，权力层级会不明显，组织结构会柔性灵活。

3. 根据组织部门的差别性、整合性程度，设计不同的组织结构

组织部门的差别性、整合性程度与组织结构的设计密切相关。组织差别性是指不同职能部门管理人员在组织目标与价值取向上的差别程度。组织整合性是指各个部门努力的方向趋向于一致性的程度。由于饭店的不同部门所面临的外部环境不同，不同部门只有采取不同的组织结构形式，才能使各自部门与外部环境相适应。例如，饭店的销售部，面对的市场就是不确定的，采用柔性的组织设计较合适，而财务部面对的是相对稳定的环境，采用层级结构比较适合。所以，设计饭店组织时，要注意饭店组织部门间的差别性和整合性。

4．通过加强计划和对环境的预测，减少不确定性

饭店制订计划，对外部经营环境进行预测，其主要目的就是为了实现饭店的总目标。尽管说饭店外部环境变动性很强，预测容易出偏差，所作出的计划要经常随外部环境的变化而作调整，比较烦琐，作用和意义似乎不大。但加强饭店的计划和对外部环境的经营预测，可以把外部环境对组织的影响降到最低，有利于饭店组织结构形式有计划、有针对性的平稳调整。

5．通过组织间的合作，尽量减少对外部环境的过度依赖

饭店要在复杂的竞争中求生存谋发展，就需要从外部环境中获取大量的资源，如劳动力、资金、客源等。如果这些对饭店的生存起着至关重要的资源被其他组织控制，那饭店的经营管理就会处于一个被动的局面。因此，饭店要和其他组织建立广泛的关系来确保这些资源的供给。如和旅行社建立战略联盟，以获取稳定的客源；与所在社区的企事业单位建立合作关系，争取相应的商务客人或公务游客；以及通过广告和公共关系树立公共形象，引得消费者的信任等。通过这些措施，尽量把饭店对外部环境的依赖程度降到最低，让饭店在市场竞争中获得一个比较主动的地位，而不是被动地受外部环境的影响而完全没有还手之力。

（二）经营战略

饭店的经营战略是指影响饭店活动和根本方向的总目标以及实现这些总目标的路径和方法。面对不同的外部经营环境，饭店会采取不同的经营战略，直接会影响到饭店的组织结构形式。例如，饭店在一定的经营环境下取得了成功，为了利用好这一有利时机，饭店会采取发展型的战略。在这一战略下，为适应饭店的总目标，饭店会相应的扩大职务的设置，增加一些开发新产品的部门。这样，饭店的组织结构就会随之扩大。而一旦饭店外部环境变化变坏，饭店为稳定原有的市场份额，就会停止扩大组织结构，在规范性上作文章，以提高饭店运行的效率，提高饭店的产品质量，这时饭店的特点是组织规范化发展程度明显。如果饭店的外部经营环境继续变坏，为使饭店渡过难关，饭店就会采取收缩型战略，裁减不重要的部门，减少不必要的职务，整个组织结构就会精简。因此，饭店采取什么样的战略会直接体现在饭店的组织设计中。

（三）技术

技术是指为了人类的目的而操纵自然界的工具、机器、系统和技巧的集合，是知识和知识发展的产物。饭店是一个采用大量技术的组织。在设计饭店的组织时就需要充分考虑到饭店的技术使用状况，不但如此，饭店的组织设计需要随着饭店所使用的技术的变化而作出相应的调整。例如，现代饭店大量使用了计算机、电信、网络等信息技术，这一方面节约了部分的劳动资源，另一方面对员工的素质要求也提到了一个新的高度。因此，在岗位设置和职务分析、职务说明书上，就要根据这些技术的使用情况进行必要的调整。

此外，饭店的每一部门都是由专业技术组成的集合体，饭店产品的特点决定了有些部门的技术具有多变性和可分析性差的特点。多变性是指技术在工作过程中发生意外变化的概率情况，如打扫客房就是一个程序化、标准化、规范化的技术，出现意外的可能性小，但前台服务人员对客人的接待态度就会随服务人员的情绪有所变化，出现意外的可能性就很大。可分析性是指技术在工作过程中可被分析的难易程度，如厨师的工作需要相当的经验和知觉判断，无法用现有的技术和程序去分析，可分析性较差。一些技术具有多变性、可分析性差等特点的部门，在组织设计时就应该用柔性的组织结构。而那些技术常规化、可分析性高的部门，如工程部就可采用集权化程度相对较高的组织设计。因此，在饭店组织设计时，要充分考虑到饭店各部门的技术特点，适宜地设计相对应的组织形态，只有这样才能保证饭店生产出高品质的饭店产品。

（四）经营等级、规模与生命周期

饭店的经营等级、规模对饭店的组织设计有很大的影响。经营等级高的饭店，需要组织机构的工作效率更高；经营等级低的饭店相对来说对饭店组织的要求就不是很高。规模大的饭店，为了确保饭店的经营管理能力，组织规模相对要大。这些饭店随着经营业务的增加，会增加员工，增加管理层次，增加组织的规划化程度。而经营规模小的饭店，由于经营管理业务没有饭店集团多，在组织规模上就不需要那么大，组织的规范化程度、集权化程度可以依据饭店自己的具体情况来设计，管理的复杂性程度就要小得多。

此外，饭店的生命周期特点对饭店的组织设计也有很大的影响。一般来说，饭店都要经历创业期、发展期、成熟期和衰退期。在不同的饭店发展期间，饭店所面临的主要矛盾和问题是不同的，因此饭店组织结构的设计也有所不同。

（五）饭店员工的素质

饭店的员工素质，包括各类员工的价值观、工作态度、行为风格、业务知识、管理技能、工作经验以及年龄结构等方面。组织结构的设计，一般来说，固然不应因人设岗，但也应从实际出发，考虑到企业在近期内招收到合格素质的人员的现实性，以及现有职工通过培训提高的可能性。人员素质制约着组织结构的设计和创新，影响着集权程度、分工形式、人员定编等方面。如果员工素质水平高，自我调控能力强，主动性和创造性强，则可以采取分权式组织形式；如果员工素质差，独立工作能力弱，则可以采取集权式组织形式。

（六）借鉴相关饭店的经验

在饭店的组织设计中，除了以上五点以外，还要借鉴国内外其他同类饭店的成功与失败经验。只有分析了其他同类型、同等级饭店组织设计中的闪光点和不足，结合自己饭店的特点、战略、经营环境来确定的饭店组织结构设计，才可能是一个适应饭店自身特点的组织模式。

六、饭店组织结构类型

在饭店的组织结构设计中，按照饭店的经营活动，饭店组织可以分解为横向和纵向两种结构形式。纵向的组织结构设计形成的是饭店组织的层级化，如把饭店组织结构分为高层管理层（决策层）、中层管理层（管理层）、基层管理层（执行层）和操作层四个层次，这种层级化的划分可以确定组织里上下之间的指挥链，并明确链上每一级的权责关系。横向的组织结构设计形成的是饭店组织的部门化，如饭店的中层管理层可划分为餐饮部、客房部、商场部、前厅部、财务部、销售部、人事部等。这种部门化的划分可以确定每一部门的基本职能、每一部门管理者的管理幅度以及各部门之间的业务关系。

（一）饭店组织的层级化

饭店组织的层级化，是指饭店组织在纵向设计中需要确定的层级数目和有效管理的管理幅度。需要根据饭店的内外部环境、资源条件，设计出饭店的集权化程度和纵向各层级之间的权责关系，从而使设计出来的饭店组织结构形式能够动态的适应外部经营环境的变化。

1. 饭店组织层级与管理幅度

饭店层级数的设计和管理幅度之间有密切的内在联系。一个饭店，组织层级数的多少，尽管与组织规模、技术、战略等因素有关系，但同时也与管理幅度有关系。管理幅度是饭店中上级能直接有效地指挥领导下级的数量。管理幅度在很大程度上取决于饭店各级管理者素质的高低。能力强、水平高的饭店管理者，能够有效指挥领导的下属人数就多，管理幅度就会大些，管理层级就会相应地减少。相反，如果饭店管理者工作能力不强，能够有效指挥领导的下属人数就不多，管理者的人数就需要增加。

有效的管理幅度直接影响到管理层级的设计。因此，在设计组织层级时，要充分考虑到影响饭店管理幅度的因素。

（1）职权的授予。如果管理者把职权明确地授予下级，让他们执行某一项具体的任务，那么能够胜任的下级无须占用管理者过多的时间和精力就能按要求完成任务。如此一来就可以使管理幅度得以拓宽。反之，如果授权不当，则必定耗用管理者大量的时间去监督和指导下级的活动，管理幅度就无法拓宽。

（2）管理的方式。管理者持X理论还是Y理论，直接决定着管理幅度的大小。如果信奉Y理论，推行相应的管理方式，则可极大地提高下级的工作热情，这样不仅促使下级承担更为艰巨的任务，而且实际上也增强了他们的工作能力，管理幅度自然得以加大，若管理者实行X理论管理方式，结果必然相反。

（3）人员的培训。下级所受的培训越好，管理者处理上下级关系所需的时间和接触的频率就越少。训练有素、能力不凡的下级出现失职的概率下降，意味着他们要求管理者对其指导和帮助的时间降低了。因此，对于经过正规、全面培训的下级，管理幅度可相应地加宽。

（4）企业的稳定性。企业变化的速度对于决定所制定政策的详尽程度和保持既定政策的持续性都具有重要意义。若管理者在一个变革或发展相对缓慢的环境下工作，比在一个起伏震荡的动态环境中工作，允许具有更大的管理幅度。

（5）管理者的工作能力。主管的综合能力、理解能力、表达能力强，则可以迅速地把握问题的关键，就下属的请示提出恰当的指导建议，并使下属明确地理解，从而可以缩短与每一位下属在接触中占用的时间。这样，管理的幅度便可适当放宽。

（6）管理工作的内容和性质。有效的管理幅度与饭店管理者管理的工作内容和性质有关。饭店管理的工作内容越多，管理者需要耗费的时间、精力就越多，管理者的管理幅度就会下降，从而需要设置的管理职位就会增加。同样，如果管理者管理的内容复杂多变，管理者要处理协调的关系就会增加，管理幅度也会降低。此外，如果管理者所管理的工作内容差异性大，管理幅度也会有所下降。因此，在组织设计时，部门的设计一定要细致准确。只有这样才能提高饭店管理者管理幅度，降低管理层级，节约管理成本。

（7）信息沟通状况。饭店是否拥有一个完善的信息沟通系统，会影响到饭店管理者的管理幅度。信息沟通不流畅，管理者在指挥协调上会出现困难，管理幅度就会缩小。信息沟通流畅，管理者就可节省大量时间精力去做其他工作，管理幅度就会增大。

2. 饭店组织层级与集权、分权

饭店组织层级数目的多少与饭店的集权和分权程度有密切关系。如果饭店集权程度高，高层管理者的管理幅度相应减少，饭店管理层级就会增加。如果分权程度高，饭店高层管理者的管理内容相应就会减少，管理层级就会相应减少。因此，饭店的集权程度和分权程度与饭店的组织层级数有密切的关系。

（1）影响饭店集权、分权的因素。

1）饭店等级和经营规模大小。饭店的等级程度和经营规模大小会影响到饭店的集权和分权。饭店等级高，经营规模大，饭店管理层级和部门就会增多。为了提供高质量的服务，饭店就必然要加大分权的程度，让各部门拥有快速解决出现问题的能力。但如果等级不高，经营规模相对较小，饭店业务不是很多，饭店的集权程度就可以增加。

2）饭店政策的统一性。饭店各部门所面临的经营环境是不一样的。有的部门面临的经营环境相对较稳定，如财务部的部门政策就相对稳定，因此财务部为了实现饭店经营目标，集权程度就会较高。有的部门面对的经营环境复杂多变，如销售部。因此，相应的分权程度就要求较高，否则就没有办法及时制定不同的政策，应对复杂多变的环境。

3）饭店的人力资源状况。饭店员工的素质和数量也会影响到饭店的集分权程度。饭店员工素质高，工作能力强，可相应地授予更多的权力；但如果素质不高，就要相应的增加集权程度，以保证饭店经营管理目标的实现。

4）饭店组织的可控性。饭店各部门的工作性质相差较大。有些部门，可控性较高，如财务部；有些部门，可控制性差，如餐饮部。为完成饭店的总目标，对饭店的各部门要依据其可控性的高低来确定集权分权的程度，可控性较高，集权程度可高些；可控性差的，分权程度可高些。

5）饭店所处的生命阶段。饭店所处的生命阶段会对饭店的集权、分权产生影响。在饭店成长阶段，通过加强集权化程度可使饭店的经营管理水平上新台阶，有利于饭店的健康成长。但到了成熟阶段，就要相应地加大分权力度，使饭店各部门能够有效地及时应对市场需求变化，推陈出新，创造出新的产品。

（2）饭店组织层级化设计中的有效授权。

1）授权的含义。授权是饭店为了共享内部权力，增加员工的工作努力而把某些权力或职权授予下级。通过授权，饭店管理层把某些部门经营管理必需的权力和职权授予各级部门员工，使下属能够根据饭店部门所面临的环境变化而及时做出经营决策，及时解决出现的问题。同时也减轻了上级的工作负担，使上级能有更多时间、精力去解决饭店的其他重要问题。在授权中，上级授予下属权力或职权，使下属有责任完成部门的经营目标，同时，下级也要对上级负责，接受上级的指挥和监督。

2）授权的有效性。通过授权，上级授予下级完成任务的必需权力或职权，但仅仅授予相应的权力职权是不足以使下级圆满完成任务的，要想使所授的权力或职权能够充分发挥作用，饭店的管理者还必须为下属创造充分运用权力或职权的保证。一般来说，需要做好下面四个方面的工作：

①共享信息。饭店要让所授的权力或职权真正发挥作用，就必须让所有的员工对饭店经营的内外信息都有所了解。这样，饭店员工在工作中才会有正确的判断，所做的工作才会有更强的针对性，所生产的饭店产品才会是高品质的。

②知识和技能。饭店员工完成一定的工作任务，需要有相应的知识和技能。否则，即使被授予了完成工作需要的所有权力，也会因为知识技能的不足而做不好工作。因此，饭店要保证授权的有效性，就必须保证员工的知识和技能能够胜任工作，否则就要对员工进行培训，不能直接授权。

③权力。饭店要想使授权真正起到作用，就要把权力真正下放到各个部门的各级工作人员身上。让每个员工在工作中遇到问题时，都能在自己的职责范围内第一现场解决，避免因延误时间而给服务对象带来不满意的感受。

④对绩效进行奖励。饭店要提高授权的有效性，还要建立一套科学的绩效评估和奖励体系，使每个员工在行使权力时更有激励性，从而更好地完成工作。

3）授权的过程。是否能够正确地做好授权工作，关系到授权的有效性，关系到饭店总目标的完成。因此，饭店要搞好授权工作。搞好授权工作，主要可以从以下几个步骤来进行：

①授权诊断阶段。在这一阶段，饭店管理者要分析饭店的经营管理现状，确定饭店存在的问题，明确出现的问题与员工的工作权力之间的相互关系，仔细分析是哪些因素影响到员工行使权力完成工作，为下个阶段的正确授权提供科学依据。

②授权阶段。这一阶段，饭店管理者一方面要根据前一阶段的问题分析，对饭店的权力布局进行总体规划，依据员工的工作职责向员工进行授权。另一方面要积极创造条件，让员工能有效地使用自己的权力来完成任务。

③反馈阶段。这一阶段，饭店管理者要对授权后员工的绩效进行全方位的考核，明确授权后的员工完成任务的情况，分析员工在完成工作的过程中所出现的问题及其原因，对不适当的部分授权进行调整，使授权工作进一步完善。

4）授权的原则。

①权力和职责的对等。授权必须具有足够的范围，以使分派的职责得以完成。权力太小，授权形同虚设，往往会使下级在决策之前必须请示上级，延误决策；而授权范围过大，会使权力失控。饭店授权就要让饭店员工一方面拥有做好工作所需的权力，另一方面也不授权过大，导致权力失控。

②命令的统一。命令的来源应当统一，一个下级只从一个上级那里接受分配的职责和授予的权力，并仅对这个上级负责。否则，多头授权，将使被授权人无所适从。

③级差授权原则。授权工作只能是直接相邻的上下层级之间进行。在授权工作中，饭店管理者不能够越级授权，否则就会导致权力分配混乱，工作无法顺利进行，达不到授权的目的。

3. 饭店组织层级化设计中的基本形式和特征

饭店组织层级化的基本形式主要有两种，一种是传统的层级结构，也称机械式组织或金字塔型结构，其形状像金字塔状；另一种是扁平式的层级结构，也称有机组织。

（1）金字塔型结构。金字塔型的组织层级是运用古典原则设计的组织层级结构。如图2-1，所示在这种传统的金字塔型的组织结构里，饭店的决策层由高层管理者组成，如总经理、顾问等，主要负责对饭店的重要经营管理活动作决策；管理层由中层管理者组成，如部门经理、厨师长等，主要负责把高层管理层的决策具体落实到部门的日常工作中；执行层由饭店基层管理者组成，如领班，主要负责执行部门下达的计划任务，指导操作层员工完成具体工作；操作层包括饭店的服务人员和其他部门的职工，主要完成上级下达的具体工作任务。

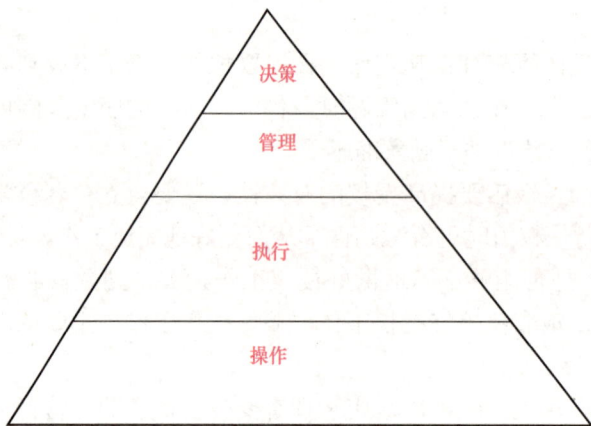

图2-1 金字塔型结构

金字塔型组织结构是大家都比较熟悉的结构，这种结构是现实中必不可少的结构。但是因为它具有很多局限性，越来越多的组织正在抛弃这种组织形态。金字塔型结构最大的特点就是拥有稳定性。它的适用条件如下：①外部环境相对简单、稳定，但是内部关系较为复杂。因此，需要一个稳定、界限分明的系统来保证内部的有序运作。②组织呈现金字塔结构，上层负责战略层面内容，下层负责执行内容，中层负责上传下达。③组织的企业文化属于"向上看"型企业文化。员工被视作"螺丝钉"。部门内部有一定的或者很强的"团队精神"，但是跨部门之间的团队精神、沟通及协调往往比较弱，或者很弱。

不管人们是否意识到，也不管人们是否承认，知识经济时代的出现已经对传统企业的价值观念、管理体制、营销方式等提出全面挑战，企业组织架构也将面临新的挑战。一方面是企业组织规模越来越庞大，企业管理层次已经多得难以有效运作；另一方面是外部环境的快速变化要求企业快速应变，具备极强的适应性。而管理层次众多的金字塔型层级结构所缺少的恰恰是一种对变化的快速感应能力和适应性。特别是在如今饭店行业竞争激烈的情况下，金字塔型组织结构的弊端越来越引起饭店组织设计者的关注。

（2）扁平式层级结构。所谓扁平化模式，是指通过减少中间层次、缩短经营管理通道和路径、增大管理宽度和幅度、促进信息传递与沟通，从而提高经营管理效益与效率的企业组织模式。扁平型组织的特点是：管理层次少，管理费用低，管理跨度大，信息沟通时间少、历程短。扁平化趋势表现在渠道层级减少、渠道缩短、渠道宽度大大增加。

在饭店的实际经营中，根据饭店产品的特点，把更多的权利授予基层员工，使他们能够根据出现的情况，及时解决工作中的问题，以保证饭店产品的质量。这样，与传统的金字塔型组织结构相比，管理者的管理幅度增大了，相应的中低层管理者人数减少了，整个组织结构和金字塔型结构相比呈现出扁平化的趋势。如图2-2所示，左边是传统的金字塔型组织层级形式，管理幅度不大，管理层级较多；右边是调整后的组织层级，管理者管理幅度增大，管理层级减少，整个组织结构与金字塔型结构相比，呈现出扁平化趋势。扁平化的管理方式是受社会发展外部影响的一种趋势。但并不代表扁平化就一定能够代表所有的管理模式。至于二者的优缺点，笔者认为，金字塔型的管理模式的优点主要是在于它的稳定性；扁平式的优点则在于它的灵活性和快速反应性。

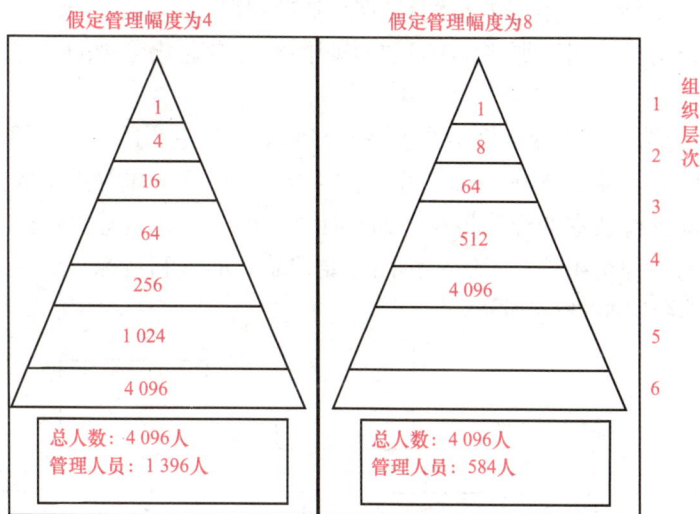

图2-2　扁平式层级结构

4. 饭店组织结构层级化的基本类型

金字塔型的层级组织设计和扁平式的层级组织设计，是两种理论上的完美化的组织设计。在现实的组织设计中，很少有完全意义上的金字塔型结构或扁平式结构。多数饭店的组织设计采取的是两者相结合的设计模式，主要有直线型结构、事业部型结构、直线—职能制结构。

（1）直线型结构。直线型结构是最早、最简单的一种组织结构形式。它的特点是：组织中各种职务按垂直系统直线排列，各级主管人员对所属下级拥有直接的一切职权，组织中每一个人只能向一个直接上级报告。其结构如图2-3所示。

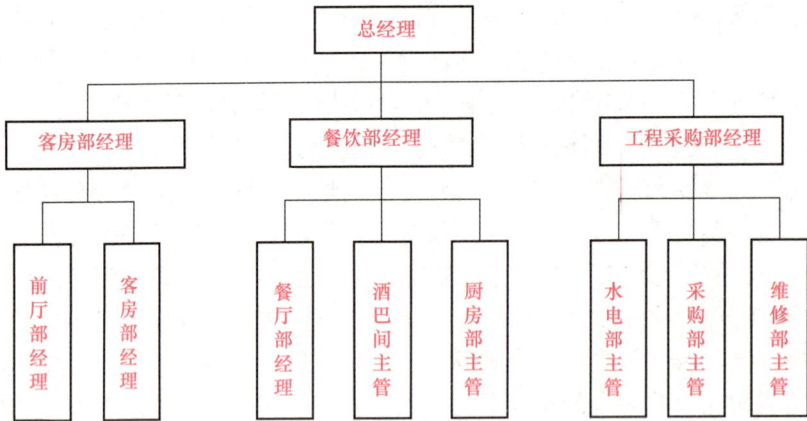

图2-3 直线型结构

直线型组织的优点是：第一，机构简单，决策迅速；第二，职责清楚，权限明确，责任心强；第三，权力集中，上下联系简捷，有利于统一指挥，提高组织效率。

其缺点是：第一，要求饭店经营管理人员具有全面的经营管理知识和业务能力，并具有较强的综合协调能力和指挥能力；第二，由于集权过多，缺乏横向的协调和配合，一旦饭店经营规模扩大或产生复杂问题，就会出现不适应状况。

直线型组织结构只适用于那些没有必要按职能实行专业化管理的小型组织，或者是现场的作业管理。

（2）事业部型结构。事业部型结构也称分部型结构，主要适合于大的饭店集团，是饭店集团在扩大经营时，面临不确定的市场，按照产品、市场区域等因素成立若干个事业总部，每个事业总部进行独立的经营核算，拥有计划、财务、销售等决策权，主要对饭店公司负责利润指标的一种组织设计。饭店集团主要控制它的盈利目标、资金筹集和主要负责人的任务工作。其结构如图2-4所示。

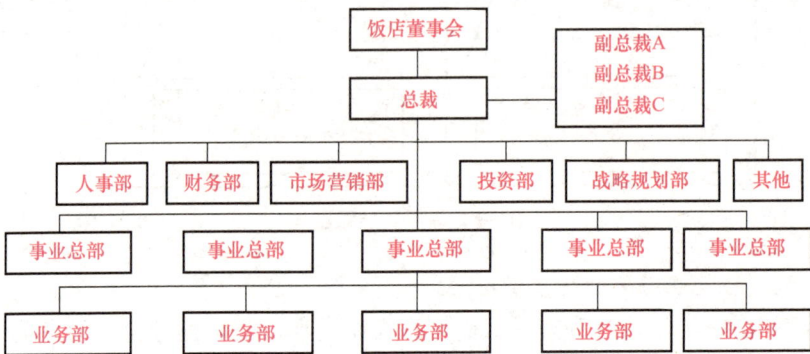

图2-4 事业部型结构

事业部型结构的优点是：第一，有利于饭店高层管理人员摆脱日常行政事务，集中精力抓好饭店的经营发展战略和重大经营决策；第二，有利于面向市场、分散经营，提高饭店经营管理效率，增强饭店的应变能力，提高服务质量和水平；第三，有利于考核各事业部的经营业绩，促进各事业部之间进行比较和竞争，调动各方面的积极性和主动性；第四，有利于培养独立的、全面主持饭店经营管理工作的高级经营管理人才。

其缺点：一是表现在各事业部之间容易形成部门狭隘观念，而忽略饭店整体利益；二是部门之间横向协调差，不利于人才的流动；三是机构重叠而导致管理费用增加、利益协调困难等。因此，饭店应根据实际情况灵活采用相应的组织形式。

（3）直线－职能制。直线－职能制也称生产区域制，或直线参谋制。它是在直线制和职能制的基础上，取长补短，吸取这两种形式的优点而建立起来的。目前，我们绝大多数企业都采用这种组织结构形式，其结构如图2-5所示。

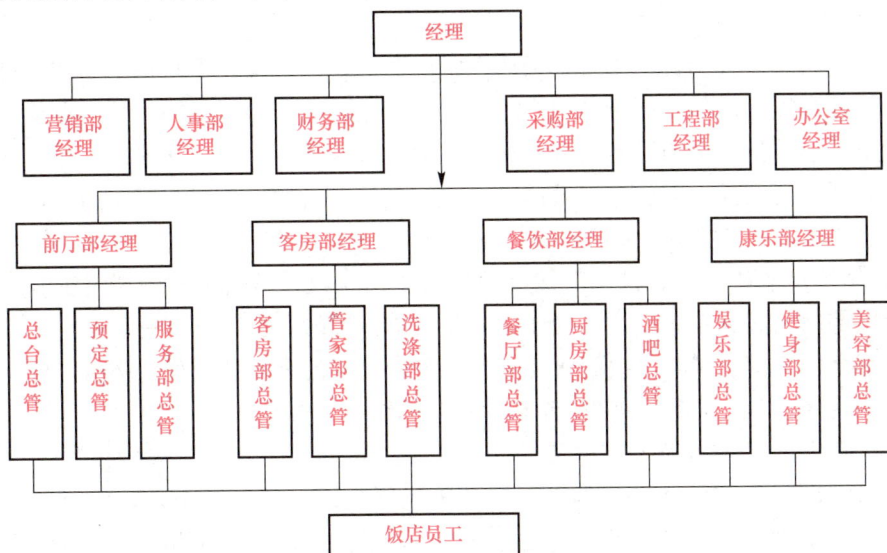

图2-5 直线—职能制

直线—职能制的优点是：第一，既有利于整个饭店的统一指挥，又能充分发挥职能部门专业化管理的作用，从而提高经营管理水平；第二，有利于加强直线行政领导的权威，提高饭店经营活动的有效性和高效性；第三，有利于突出饭店经营管理的主次，发挥专业管理人员的作用，提高饭店专业管理水平；第四，有利于培养有较强行政指挥能力的综合管理人员，特别是饭店总经理、部门经理层的管理人员。

其缺点是：第一，行政领导容易包揽一切事务，职能部门的作用发挥不够，并且各职能部门之间横向沟通和协调性差；第二，在业务指导上直线领导与职能部门会出现一定的矛盾冲突。

（二）饭店组织的部门化

饭店组织设计的任务主要就是分解完成组织目标的劳动，然后按照职能相似性、活动相似性或关系紧密性的原则，把劳动活动部门化，也就是把饭店里的专业技术人员分类合并在一个部门里，再配以相应的管理人员来领导、协调，以完成饭店经营的目标。

饭店组织部门的设计，依据饭店的经营战略、经营目标、外部环境等因素，可以有不同的划分标准，如饭店业务的职能、所提供的产品和服务、目标顾客、地区等。不同时期、不同的外部经营环境、不同的经营战略，饭店部门划分的标准会有所不同。

1. 饭店组织部门化的基本原则

饭店在组织部门设计中，要想设计出有效的饭店部门，必须要遵循一定的原则。

（1）因人设职和因事设职相结合的原则。饭店在组织设计中，要根据完成饭店总目标所需的工作内容、工作性质等内容来确定所需设置的职能部门以及相应的职务数。同时，在设置职务的时候，饭店还要根据员工的特点以及饭店的工作和发展计划，设置相应的既有利于饭店经营发展又能发挥员工特长的职务，开发和管理好饭店的人力资源，使饭店在不确定的外部经营环境中能够拥有一支稳定的、高素质、高效率的员工队伍。

（2）分工与协作相结合的原则。在组织部门的设计中，必须要坚持分工与协作相结合的原则。分工与协作相结合，不仅是饭店正常经营管理的保证，而且也是制造出高品质饭店产品的保证。饭店产品不同于其他产品的服务产品，生产与消费同步的特点要求饭店的各部门以及所有的员工必须紧密配合，在提供给客人服务时要一环扣一环，整个服务流程不能出现间断，这就要求饭店组织设计者在部门设计时要做好分工与协作的工作分析，不然就没法保证饭店产品的服务质量。

（3）精简高效的原则。部门精简高效是饭店组织设计所追求的最佳组织设计结果之一。要做好部门精简高效的设计，要让完成饭店总目标的所有工作都有人做，让每个人的工作任务都充实丰富。同时，我们还要考虑到饭店员工的素质和现代科学技术成果在饭店中的应用。只有这样，才能设计出一个精简高效的组织。

2. 饭店组织部门化的基本类型与特征

饭店组织部门化的设计，依据划分标准不同而不同。如产品服务、职能、地域和公司事业等。一般而言，饭店组织部门化主要有职能部门化、产品部门化和事业部门化等类型。

（1）职能部门化。职能部门化是一种较基本的组织形式，主要以饭店工作中内容、性质的相似性来分类，如财务、人事、销售、客房、餐饮、商场等。

职能设计组织的优点主要有：能够突出饭店部门的业务工作特点，有利于提高各个部门的专业化；由于分工比较仔细，部门工作专业性强，有利于简化培训，有利于提高员工的专业技术水平。此外，饭店还可以减少重复的人员设置和降低运营成本，实现饭店资源的优化配置。

职能设计部门的主要缺点是：人、财、物等资源过分集中，不利于各个部门开拓产品，不利于为客人提供更好的服务产品；部门之间工作不易协调，会出现部门利益高于饭店总体利益的情况；此外，过细的专业分工导致饭店不易培养出高层次的管理人才，员工的工作能力得不到全面提高。

（2）产品部门化。按产品分部门是饭店以饭店生产的主要产品为标准进行部门划分的一种组织结构形式，就是把和某种饭店产品有关的所有工作都置于一个部门内。

这种以产品分部门的组织形式主要优点在于：各个部门都可以专注于本部门的产品经营，并且充分合理地利用本部门的专有资源，有助于提高饭店产品的专业化水平，有助于比较饭店不同部门对饭店的贡献，有助于饭店决策层对饭店部门产品的指导和调整。同时，也为能力较强的饭店管理人员提供工作平台。

但是，这种组织形式也有很大缺点，主要是饭店需要更多的能力很强的管理人员来承担工作；各个部门之间有可能出现本位主义倾向，不利于整个饭店总目标的实现；以及整个饭店的职能部门会出现重复设置，不利于饭店资源的优化配置等。

（3）事业部门化。事业部门化是一种适合于饭店公司的组织设计，突出了分权管理，使饭店公司能迅速向其他区域扩张经营规模。

饭店组织设计事业部门化，是饭店业进入现代饭店时期，饭店规模化、集团化经营的一个结果。通过这种组织再造，饭店公司解决了在饭店扩张过程中，不同地区、不同国家之间的价值观、文化环境等差异造成的饭店经营障碍，为饭店公司的发展开辟了新的道路。

饭店组织设计事业部门化的主要优点是：把饭店经营的责权下放，在当地招聘员工，使各地区的饭店管理者能够充分有效地利用当地资源，并根据当地的经营环境，生产出适合当地市场需求的饭店产品，克服了由总公司直接经营造成的文化冲突、价值观冲突等问题。同时，还可为饭店公司带来减少饭店经营风险和节省外派成本等好处。

饭店组织设计事业部门化的缺点是饭店不易寻找到合适的外派管理人员，而且不容易控制外派管理人员。此外，各地饭店职能部门的重叠设置也会导致管理成本增加。

（三）饭店组织的补充

饭店组织结构类型的选择需要考虑到饭店的具体情况。不管是饭店组织的层级化设置还是饭店组织的部门化设置，都需要与实际情况相结合。面对不稳定的经营环境，饭店有时为增加组织结构的灵活性，还会组建其他形式的组织单元来管理饭店。

（1）任务小组。任务小组是饭店为了完成某些特定的重要任务而临时组建的组织单元，由不同部门具有不同技能的员工共同组成，以便于统一指挥、协调，完成饭店的临时任务。一旦饭店目标任务完成，即告解散。

（2）委员会。委员会是饭店为了更好地完成饭店总目标而组建的，一般由拥有丰富经验和知识的专家来组成。针对饭店的具体问题，定期或不定期地开会分析，为饭店的决策提供依据。饭店的委员会可以是正式的，也可以是非正式的。组成人员可以是饭店各部门的人员，也可以是外聘的。通过委员会这一组织结构补充，可以弥补饭店组织结构设计的不足。

第二节　饭店组织管理原则

饭店组织设计，为饭店实现经营管理总目标构建了柔性灵活的组织以适应复杂多变的经营环境。但要让这个组织结构有效地运转，让组织里的部门与部门、员工与员工、员工与任务协调一致，以实现饭店总目标，还应遵循一定的组织管理原则。

饭店的组织管理原则，是在借鉴了组织管理理论的代表人物法国人亨利·法约尔提出的管理理论基础上，结合自身特点形成的。法约尔在1916年出版的《工业管理与一般管理》一书中，提到了管理的14条原则：分工与合作、权力与责任、集权与分权、统一指挥、统一领导、有序、纪律、人员稳定、创新精神、公平、个人利益服务集体利益、集体精神、等级链与跳板和报酬合理。这14条原则囊括了组织管理原则的基本内容，为饭店的组织管理提供了理论依据。

一、分工与合作原则

饭店是一个依照劳动分工来实现其经营管理目标的组织。饭店产品的特点决定了饭店产品是由不同岗位的员工按一定的工作流程，环环相扣地生产出来的，其中如果有一个环节出了问题，就会对饭店的产品质量产生极大的影响。因此，在饭店经营管理中，所有员工都必须在做好自己工作的同时，与其他同事密切合作。客人本质上购买的是整个饭店产品，而不是单一服务产品。任何一个环节的服务纰漏，都会让客人的好印象毁于一旦。

二、权力与责任原则

饭店每一个岗位的员工，都需要拥有相应的权力和责任，这样才能保证按照饭店要求完成工作。没有权力只有责任的员工，是没有办法正常开展工作的，而没有责任的权力只会导致瞎指挥或滥用职权这些不良现象。因此，在饭店管理中，要注意权力与责任的一致性。

三、集权与分权原则

饭店集权，有助于饭店经营管理按照饭店的经营计划进行。但是，饭店产品的特点，要求饭店员工在客人提出要求时，及时满足客人的合理要求。也就是说，为了满足客人的需求，饭店必须授予基层员工相应的决策权，使饭店员工能在第一现场、第一时间作出服务决策，以保证客人获得满意的服务感知。因此，饭店在实际经营中，要根据自身产品特点，掌握好集权与分权之间的尺度。

四、统一指挥原则

饭店的每一个员工只能有一个直接上级来指挥工作。否则，员工就会出现面对多个领导、多重命令而无所适从的现象。

五、统一领导原则

饭店在经营管理中，针对目标相同的活动只能有一个领导和一个执行计划，只有这样才能保证饭店目标的实现。

六、有序原则

饭店要生产合格的旅游产品，就需要遵循一定的秩序。如饭店的所有物品，都需要建立相应的管理制度，使饭店的物品管理井井有条，不会出现混乱；饭店的所有员工，都要有明确的工作岗位、岗位职责，这样才能减少饭店的管理成本，提高饭店的经营效率。

七、纪律原则

饭店内每一个员工都应该遵循服务组织的行为准则，即组织纪律。纪律不应建立在制裁和害怕的基础上，而应建立在尊重和自觉执行的基础上。纪律不仅仅是消极的制裁，更需要积极的奖励。

饭店的纪律就应该如同冬天里的火，使组织内的每个人都能感觉到它的温暖，同时任何人碰触了它，肯定会被"烫伤"。对待犯有过错的人员，应按纪律原则予以处理，杜绝所谓的下不为例，否则纪律的效能就会被削弱甚至消亡。

八、人员稳定原则

员工是企业的生命。饭店要保证饭店的服务质量，就必须有一支稳定的员工队伍。尽管饭店行业的员工流失率一直很高，但是仔细分析，我们会发现一流饭店流失的往往是一线的普通员工。而那些真正拥有核心竞争力的员工是饭店必须设法留下来的，也就是说员工稳定在饭店行业里是主要相对饭店管理层和拥有核心竞争力的关键员工而言的。饭店一定要做好关键员工的人力资源开发和管理，保证这些员工保持相对的稳定。至于一线普通员工，只要其流失率没有超过员工流失最低警戒线，允许其有合理的流失。

九、创新精神原则

作为服务行业，饭店要鼓励员工在工作中发挥创新精神。现在的服务只有规范性是远远不够的，需要给客人提高个性化的服务。个性化的服务从哪里来？来自于饭店员工的创新精神。没有创新就没有进步。作为饭店，鼓励员工发挥创新精神就是希望能够提供更符合客人心意的与众不同的服务享受。能够提供给客人个性化的服务正是饭店赢得客人好口碑的法宝。

十、公平原则

饭店的高层管理人员应竭力设法将公平的观念灌输到饭店的每一层次。在处理饭店内发生的问题时，应明辨是非曲直，公正处理。对待饭店内的人员要一视同仁，切不可厚此薄彼。要使饭店内全体人员都能竭尽全力，忠于职守，为达到饭店组织的整体目标而努力工作。

十一、个人利益服务集体利益原则

饭店在追求经营管理总目标时，要把饭店员工的个人目标也包括进去。饭店应为员工做好职业生涯计划，使员工的个人目标与饭店总目标相一致。当出现个人利益与集体利益冲突时，饭店必须要让员工个人利益服从饭店集体利益。

十二、集体精神原则

饭店作为一个组织，要在组织内形成团结、和谐和协作的气氛，这样才有利于饭店总目标的实现。

十三、等级链与跳板原则

饭店作为一个组织，是由不同的层级构成的，从最高层的总经理到最低层的服务员形成了不同的等级系列。为了保证饭店命令的统一性，在工作中，信息的传递要按照这一等级链的顺序来进行，不能越级汇报，也不能越级指挥。但是，这种严格的层级会延误信息的传递，不符合饭店产品生产特点的要求。因此，在实际工作中，既要坚持等级链原则，以保证命令的统一性；同时，又通过授权等跳板，让基层员工能够有权力及时处理一些突发事件。当然，事后员工要及时向上级汇报，以维护统一指挥的原则。

十四、报酬合理原则

饭店要有一个具有激励机制的报酬体系。具有激励机制的报酬体系将有利于饭店员工的工作积极性，有利于饭店的员工稳定，有利于饭店的经营管理。

第三节　饭店组织管理制度

一、饭店组织管理制度的类型

饭店组织是一个复杂的系统，饭店在设计了一个动态权变的饭店组织结构后，要保证这一组织结构能够为实现饭店的经营管理总目标而有效地运转，就必须为这一组织制定各种管理制度，以保证整个饭店组织能够协调一致地运转。饭店组织管理制度包括两个方面的内容：宏观的饭店组织管理制度和饭店的内部组织管理制度。

（1）宏观的饭店组织管理制度，由国家、地方、部门和行业针对饭店经营管理的特点作出的规范。

（2）饭店的内部组织管理制度，是指由饭店结合自身特点，制定的员工行为规范。

二、饭店组织管理制度的内容

现代饭店组织管理的内容和形式都很广泛，概括起来，主要包括基本管理制度、经济责任制度、专业管理制度和工作制度。

（一）饭店组织基本管理制度

饭店的基本制度是饭店的根本性制度。不同所有制形式的饭店所采取的基本制度会有所不同。基本制度主要有股东大会、董事会制、监事会制、经理负责制以及员工民主管理制等形式。

1．股东大会

股东大会，又称股东会议或股东会，是饭店的最高权力机构，由全体饭店股东组成，是饭店股东表达意志的场所。饭店股东大会的职权主要有：代表饭店股东享有饭店财产所有权；议决饭店的重大事务，如股息分配方案，修订饭店章程，决定饭店重要人事任免等；听取董事会关于饭店情况的报告；选举产生董事会、监事会。股东大会一般为年会，即一年召开一次。遇到特殊情况，也可以召开临时会议。由于股东大会人数众多，无法具体负责饭店的经营事务。因此，股东大会不享有对饭店的直接经营权和管理权，而由董事会来执行。

2．董事会制

饭店的董事会，是代表饭店股东全权处理饭店重大经营管理活动，做出经营决策的主要机构。董事会成员由饭店股东选举产生，成员人数必须是单数，董事会直接向饭店股东负责。

饭店董事会作为饭店最高决策机构，在饭店经营活动中的主要职权是：决定召开股东大会并向股东大会作报告；决定饭店员工的报酬、福利等事项；选聘、任免饭店总经理及其他高级职员；对饭店的经营发展战略、发展方向和目标等做出决策和计划；决定股息和其他财务问题；决定饭店的分立、合并、承包、终止等重大事项。其义务主要有：忠实于饭店股东利益；执行股东大会决议；不得从事饭店业务范围以外的活动等。

饭店董事会要定期召开会议，对饭店经营中的重大问题做出决策。董事会开会时，所有董事均应亲自出席，并履行自己的职责。因故不能出席者，应该以书面形式委托其他董事代理，并写明授权范围。董事会由董事长主持，会议内容需作记录。董事会所作的决策或决议，由饭店总经理执行，并定期向董事会汇报。

3．监事会制

监事会是饭店中行使检察权的机构，主要是为了保证股东大会把经营权和管理权交给董事会后，股东的合法权益得到保障而设立的。监事会成员由股东选举产生，监事会成员不能兼任董事，监事会需要有饭店员工的参加。

饭店监事会的职权主要有：监察饭店董事会的工作，防止董事会滥用职权；检查饭店的财物、现金，审核财务会计账簿等凭证；监察饭店重要职员的工作情况等。

4．经理负责制

经理负责制的主要内容是：明确总经理既是饭店经营管理的负责人，又是饭店的法人代表。总经理对饭店的经营管理和业绩负有完全责任，拥有饭店日常经营管理决策权，拥有对饭店所有资源的配置权。在总经理行使饭店经营管理权的时候，还必须承担起相应的责任，必须贯彻执行国家的方针、政策，必须完成饭店的经营计划，必须对饭店员工负责，不断提高饭店的经营管理水平，促进饭店的发展。

5．员工民主管理制

饭店员工民主管理制的基本形式是饭店职工代表大会。职工代表大会具有管理、监督和审议三方面的权力。具体工作为：听取和审议通过总经理的工作报告；审议饭店的发展规划、经营计划以及一些重要的经营管理问题；审议饭店各项基金使用以及饭店福利等有关饭店全体职工切身利益的问题；监督饭店各级管理者，对成绩显著者提出表扬和嘉奖建议，对不称职者提出撤换建议。

（二）饭店组织经济责任制度

饭店实行经济责任制度，是饭店充分调动员工工作积极性、主动性和创造性，以实现饭店经营管理总目标的一种有效机制。饭店实行经济责任制，主要包括两方面的内容：一是实行饭店集体经济责任制；二是实行员工岗位经济责任制。

1. 饭店集体经济责任制

饭店集体经济责任制按饭店层级不同，分为饭店经济责任制、部门经济责任制、班组经济责任制和职能部门的经济责任制，将饭店经营管理责任具体落实到总经理、部门经理和基层管理者个人。

（1）饭店经济责任制。饭店经济责任制包括整个饭店必须完成的各项经营管理指标、饭店总经理（副总经理）的岗位责任制、工作权限和奖惩条例。

（2）部门经济责任制。部门经济责任制包括饭店各部门必须完成的由饭店整体经营管理指标分解到各部门的具体指标、部门经理的岗位责任、工作权限以及各部门的基础工作和奖惩办法。

（3）班组经济责任制。班组是饭店的基层管理层，基本职责是组织安排班组内的具体操作人员的工作，以完成主管部门下达的工作任务。同时，做好经营状况的原始记录和员工工作业绩的考核。

（4）职能部门的经济责任制。饭店的职能部门，主要是为饭店的前台提供服务，支持前台各部门做好饭店的业务经营，以实现饭店的总目标。由于其本身并不直接创造经济收益，因此，不能完全以量化指标来考核饭店的职能部门，而应该全面考评。

饭店职能部门的经济责任制主要包括：该部门支持直线部门或班组进行经营业务活动应负的经济责任；和其他职能部门协作完成工作的情况以及为其他部门、班组服务的情况；完成饭店基础工作的情况；完成总经理交办任务的工作情况；以及岗位责任、工作权限和奖惩方法等。

2. 饭店岗位经济责任制

现代饭店组织岗位经济责任制，是根据饭店内不同工作岗位而规定的工作内容、服务程序、服务标准及职责权限的一种经济责任，是实行经济责任制的基础。饭店岗位责任制是保证饭店优质服务的前提，是不断提高饭店服务质量的依据。因此，饭店必须不断地建立和健全岗位责任制，使每一个岗位都有严格的分工、明确的责任，从而形成相互联系、相互协调的饭店责任体系。饭店每个岗位都有不同的岗位经济责任，主要内容包括：①岗位的职责范围和具体的工作任务；②每项工作任务的基本要求、标准和操作程序；③应承担的责任和应遵守的制度；④协作要求；⑤奖惩方法。

3. 饭店经济责任制的考核

饭店实行经济责任制，必须要坚持严格的考核。只有进行了严格的考核，才能使饭店的经济责任制真正贯彻执行，保证饭店总目标的实现。考核时，需要注意以下四个方面的问题：

（1）指标值。指标值是饭店为实现经营管理总目标而制定的，在经营环境不变的情况下，应该以饭店计划中的指标值为标准。但在饭店经营中，由于饭店的经营环境复杂多变，无法预测，饭店实际完成的指标值和原计划会有些偏差。因此，在考核、评价时应根据饭店的实际经营环境适当调整。调整的指标计算公式为：考核指标值=原定指标值+新增指标值−新减指标值。对无法量化的饭店指标，考核时可采用考评定级的方法。

（2）协作情况。饭店经济责任制有利于调动饭店各部门、班组和员工的工作主动性、积极性和创造性。但是，饭店作为一个组织和一个复杂的系统，要完成饭店总目标必须有饭店所有部门、班组和员工的分工协作才能实现。因此，对饭店各部门、班组和个人进行考核时，必须考察是否有分工协作、团队合作精神，这样才能有利于饭店的健康经营。考核时，具体可分解为：①指标中应该显示协作其他部门开展工作的完成情况；②对协作部门、班组和个人提出请求时，提供帮助的情况；③主动为协助部门、班组和个人提供帮助的情况。

（3）指标完成的进度均衡性。饭店的经营状况，很容易随着旅游市场的波动而波动。因此，在考核时要注意饭店经营指标完成进度的均衡性，以激励饭店员工在完成经营指标时，尽量减少波动，从而避免经营波动给饭店造成的损失。

（4）完成指标的措施和方法。饭店各部门、班组和员工完成饭店的经济指标，可以有很多方法。对以充分调动员工积极性、主动性、创造性和团队协作精神来完成的，应给予奖励；对以牺牲饭店长远利益，采取不道德方式，如牺牲其他部门利益来实现本部门目标来完成的，要及时给予指正批评或者惩罚，以防止同样的不合理行为给饭店的长远利益带来损害。

（三）饭店组织专业管理制度

现代饭店组织的专业管理制度，是指为了保证饭店经营活动的正常进行，保证经营服务过程中各环节的协调，实现饭店各项专业管理职能而制定的各种管理工作的规范，是饭店组织管理制度的重要内容。

其具体包括饭店经营计划、技术、财务、质量、设备、动力、安全、劳动、环保、营销、人事及部门、班组等方面的管理制度。

（四）饭店组织工作制度

工作制度是饭店正常运转，实现经营管理总目标的重要保证制度之一。其主要包括前台部门的工作流程、工作标准和后台部门的工作流程、工作标准。通过工作制度的建立，饭店可以规范日常的经营管理工作，控制饭店的服务质量，为饭店总目标的实现提供制度保障。

第四节　饭店组织管理的内容与方法

一、对组织结构的具体化和细化

由于饭店的服务对象、经营模式和内容各不相同，如果没有一个严密、科学合理的组织结构设置，日常的工作计划将难以有效地实施，饭店管理的目标也难以实现。饭店组织结构设计的目的是对饭店员工的工作分工协作关系作正式、规范的安排，建立一种有效的组织结构以实现饭店的战略和经营目标。饭店组织结构的设置，主要根据饭店组织结构的设计原理，在充分考虑饭店经营环境、经营目标的基础上，依据设计原则，设计出一个动态权变的、能适应饭店经营管理需要的组织结构。

（一）制作饭店组织图

饭店组织图，可以清晰地体现出该饭店组织的结构布局。通过制作饭店组织图，可以对饭店员工的招聘数量、招聘类型，对饭店的经营秩序有很好的把握。

（二）业务界面的划分

按照业务性质不同，将饭店分为前台业务部门和后台业务部门。前台业务部门主要有销售部、公关部、前厅部、客房部、餐饮部、娱乐部、康乐部、商品部等；后台部门主要有人事部、财务部、工程部、保安部、采供部、办公室等。

（三）建立岗位责任制

岗位责任制是指机关在定编、定员的前提下，根据精简、高效、统一的原则，对机关内每个部门和每个岗位在管理过程中所应承担的工作内容、数量和质量以及完成工作的程序、标准和时限，应有的权力和应负的责任等进行明确规定的一种工作制度。在饭店里建立岗位责任制就是要饭店通过一定的规章制度，具体规定每个岗位人员的职责权限、作业标准、工作量以及要求的责任制度。岗位责任制的基本要求是：①五定——定岗、定工作、定人员、定权限、定责任；②五有——事事有人管、人人有专责、办事有标准、作业有程序、工作有检查；③责权统一、有责有权。

（四）组织联系

饭店提供的是综合性的产品，不同的部门必须通力合作、相互配合。因此不同的部门之间需要建立密切的联系，以保证企业内部信息、上下流通渠道的畅通。

▌二、人员配备

（一）人员配备的含义

人员配备是根据组织结构中所规定的职务的数量和要求，对所需要的各类人员进行恰当而有效的选择、使用、考评和培训的职能活动。饭店人员配备就是为饭店各个所需的岗位配备合适的员工。员工在总体上可以分为管理人员、技术人员和服务人员三大类。各类人员的配备，都需要满足饭店经营的具体需要，同时必须考虑满足员工个人的物质和精神需求。这样，才可能在提高饭店整体运行效率的同时，增强员工对饭店的忠诚度。

（二）人员配备的任务

人员配备的任务包括：确定人员配备计划；岗位分析和工作设计；人力资源的招聘与选拔；员工教育、培训与发展；工作绩效考核；员工的职业生涯发展。

（三）影响因素

人员配备与组织结构紧密相关。从管理分工角度来说，管理者要考虑属下的人员数量。管理者要根据服务标准、设备要求，以及管理者对管理跨度的承受能力等因素来确定。

（四）人员配置的一般流程

1．工作分析

确定工作岗位的具体工作内容、任务范围、技能要求、岗位责任、与其他工作岗位的关系、工作环境等。

2．制订人力资源计划

确定职务设置与人员配置计划、人员招聘计划、选择方式、调整计划等。

3．人员招聘与录用

确定招聘方法和途径、程序等。

（五）人员配备的系统方法

人员配备工作必须按照系统的方法来进行，即组织目标和计划是组织结构设计的依据，现有的和预期的组织结构，决定了所需主管人员的数目和种类。通过对主管人员的需求分析，在征聘、选拔、安置和提升的过程中，充分利用内部的和外部的人才来源。适当的人员配备有助于做好指导与领导工作。同样，选拔优秀的主管人员也会促进控制工作。人员配备要求采取开放的系统方法，这种方法要在组织内部贯彻，反过来又要和外部环境有关。组织内部因素应予以重视，没有适当的报酬，就不能留住优秀的主管人员。外部环境也不容忽视，否则，就会阻碍组织的正常发展。

（六）人员配备的原理

1．职务要求明确原理

这是指对主管职务及相应人员的需求越明确，培训和评价主管人员的方法越完善，主管人员工作的质量也就越有保证。

2．责权利一致原理

这是指组织越要尽快地保证目标的实现，就越要主管人员的责权利一致。

3．公开竞争原理

这是指组织越想要提高管理水平，就越要在主管职务的接班人之间鼓励公开竞争。

4．用人之长原理

这是指主管人员越处在最能发挥其才能的职位上，就越能使组织得到最大的收益。

5. 不断培养原理

这是指任何一个组织越想要使其主管人员能胜任其所承担的职务，就越需要他们去不断地接受培训和进行自我培养。

三、任务分配和绩效评价

组织管理目的是为了实现饭店的总体目标，组织管理要把饭店总体目标的具体任务、内容分解落实到各个部门。

（一）确定饭店组织的总体目标

饭店的组织目标不是固定不变的。随着外界环境的变化，饭店每年的总体目标都可能发生变化。同时我们也要认识到：饭店处于什么样的发展阶段，采取什么样的发展战略，都会影响到饭店总体目标的确定。

（二）分解指标和分配任务

饭店确定了总体目标之后，根据目标的具体任务指标，分解给不同的部门，并确定相应的完成时间。

（三）绩效评价

绩效评价不是简单的考核，或者像很多单位那样走走形式。绩效评价有明确的目的，不是为了评价而评价。绩效评价有鲜明的目的，不是为了奖励谁、惩罚谁。绩效评价实际上就是为了提高绩效。绩效评价具有很大的导向性和行为的预期性，不是简单的"秋后算账"，而是代表了企业或者领导对员工的期望和要求，它将直接影响到下一轮的工作行为甚至行为的价值取向。从这个意义上讲，绩效评价实际上也是在行使管理的控制职能。制定实施评价内容和标准要考虑到如下内容：

（1）评价内容和标准要具体不能空泛；

（2）饭店处于不同的发展阶段对员工工作要求会有所不同；

（3）不同管理层次、不同工作岗位的员工由于工作目标和工作要求不同，评价内容应有所差别；

（4）特殊岗位、特殊工作、特殊任务的评价内容应该有特殊要求；

（5）评价内容和标准具有可比性；

（6）评价的角度和方面，不仅仅是上级对下级，出于提高工作绩效的目的，上级对下级的评价、员工自我评价、外部评价、相互评价等工作也要有效开展。

四、编制定员

定员工作要求做到先进合理，要符合高效率、满负荷、充分利用工时的原则。如果是一个新建的饭店，在一开始就要做好这项工作。在现代社会中，哪怕辞退一名多余的员工也不是一件得人心的事情，还会影响员工的情绪，还会使企业陷入两难境地。所以选择科学的定员方法是很重要的。

（一）定员工作的任务

定员工作是企业的一项基础管理工作。其主要作用是，用组织措施保证企业合理地配备人员，以达到节约人力、避免浪费、提高劳动生产率的目的。具体表现在：它是企业编制劳动计划的依据；是调配劳动力、检查劳动力使用情况的依据；是改善劳动组织，遵守劳动纪律的必要保证。

（二）定员的原则

1. 定员要按照先进合理的原则

即既要考虑到现实的技术组织条件，又要充分挖掘劳动潜力，尽量应用先进工艺技术，改善劳动组织和生产组织形式；既保证满足生产的需要，又避免人员的窝工浪费，尽量精简机构，减少不必要的人员，用提高生产效率和工作效率的办法来完成更多的任务。

2. 定员要能够正确处理各类人员之间的比例关系

要合理安排直接生产人员和非直接生产人员的比例关系，提高直接生产人员的比重，降低非直接生产人员比重；要正确处理基本工人和辅助工人的比例关系，做到合理安排，配备适当。此外，随着科学技术的发展和企业经营管理要求的日益提高，企业中工程技术人员和管理人员的比重也要逐步提高。

（三）定员计算方法

定员计算的基本原理是按生产工作量确定人数。劳动定额作为计算工作量的标准，在定员计算中起着重要作用。因此，只要有劳动定额的岗位都应该考虑使用劳动定额来定编。下面介绍的几种方法都是以劳动定额为基础的。

1. 按时间定额定员

由于不同工种不同加工对象之间不能直接比较，而时间定额是最通用的劳动消耗标准，一旦不同工种和对象的劳动量换算成时间量就能进行比较了。用时间定额可以计算饭店企业所有的基本生产工人的定员数。

2. 按岗位定员

根据工作岗位的数量、岗位的工作量、操作人员的劳动效率、劳动班次和出勤率等因素计算定员人数。按岗定员的方法与生产量无直接关系，与生产类型有关，它适合大型联动装置的企业（如发电厂、炼油厂、炼钢厂等），也适合于无法计算劳动定额的工种和人员（如辅助工、机修工、后勤服务人员等）。用这种方法定员很难找到计算公式，工作抽样是比较适合的一种方法。通过对操作人员实际工作情况的抽样，分析工作量是否饱满，如果工作量不足，可减少人员或者增加岗位。

3. 按比例定员

按比例定员就是按企业职工总人数或某一类人员的总人数的某个比例计算出其他人员的定员人数。饭店企业中的卫生保健人员、厨师、某些辅助工人可以采用此法定员。使用的比例数是一个经验数据，可以用工作抽样方法分析比例数的准确性。

4. 按业务分工定员

即根据组织机构、职务岗位的工作种类和工作量来确定人数。这种方法定性成分很大，主要适用于管理人员和工程技术人员的定员。这些人员的工作内容广泛，工作量不容易计算，工作效率又与每人的能力、工作态度和劳动热情有关，具体操作时有一定的难度。工作抽样也适用于处理这个问题。

饭店企业的编制定员是饭店企业人员数量及其构成的基本标准，是相对稳定的劳动人事资料，饭店不可能经常进行定编工作。定编工作完成后，就有一个较长的稳定期。但是，饭店企业的生产量在不同季节不同月份往往变动很大，为了保证任务和人力相匹配，在每个计划期（年计划和月计划）都需要做人员需求计划，以指导劳动力的余缺调整和补充。

五、确定劳动组织形式

（1）劳动组织形式。通过一定的形式横向联系和协作形成一个多种使用价值的和谐整体。

（2）业务流程和协作。组织管理明确了岗位职责以后，要把有前后联系的相关岗位按一定的程序连贯起来。

（3）排班。劳动组织最规则的形式是排班。一是按作业时间区分，排成早、中、晚等时间班；二是按业务内容，排成业务班。

六、编制员工手册、职务说明书

（一）饭店员工手册

饭店员工手册是饭店实施科学管理的重要手段，它对工作条例、员工守则、考勤制度、员工福利、奖惩办法、员工投诉、安全守则等都作了明文规定，是饭店依据经营管理的实际需要制定的。每个饭店员工都必须严格遵守并认真执行员工手册。

一般而言，饭店员工手册的编写没有统一的格式，每家饭店都可根据自己饭店的经营管理目标来编制符合自己饭店特点的员工手册。下面，我们以某饭店的员工手册为例，说明饭店员工手册制定的一般方法。

第一章　总　则

1. 编制目的

我们热诚欢迎您加入××××大酒店工作，为了造就一流的酒店从业人员，保持本酒店系统化的管理水平，特编制此《员工手册》。手册中所有条文已经酒店总经理批准，各位员工务必全面了解并切实遵守。

忠于职守、热心勤勉及礼貌主动是本酒店提倡的精神，深盼大家能充分投入，发挥一技之长，彼此真诚合作，共为××××酒店带来光辉业绩。

2．适用范围

本手册原则上适用于××××所有员工，包括合同制员工及临时工，如以合约聘请的管理人员，与合约内所列条款与本手册有所冲突，则以合约为准。

3．××××指导管理原则

我们确保——

☆ 我们在同所有人相处时，要表现出真诚和关心；

☆确保我们的服务程序永远是以客人为中心且简明易行；

☆期望所有的管理人员要保持与客人直接接触；

☆ 我们要努力创造一个既有利于员工事业发展，又有助于实现他们个人目标的氛围。

第二章　员工聘用

2.1　招聘标准

2.2　用工制度及劳动合同

2.3　合同的延续

2.4　试用期

2.5　正式聘用

2.6　工作时间

2.7　薪酬

2.8　所得税

2.9　调职与晋升

2.10　员工离职

2.11　员工招聘程序

（1）大、中专毕业生招聘程序

（2）旅游职业中专毕业生及应届高中毕业生的招聘程序

（3）其他人员招聘程序

2.12　员工体检

2.13　员工入职程序

其他

第三章　员工福利

3.1　假期

3.2　医疗福利

3.3　年终奖金

3.4　工作餐

3.5　特殊奖励

3.6　员工培训

3.7　培训合同

3.8　员工保险

3.9　娱乐活动

3.10　通勤班车、员工宿舍

3.11　其他

第四章　行为规范

4.1　员工关系

4.2　客人关系

4.3　考勤

4.4　个人卫生与仪表

4.5　员工证及名牌

4.6　员工更衣柜

4.7　制服/个人着装

4.8　钟卡/员工通道

4.9　道德行为/个人资料

4.10　宾客隐私/客用设施

4.11　财务信息/计算机软件安全/商业秘密

4.12　拾遗/私人财物

4.13　酒店财产/酒店钥匙、磁卡

4.14　辱骂/伤害

4.15　吸烟/通告

4.16　私人电话/私自受聘

第五章　奖励与纪律

5.1　奖励

5.2　纪律

5.3　执行纪律程序

5.4　处分取消

第六章　工作表现及态度

6.1　尊重备至

6.2　高效率工作

6.3　诚实

6.4　真诚及谦虚

6.5　爱护财物和设施

6.6　乐于助人

6.7　守时

6.8　客人投诉

6.9　员工投诉

第七章 员工申诉

第八章 安全措施
8.1 因工受伤
8.2 火警措施
8.3 升降机意外措施
8.4 安全要求
8.5 意外事故

第九章 安全忠告
9.1 安全掌握在你手中
9.2 帮助防止和消除不安全因素
9.3 安全操作
9.4 安全忠告

第十章 修订
人力资源部拥有本手册的解释权。《员工手册》按规定已报送劳动局备案。

（二）职务说明书

制定职务说明书是防止企业内各工作岗位之间互相扯皮、推诿的有效方法。通过职务说明书，饭店可以明确各个工作岗位的权限，有助于饭店加强对员工的管理，有助于搞好人力资源的管理和开发工作。

一般来讲，规范的职务说明书应包含以下几个要素：

（1）表头格式——注明企业中各职务名称、归属部门、隶属关系、级别、编号等。

（2）任职条件——描述某职务所需的相关知识和学历要求、培训经历和相关工作经验及其他条件。

（3）工作要求——主要描述该职务对一个合格员工来讲，工作的具体要求。

（4）责任范围——描述该职务所承负的主要责任及其影响范围。

（5）管理结构——描述实施管理的性质、管理人员或员工性质，包括管理水平、管理工作类型、管理的多样性、职务权限、直接和间接管理员工的层次和数量等。这有助于任职者获得一个非常清晰的工作内容和管理范围。

（6）工作关系——根据职务在企业组织中的地位和协作职务的数量，描述完成此项工作需要与企业其他部门（人员）的联系要求；描述相互关系的重要性和发生频率等。

（7）操作技能——描述完成该项工作对任职者的灵活性、精确性、速度和协调性以及技能的要求。

需要说明的是，这几项要素贯穿在企业所制定的职务说明书中，而并非一定需要按顺序罗列。职务说明书示例如表2-1所示。

表2-1 职务说明书

职位名称		所属部门	
直接上级职务		直接下级	
晋升方向			

职位概要：

职务描述	
工作内容：	
工作权限：	
工作难点：	
工作禁忌：	
工作环境及危险性：	

职务待遇			
年　薪		薪资构成	
休假制度		保险	五险一金　有　无
住　房		股份/期权	
其他待遇		工作地点	

任职资格					
条件选项	优选	可选	条件选项	优选	可选
1．年龄			2．性别		
3．婚姻状况			4．学历		
5．专业背景			6．外语语种及水平		
7．计算机水平			8．工作经验		
9．行业背景			10．其他		

具备下列条件，以上要求可放宽：

综合素质要求

其他要求

七、制定各岗位工作程序和标准

制定科学合理的工作程序和工作标准，是饭店组织设计的另一项重要内容。饭店仅有一个动态权变的组织结构是不行的，还需要科学的管理制度和科学的工作程序和工作标准来保证整个组织的高效营运。

科学合理的工作程序和工作标准，是饭店保证服务质量的重要方法和重要途径。饭店的不同部门、不同岗位有不同的工作内容。因此，饭店的工作程序和工作标准要按每一工作岗位的不同而设计不同的程序和标准，以保证饭店的工作质量。

八、制定各种注意事项

对饭店发生的问题进行分析研究、归纳总结后提供给饭店员工，可以帮助饭店员工在日常工作中注意这些问题，避免同类问题的再度出现。因此，制定各种注意事项是饭店组织管理工作中的一项重要内容。当然，有的饭店会把注意事项写入员工手册中，但员工手册中的注意事项远远不能反映出饭店经营过程中的所有问题。因此，饭店在经营过程中需要对不断出现的新问题进行分析总结，并及时通过制定各种注意事项，提醒员工注意。

【阅读专栏】

世界豪华饭店之父：恺撒·里兹

恺撒·里兹（Caesar Ritz，1850～1918）先生算得上是饭店行业"祖爷爷"级的人物了，他被称为"贵族饭店的鼻祖"。在法语和英语里，至今有一个单词源于里兹和他的里兹饭店，Ritzy，意思是豪华的、讲究的，也就是一种典雅的、贵族化的生活方式。

恺撒·里兹是里兹·卡尔顿公司的创始人。他于1898年6月与具有"厨师之王，王之厨师"美誉的August Ausgofier一起创立了巴黎里兹饭店，开创了豪华饭店经营之先河，其豪华的设施、精致而正宗的法餐，以及优雅的上流社会服务方式，将整个欧洲带入到一个新的饭店发展时期。今天，"里兹"已经成为豪华和完美的代名词。在《新英汉词典》中，它的中文注释是：极其时髦的，非常豪华的。里兹先生提出了"客人永远不会错"（The guest is never wrong）的经典命题；他还推出了"一个客人一个仆从"的做法，这应该是现在豪华饭店"管家服务"（butler service）的雏形。

【前沿资讯】

首旅如家打造"如旅随行"生态圈，斩获年度品牌营销"奥斯卡"奖

美通社上海2017年10月13日电　近日，由经济观察报社与香港管理专业协会主办的第

十五届中国杰出品牌营销年会在北京盛大开幕。首旅如家酒店集团凭借《"四生五流六维"打造首旅如家酒店顾客生态圈》（"如旅随行"生态圈），从众多品牌营销优秀案例中脱颖而出，成功斩获2016～2017年度中国杰出品牌营销奖。

该奖项引进香港管理专业协会20多年运作此奖项成熟的评选机制，秉承"公平、公正、公开"的原则，将荣誉和公众赞誉授予通过杰出的市场营销方案，打破屏障、提高品牌营销职业标准的企业。每年全国送评案例无数，而专业的组织和严谨的评选流程，使得只有真正为消费者创造价值的优秀品牌才能脱颖而出。该奖项在社会各界拥有广泛影响力，被誉为"营销界奥斯卡"。首旅如家酒店集团会员/数字营销部总经理徐文兰到年会现场领奖并发表获奖感言。

在消费升级背景下，各大经济型酒店集团纷纷转型升级。首旅如家积极构建"如旅随行"顾客价值生态圈，释放1亿会员的存量价值。"如旅随行"生态圈设计了个生、互生、共生和众生的生态圈发展四生阶段，人流、物流、信息流、资金流和商流的五流生态圈方法论体系，在此基础上形成吃、住、行、游、购、娱的生态圈六维产品构架。以住宿为核心，让首旅如家会员享受全方位立体化的商旅服务需求，从而提升首旅如家的品牌影响力和市场占有度。

作为"如旅随行"生态圈的承载主平台，首旅如家官方APP于2017年10月全新改版，根据顾客的出行链条，提供覆盖吃、住、行、游、购、娱的全方位生态圈产品与服务。该APP从最初只有订房功能，到现在加入更多订房以外的功能。目前，会员可以在APP中选择"酒店+景点"的出行优惠组合，还可以在出行频道中租车、订机票和火车票、查攻略等。首旅如家还在APP中开放了如家巴士的预订，服务首先落地成都、西安和武汉，方便住客往返酒店与机场之间。上海漫趣乐园酒店往返迪士尼的如家巴士也在试点运行中。在不久的将来，首旅如家APP将拥有新的名字——"如旅随行"，它不仅仅是一个APP，更是一种生活方式，是可以随身携带的"生态圈"。

（资源来源：http://news.cncn.com/259009.html，有改动）

□ 【自我检测】

1. 饭店组织设计的影响因素有有哪些？
2. 影响饭店集权、分权的因素有哪些？
3. 金字塔型组织结构的适用条件是什么？
4. 人员配置的一般流程是什么？
5. 规范的职务说明书应包含哪几个要素？

□ 【思考与讨论】

1. 饭店组织的功能是什么？

2．饭店组织管理的重要性如何？

3．饭店组织设计的要求有哪些？

4．饭店组织设计的原则有哪些？

【实践与应用】

通过小组讨论，设计一家五星级酒店的组织结构。

【思考与讨论】

1．饭店组织的功能是什么？

（1）提供服务的功能。

（2）信息交流的功能。

（3）创新的功能。

2．饭店组织管理的重要性如何？

（1）组织管理是实现饭店相关利益群体价值的保证。

（2）组织管理是调动饭店员工积极性，打造学习型企业的重要途径。

（3）组织管理是提高饭店核心竞争力的重要手段。

3．饭店组织设计的要求有哪些？

（1）产权清晰，系统管理。

（2）职责明确、机构精简。

（3）等级分明、管理幅度合理。

4．饭店组织设计的原则有哪些？

（1）有效性原则。

（2）统一指挥原则。

（3）分工协作原则。

（4）权责对等原则。

（5）控制幅度原则。

（6）柔性经济原则。

第三章 饭店计划与经营管理决策

■ 【关键词】

饭店计划管理 饭店计划

■ 【学习要点】

掌握饭店计划管理的含义；了解饭店计划类型与指标体系；掌握饭店计划决策与战略管理。

■ 【章前导读】

计划管理是饭店管理的基本职能及首要职能。计划管理对饭店的经营活动具有指导、规范和控制的作用。计划管理在饭店管理中占有特殊的地位，是保证饭店实现科学管理的必要条件。搞好饭店的计划管理，对提高整个饭店管理水平有着重大作用和意义。

第一节 饭店计划管理概述

一、饭店计划管理的含义

饭店计划管理，就是通过预测未来发展变化趋势，确定饭店的经营目标和经营政策，并拟定和选择经营方案，以便充分利用资源，实现饭店的经营目标和经济目的，推动饭店的可持续发展。计划管理具有双重含义：一是指对饭店计划编制本身的管理；二是实施饭店计划，用饭店计划来实现对饭店的管理。

二、饭店计划管理的内容

（一）市场和社会需求预测

饭店计划管理，特别强调和重视对未来的预测工作。预测的内容是多方面的，但对饭店经营来讲，市场需求及变化趋势是预测的中心内容。在市场经济高度发展和外部环境多变的时代，市场需求预测是制订饭店计划的直接和主要根据。重视预测并搞好预测是提高计划工作水平和经济效益的重要保证。

（二）确定计划目标和经营政策

计划目标，通常是指管理对象最终应达到的状况，计划目标应建立在科学预测的基础上，计划目标决定着各种管理活动的内容，决定着管理方式方法的选择和管理干部的挑选等。经营的方针政策，一般是指管理过程中的战略性和策略性规定，它决定着管理过程的发展轨道。无论采用何种经营政策和策略，其目的都在于更好地实现计划目标。

（三）设计和选择经营方案

所有计划的共同要求，都必须具有可行性。现代计划管理，非常强调优化经营方案的选择，因为这是有效地实现计划目标的关键。

（四）计划的目的性

制订计划、实行计划管理，其目的在于提高管理工作的预见性，减少盲目性和经营风险，从而提高饭店经营管理活动的经济效益。

三、饭店计划管理的重要性

饭店的计划管理，就是通过饭店企业计划的编制、执行、检查、协调来控制饭店的全部生产经营活动的综合管理工作。也就是说，饭店企业管理的任务是遵循经济运行的客观规律，通过市场环境调查预测，掌握并灵活地适应复杂的社会需求，合理确定饭店生产经营目标，并对企业生产经营全过程的行动进行布置和组织实施。饭店实行计划管理是现代化大生产的客观要求，也是国民经济按比例协调发展的客观要求。饭店实行计划管理是合理利用企业人力、物力、财力，提高经济效益的重要手段，也是增强企业生命力、竞争力、抵御冲击的有效方式。

四、饭店计划管理的任务

饭店计划管理是饭店在计划期内，根据饭店内、外部条件，通过对计划的编制、执行和控制，完成饭店的经营目标的过程。饭店计划管理作为饭店的一种管理职能，其任务主要有以下几个方面：

1. 指导饭店科学地确定饭店的经营目标

饭店计划管理要根据饭店内外环境条件，对市场进行科学预测，把市场预测的结果和饭店内部的条件结合起来，为饭店提出目标提供依据。饭店可以通过决策，制定出饭店的长期、中期和短期目标，并相应地制定出切实可行的符合饭店实际情况的目标体系，然后进一步细化目标，把目标细化为一个个行动计划或方案。

2. 提高饭店抗风险的能力

饭店计划的制订一定要面对饭店面临的现实情况，同时又要预测未来饭店业的发展空间问题。也就是说在制订饭店计划的时候不但要考虑目前本饭店的现实困难和优势以及其他饭店的优势和劣势，还要充分考虑未来饭店业的变化情况和竞争情况，通过分析、比较有针对性地强化饭店的优势部分，改造饭店的劣势部分。

3. 增强饭店资源整合的能力

饭店一旦提出了计划目标，整个饭店就要为了实现这个目标而努力，也就是说饭店就需要投入一定的人力、财力和物力。如何投入？投入比率是多少？这些问题将由饭店计划统一来确定。饭店的计划管理将在合理分配劳动占有量、能源消耗量等方面，尽量保持各个部门的良性发展，尽量保持饭店在最小的成本消耗下，保质保量地完成饭店总体计划目标。

第二节　饭店计划类型与指标体系

一、饭店计划概述

有关计划的含义有很多不同的表达，多数定义认为计划是预先制订的行动方案。饭店计划就是饭店管理者对未来拟定一个理想的发展目标并制定出相应的政策和策略的过程。计划的制订要求管理者必须全面思考，实现目标所需要做的或会遇到的一系列事件是什么。在计划当中，要涉及事先规划做什么（What）、如何做（How）、谁去做（Who）。这是计划的一些基本要素。

饭店计划管理，就是饭店管理者依据外部市场状况和内部条件，科学地制订计划、执行计划和控制计划，从而确定饭店经营目标，指导饭店良性经营的业务活动。

饭店计划工作具有四个基本原则：目的性、首位性、普遍性和效率性。所谓目的性，就是指饭店计划是实现饭店目标的方法手段，各种计划及所有支持性计划，应该有助于饭店完成自己的目的和目标。饭店计划的首位性涉及计划的重要性问题，因为它在联系其他所有管理职能中处于中心地位。饭店管理者通过制订计划，使他们知道需要什么样的组织关系和人员素质，按照什么样的方针去领导下属工作人员，及采用什么样的控制。饭店计划的普遍性原理表明饭店计划工作涉及饭店组织中的每一位经理、主管人员及领班。其实饭店组织中的每一个人都从事计划工作，只是程度不同而已，这主要取决于他们的职权。饭店计划的效率性就是指这个计划对饭店目的和目标的贡献。贡献主要是指制订实施计划中扣除各种费用和其他因素后获得的利润总额，通常用成本/收益标准来衡量。

同时，饭店计划工作和控制工作是不可分割的，它们是管理工作上的一对双胞胎，任何没有控制的计划都是无意义的计划，因为员工不知道他们的目标是什么（控制的结果），就不会知道如何去努力，如何去进步。因此，我们可以说计划为控制提供了标准。

二、饭店计划的类型

饭店计划的种类较多，用途各异，而且不同形式的计划可组成不同的层次体系。

依据不同的标准，可以把饭店的计划分为不同的类型，各种类型的计划并不是彼此割裂的，相互之间不同时间、不同情况的计划构成了饭店的计划体系。

（一）按计划的时间跨度分类

按计划的时间跨度分类，可以把饭店计划划分为长期计划、中期计划和短期业务计划。

1．长期计划

饭店长期计划属于战略性计划。长期计划的计划期一般是3～5年，是饭店设备、服务、经济、人员等方面发展的纲领性计划。长期计划是饭店经营者对发展远景所作的一个决策。长期计划的主要内容有如下几个方面：

（1）饭店目标计划。有关饭店发展的未来目标，包括各项主要计划指标所要达到的水平和发展速度。

（2）饭店建设与投资目标。提出饭店固定资产建设的总体规划，准备对哪些设施设备进行更新改造及投资来源计划，还要规划与设计饭店对外投资项目。

（3）经营管理计划。管理模式的确定、管理人员的配备、管理手段的更新、市场的开发和市场份额的占有等方面进行规划。

（4）干部职工培训及生活福利计划。这其中包括饭店管理和服务人员的培训计划、工资增长计划和福利基金计划。

2．中期计划

中期计划主要指饭店在1年内的经营管理计划，也称年度综合计划，是饭店最重要的计划。它的内容包括全饭店及全饭店各部门的目标、任务和经营方式等。年度计划要求具体，可操作性强，能直接反映市场对饭店产品的需求，它包括两部分内容：

（1）综合部分。提出饭店全年度的计划指标值，并对指标的平衡分解作概括的论述。

（2）部门计划。各个饭店的业务和职能部门在全年度本业务范围内执行的目标和任务。具体包括市场营销计划、前厅部计划、客房部计划、餐饮部计划、商品部计划、服务质量计划、劳动工资计划、设备建设和维修计划、物资计划、财务计划、培训计划、基建改造计划12个方面。这些计划并不是相互独立的，它们共同作用保证年度综合计划的完成。

3．短期业务计划

为了保证年度综合计划的顺利完成，作为年度计划的补充，饭店还要制订各部门的短期业务计划。一般以月为时间跨度，对每月饭店各部门的日常业务和进度进行具体规定。当然各部门的月计划必须以年度计划为蓝本，符合年度总体目标。有些饭店在接待一些重要来宾时，还要制订重大任务接待计划，这也属于短期业务计划的范畴。

短期计划主要是由中层管理人员即部门经理一级、主管一级制订。因为他们都负责日常的管理工作，对基层情况比较了解。短期计划具有战术性、局部性、具体性，主要指导饭店的日常经营、管理；内容要求具体、可行。

（二）按计划制订者的层次分类

通常把饭店计划分为战略计划、战术计划和业务计划。战略计划包括决定整个饭店组织的主要目标以及用于指导实现这些目标的方针策略。战略计划由饭店的高层管理者来制订，涉及时间较长，通常为长期计划。战术计划又称施政计划，一般由中层管理者制订，涉及的是为了实现组织的战略目标如何去利用资源，分配好人、财、物的问题，时间跨度往往相当于饭店的年度综合计划。作业计划又称业务计划，一般由基层管理者制订，是为了实现目标而如何去做的细节性计划，是战术计划的具体化，提供了一种行动方案，从时间上来看相当于短期业务计划。

不同范围广度的计划往往是由不同层次的管理者制订的。高层管理者花费大量的时间和精力用于计划管理。他们要考虑饭店未来的发展方向和目标，这种层次的计划往往是战略性的，但存在着大量不确实性因素。中层管理者要花费50%的时间制订部门的业务行动计划。这种计划属于战术性范畴，其不确定性主要受市场信息掌握程度和劳动效率的影响。低层管理者可能要花费10%的时间去制订计划，往往是时效短、专业化和具体化的作业计划，这种计划的不确定性大大降低了。

（三）按计划涉及的范围分类

按计划涉及的范围，计划可以分为饭店总体计划和部门计划。

1. 总体计划

总体计划主要是围绕整个饭店或饭店的几个主要部门展开的，其主要内容包括饭店总体目标、策略、执行方案等。

2. 部门计划

部门计划是指饭店各个部门制订的计划，包括部门实现的目标、各种策略等。

饭店总体计划为部门计划提供一个基本框架，部门计划的好坏直接影响饭店总体计划的完成。饭店总体计划与部门计划构成饭店计划的有机整体。

（四）按饭店的具体内容分类

从饭店的具体内容看，饭店计划可以分为经营计划和管理计划。

1. 饭店经营计划的主要内容

（1）饭店经营战略计划。即饭店的长期计划，它从饭店总体上确定饭店未来的发展水平和标准、经营规模和接待能力以及饭店各项经济效益指标的增长水平。经营战略计划还要就饭店的固定资产投入、员工培训、职工生活福利水平等做出总体规划。

（2）饭店销售计划。在经营战略计划的基础上，根据企业未来的发展和市场的变化而制订的年度经营计划。销售计划主要确定饭店的销售目标和盈利水平，确定客房、餐饮、商品等部门的销售额、毛利率和净盈利水平。在销售计划中要具体规定饭店销售的措施、时期、费用、控制以及评估方法。

（3）市场营销计划。从实际出发，规划饭店的客源结构，确定饭店的客源市场占有率，同时确定饭店产品的结构、档次、产品组合方式等，并指明饭店市场营销的主要方向及市场营销策略。

（4）饭店接待业务计划。饭店接待业务是饭店所有经营活动的核心。饭店各个部门的所有计划都必须和接待计划所确定的接待总人数、客源的组织形式、宾客来源、客人的消费习惯等相衔接。

2. 饭店管理计划的主要内容

饭店管理计划主要是指饭店的各个职能部门为保证饭店经营活动的正常运行而确定的各种职能计划。主要内容包括如下几个方面：

（1）劳动工资计划，对饭店人员及劳动报酬的具体安排。

（2）设备建设和维修计划，对饭店设备进行投资建设、保养和维修的计划。

（3）财务计划，根据饭店经营决策而对饭店资金使用及管理的规划与安排。

（4）物资供应计划，为饭店各部门完成接待和供应任务提供各种物资的计划。

（5）职工培训计划，对一定时期饭店员工的来源、素质要求、员工培训等做出的计划。

（五）特殊的计划类型

除了以上计划类型以外，还有下述类型的计划。

1. 宗旨和使命

宗旨和使命往往表明一个企业、现代机构及其任意部分的基本职能或任务。宗旨可以看作是一个组织最基本的目标。作为饭店来讲，最基本的目标就是接待旅游者，获取经济效益。而使命则说明了组织选择服务领域或该事业的责任感。企业往往把宗旨和使命组织起来，以口号形式加以表述。如希尔顿饭店集团的使命是："持续不断地改进我们的工作，并使为我们宾客、员工、股东利益服务的事业繁荣昌盛……"；威斯汀饭店集团提出自己要根据高品质的产品和份额，承担员工的晋升发展、社区的服务，成为模范的经营者等；假日饭店集团提出廉价、洁净、舒适、安全的口号为自己的办店宗旨。相比之下，国内不少饭店提出"宾至如归，服务质量第一"的办店宗旨，语言略显苍白，没有个性化，不能体现出自身饭店产品的特色。

2. 目标

目标或目的是活动争取达到的最终结果，也包括企业在一定时期内的目标以及组织内各部门的具体目标两个方面的内容。饭店在一定时期的目标通常表现在两个方面，饭店对社会作出贡献的目标和自身价值实现的目标。这些目标将通过进一步的细化，得出各方面的目标，从而形成一个互相联系的目标体系，一般饭店的目标数量为5～8个。比如威斯汀饭店集团确定的饭店目标如下：

总目标：在公平合理的价格水平上，提供高品质的产品和服务，同时在我们所进入的市场里，占有卓越的地位。

——宾客：提供最高品质的饭店，在我们服务的每一个市场里，始终满足或超越他们合理的期望……

——员工：我们信奉的口号是"人们创造奇迹"……

——股东：通过资产和利益的协调增长，来实现一致同意的投资报酬水平。

——投资合伙人：与对我们阐述的公司宗旨和目标有共识的合伙者一起发展和经营好盈利性的风险事业。

——供应商：在供应商以公平合理的市场价格提供稳定、可靠的产品和服务的基础上，建立一种互利的关系。

——行业：积极地支持与参与有关活动，并对公众的和有声誉的全国性、州和地方协会提供领导作用。

——社区：参与我们所在社区的活动并为这一社区服务……

3. 程序

程序也是一种计划，因为它规定了计划中所遇问题的解决方法和步骤。程序是行为指南，但不直接指导如何去思考问题，它是一种经过优化的计划，是通过大量经验事实的总结而形成的规范化的日常工作过程和方法。在饭店，管理人员和服务人员每天都要处理大量的事务，事实上在处理中大多遵循着饭店各项工作的操作程序，因为这样可以有效地提高工作效果和效率。

4. 规划

饭店的规划工作主要在于根据饭店总目标或各部门目标来确定饭店的分阶段目标或各部门的阶段目标，重点在于划分实现总目标的进度问题。规划有大有小，大的如国家的五年规划，饭店的五年内人才培养规划；小的如一个宴会服务组领班为了布置好餐厅而作的规划。规划的实现需要行动方案的政策、程序、规则、任务分配、执行步骤及所涉及的资源等的支持，同时一个主要规划涉及许多辅助性规划，但总体来看，规划是综合性的、粗线条的、纲要性的计划。

5. 规则

规则是明确规定允许或不允许某种特定行为，它是一种最简单的计划。例如，"总台服务员无任何房价打折权力""营销人员在规定范围外的额外支出需由饭店总经理批复"等。规则不允许有自由处置权，这是和政策最大的区别。规则和程序也有所不同，它们的不同在于规则指导行为而不规定时间顺序，而程序可以说是多个规则的时间序列组合。但有的规则与任何程序可能都有没有关系，例如"禁止吸烟"等。

6. 预算

预算是通过"数字化"的手段来制订计划的预算结果，也称之为数字化计划。在饭店中最重要的预算就是财务预算，因为饭店的各项经营活动几乎都能以数字化、货币化的方式在财务预算表上体现出来。事实上，这种财务预算通常被称为"利润计划"，能描述出饭店在未来一段时期内的现金流量、费用支出、资本支出等具体情况。

7. 政策

政策是饭店的行动指南，政策的制定是为了规定组织行为的指导方针。例如有的饭店的人事政策是从员工中提拔管理干部，而有的饭店则从外部招聘所需的管理人员。政策往往以书面的形式公布，也可以存在于管理人员管理行为的"暗示"之中，并且存在于饭店的各个层次。政策同时也规定了决策的范围，从而保证了该决策与目标的一致，有助于目标的实现。

三、饭店计划指标体系

（一）饭店计划指标概述

饭店计划指标是饭店在计划期内用数字表达的要达到的经营、接待、效益等方面的目标和水平。每一项计划指标都反映了饭店某一方面的目标和情况，但每一项指标都有其各自的局限性，都不可能综合地反映出饭店的经营业务状况。因此制订出的计划指标通常根据管理的需要和饭店的实际情况形成一系列必要的指标，这些指标互相联系、互相补充，组成了饭店的计划指标体系。通过一个完整的计划指标体系，可以全面反映出饭店收入状况。当然要知道饭店的效益情况，还需得知其成本、费用、利润、税金等指标。如果是了解饭店的经营管理水平，除了饭店的投资回报率之外，还可以从资金占用、固定资产状况、劳动生产率、服务质量指标等多方面去了解。总之，制订饭店计划的实质就是通过一系列的计划指标数据的确定来控制、管理、指导饭店的正常健康运转。

（二）饭店计划中的主要指标

1. 客房床位数

客房床位数是表示饭店接待能力的最基本指标。

2. 接待人数

接待人数有如下两种表示方式：

①住宿人数；

②人天数。

3. 客房出租率

客房出租率也称开房率，是已经出租的客房房间数或床位数与饭店可以提供租用的客房房间数或床位总数的百分比。

$$客房出租率＝\frac{出租的房间数}{可供出租的房间数}×100\%$$

客房出租率可以以月或年为单位进行计算。

4. 客房双开率

客房双开率指一间标准间由两位客人租用。

$$客房双开率＝\frac{双开房间数}{已出租房间数}×100\%$$
$$＝\frac{客人总数－已出租房间数}{已出租房间数}×100\%$$

5. 饭店营业收入

饭店营业收入是饭店在营业中提供服务和商品的价值总和。

6. 饭店营业成本和费用

饭店营业成本和费用是饭店在营业过程中各种支出的总和。

7. 税金和利润率

税金表示饭店对国家所承担的经济责任。利润率是饭店经营管理水平的一个综合性考核指标。饭店经济效益好坏程度如何，主要从资金角度考核，因此资金利润率是考核饭店经济效益最主要的指标。

$$资金利润率 = \frac{利润总额}{资金总额} \times 100\%$$

8. 职工人数、工资总额和劳动生产率

饭店职工人数指标是饭店计划期应支付工资的人员总额，它包括固定工、合同工、临时工、计划外用工等。工资总额是饭店在一定时期内以货币支付职工的劳动报酬总额。

劳动生产率是指饭店平均每一位职工在单位时间内平均实现的营业收入（通常以年为计算单位）。公式为：

$$全员劳动生产率 = \frac{报告期内饭店营业收入之和}{报告期内饭店平均职工人数} \times 100\%$$

此外，还有很多其他的计划指标能表明饭店的经营状况，例如表明服务质量的设备完好率、宾客满意率、宾客投诉率三个指标；表明饭店财务预算状况的饭店总成本额、人均消费额、利润率等多项指标；还有能源消耗总量、工资总额、职工学历层次比例等指标。

饭店计划管理不可能涉及所有的计划指标。由于饭店体制、饭店等级、管理风格和人员素质的不同，各饭店对计划指标的要求也不尽相同。一家饭店往往需要根据自身实际情况来落实所需要的计划指标数量。

第三节　饭店计划编制的程序及方法

虽然饭店计划有很多类型，但计划编制的程序却具有普遍性。编制饭店计划首先要有明确的经营方针和经营策略，这样编制出的计划才能适应饭店市场变化的需求。此外，编制饭店计划还需要有科学正确的方法，需要建立高效率的饭店指挥业务系统来确保计划的执行和控制。只有这样，才能使编制出来的计划科学合理，达到预期效果。

一、饭店计划编制的程序

饭店计划编制的程序主要分为八个步骤（图3-1）。

机会估量 → 目标确定 → 内外条件分析 → 制订备选方案 → 评价备选方案 → 选择方案 → 综合平衡并制订计划 → 计划数字化

图3-1　饭店计划编制的程序

（一）机会估量

饭店管理者应充分了解饭店周围环境中可能存在的各种机会，确定可能取得成功的概

率。饭店管理者在机会掌握中要考虑的方面是市场的状况、饭店所面临的竞争局面、顾客的需求以及饭店本身存在的优势和不足之处。这些信息将有助于饭店了解以下情况：饭店正在做什么，它能做什么，哪里可以改进，是否还有更好的方式来利用饭店的资源、机会，克服饭店的困难，从而来帮助确立机会目标。例如某饭店的经营业绩出现下滑现象，主要原因是竞争过于激烈，饭店市场供大于求，客源的可选择性提高，而该饭店的管理服务水平、设施设备质量均领先于竞争对手。因此，该饭店很可能采取降低销售价格的手段来扩大销售，重新获得竞争优势。当然，在机会估量时，饭店应搜集和分析大量的事实、资料、建议和报告，清晰了解外部和内部的实际情况。

明确地说，机会估量就是根据现实的情况对可能存在的机会做出现实的判断，当然严格地讲，它不是计划工作的一个组成部分，但却是整个计划工作的起点。

（二）目标确定

计划工作的第二步就是目标确定，为饭店和各部门确定计划目标。这是计划工作最关键的部分之一，它包括了饭店的长期目标和短期目标。在确定目标时最起码要解决这样三个问题："我们要向哪里发展""打算实现什么样的目标"和"什么时候实现"。作为一个好的计划目标，要符合以下六项标准。

1. 明确性

好的计划目标不是流于口头上的，而是需要用一个书面的形式来加以确定。因为一个书面计划目标的形成是经过管理层仔细斟酌的，它能时刻提醒员工努力去完成它，同时明确的目标也将有利于管理者的工作检查。

2. 易于理解接受

目标往往是饭店部门或全体员工的行动指南，所以它必须容易被大家理解并接受，比如印刷在员工手册上，抄写在员工食堂里的布告栏上，并且书写时还要注意语言的通俗易懂。

3. 可行性和超前性

可行性是饭店计划目标的最基本的要求。目标是要可以实现的，并不是理想化的阐述。同时，目标也不能低于现实，而是需要有一定的超前性，否则就会失去推动、激励的作用。目标如果不通过努力也能实现，就失去了指导意义。例如饭店餐饮部的年营业额指标确定得过低可能影响到员工的工作士气，适当超前反而能激发员工的工作热情。

4. 时间性

计划目标在确定时，就要规定实现的具体时间。有了时间期限，就会使饭店员工产生紧迫的责任感。目标规定的实现时间应该与员工工作时间和对目标感兴趣的时间一致。例如饭店在奖励部门级员工往往以月、季为时间单位，而饭店优秀员工则以年为时间跨度。饭店分部门往往制订了许多短期目标，这样容易激发员工的动力，让他们在感兴趣期间就能看到自己努力的成果。

5. 可控制性

可控制性是指计划目标要能被衡量，有标准可依，避免表述模棱两可。因为太模糊的目标不能被控制、检查。比如说，饭店提出"提高客房出租率"的口号，就很不明确。

如果明确为"使目前60%的客房出租率再提高7%，时间期限4个月内"，这样的目标就明确得多了，有利于管理人员的控制。再例如饭店餐饮部提出要向顾客提供快捷的用餐服务，不如明确规定"餐厅必须及时将客人引领入座并在15分钟内提供客人所订餐饮"。

6. 层次性

饭店的总目标在明确下来以后，下一步就需要根据总目标确定具体目标，再接下来是确定具体目标的优先顺序。当这些具体目标分解到部门目标时又控制着其下属的目标，这样就形成了一个层次序列。有两种理论可用于解释目标层次是如何形成的："向上式"理论指的是目标最初在员工层形成，然后形成班组目标、部门目标，最后形成饭店目标；"向下式"理论指的是目标从公司目标分解为部门目标、班级目标，最后是员工个人目标。无论这些目标是从饭店的高层还是低层开始，均形成目标的层次体系，而且会受环境状况、饭店经营氛围和饭店资源等因素的影响。

（三）内外条件分析

饭店进行内外条件预测就是为了确定计划形成的前提条件，这是计划工作的第一步。往往对计划的前提条件了解得越深入细致，就越能使计划工作做得协调。

未来经营环境内容多样，复杂多变，管理者不可能对它的方方面面都掌握得很清楚，通常只能对可能影响计划工作的主要因素做出科学合理的预测。一般来说，主要的预测因素有以下几个方面的内容：

1. 宏观经济条件分析

宏观的社会经济环境，包括其总体环境以及与计划内容密切相关的那部分环境因素，同时还要分析政府的政策动向，包括政府的税收、信贷、价格、能源、技术等与计划内容密切相关的政策。旅游业是一个相对受影响、比较脆弱的行业，饭店业也是如此。国家经济形势的走向，政府相关政策的变动往往会首先从饭店业发展中显示出端倪。事实上，饭店在进行这部分预测时显得比较困难，因为其中不可控的因素太多，预测时需要预测者有较高的政治敏感度和经济敏感度。

2. 外部市场条件的预测

对于饭店来说，其市场环境的变化，旅行社、旅游批发商、代理商及顾客群的变化都是饭店应密切关注的因素。饭店需要根据市场预测和调研的结果，找准饭店未来几年的发展方向，根据自己饭店的类型、等级，确定自己的客源市场，并制定出饭店的服务标准及基本营业方针。当然，其中离不开对饭店主体消费群的动机和花费特点的了解，比如日本客人消费水准高，但他们往往并不太重视吃和住，而十分注重购物。在进行市场预测时可采用三种不同的方法：一是通过旅游抽样进行调查分析预测的市场纵观调查法；二是对过去市场历年的发展调查数据进行预测的市场趋势外推法；三是通过旅游者的消费情况统计进行预测的市场统计法。比如这几年我国旅游饭店不仅接待海外旅游者，国内游客也逐渐成为饭店消费的主力军，饭店应通过对他们的调查预测，分析他们的消费特点和心理需求，从而更好地把握市场的发展动态和情况。

3. 内部资源的预测

分析饭店内部的发展因素，包括未来为完成计划目标而向外部获取所需的各项资源，如原料、设备、人员、技术、管理等。根据这些因素检查一下本饭店是否已经具备和达到了饭店将要实现和达到的发展目标所应有的条件。比如饭店的翻新改造，涉及本身的经营状况、设施设备水平、人员素质，是一边改造一边营业还是停业改造，这离不开决策者对内部资源的科学预测。

4. 竞争状况的分析

饭店需要详细分析竞争者，尤其是同类饭店的竞争者，同时还要注意潜在的竞争者。"知己知彼，百战不殆"，饭店不仅要了解竞争者的有利和不利因素，还要分析目前竞争的层次、竞争的手段以及自己进入竞争行列对自己带来好的或不利的方面。饭店竞争最好选择间接竞争，应避免两败俱伤的直接竞争。

上述四个方面的因素是内外条件预测的主体部分，当然这些因素并不可能被分析得太全面。事实上，管理者应对那些与计划工作关系最大的因素给予高度的重视。

（四）制订备选方案

计划工作的第四步是制订可供选择的备选方案。很多时候对某件事情的处理往往有不同的途径、不同的解决方式和方法。饭店在制订初步方案时，一般都应该有几个备选方案。这就需要饭店决策管理者们能集思广益、开拓思路、大胆创新，因为好的行动方案是建立在对内部和外部条件分析的基础上并与其饭店目标保持一致的。好的行动方案必须有明确的目标和指挥，并能对它们进行科学充分的分析。

（五）评价备选方案

在制订出备选方案之后，接下来就要根据内外条件的预测对方案进行比较选择。可能有的方案获利小，但风险也较小；有的方案获利程度最大但需要大量现金支出而且投资回收期较长；另外还有的方案更适合于饭店目标。这就需要对各个方案进行评价。如果一家饭店的目标就是在某一地区这一行业中最快实现最大利润，假如未来情况是可以确定的，而且现金状况和资金的可获得性无须担心。那么在评价方案时，就可以采纳成本收益分析法，即用所选方案的成本与所得收益进行比较。例如某饭店准备对饭店进行扩建改造，现在有两个备选方案：方案一是停业改造，时间为1年；方案二是边营业边改造，需要4年时间。贷款形式方案一是1次性贷款1 800万元，方案二是分4年贷款，每年400万元，财务人员设计了两张表格（表3-1、表3-2）。

表3-1　某饭店改造扩展方案一

年度 科目	第一年	第二年	第三年	第四年	第五年	第六年
贷款本金	1 800	2 124	1 906	1 589	1 149	557
贷款利息	324	382	343	286	207	100
本息合计	2 124	2 506	2 249	1 875	1 356	657
还款金额	0	600	660	726	799	879
结转下年	-2 124	-1 906	-1 589	-1 149	-1 149	222
注：测算第一年后可支配资金为600万元，后几年以10%幅度增长。						

表3-2　某饭店改造扩建方案二

年度 科目	第一年	第二年	第三年	第四年	第五年
贷款本金	400	690	859	895	385
贷款利息	40	69	86	90	39
本息合计	440	759	945	985	424
还款金额	150	300	450	600	660
结转下年	-290	-450	-495	-385	236

注：贷款本金含当年贷款金额加年度结转金额，还款金额指当年饭店可支配金额用于归还贷款。

饭店通过权衡利弊后，认为方案二有三大优点：一是比方案一提前一年还清贷款本息；二是有助于留住回头客和常客；三是还可以分批组织员工进行系统培训。于是决定采用方案二改造饭店。事实上，进行方案比较时，针对要解决的问题，方案的比较要点有所不同。但是要强调的一点是饭店管理者进行方案对比分析时还需考虑到风险系数、汇率变化、价格指数上升等因素。

（六）选择方案

选择方案就是在备选方案中做出决策，选择出最优的或最令人满意的方案。这无疑是计划工作中最关键的一步。饭店在选择最优方案时往往要以饭店的内部资源、优势、弱势和环境的不确定因素作为指南。当然，任何方案都需要具有一定的开创性和革新精神。在选择方案时，通常会遇到的情况是可选方案有两个或多个。此时，我们可以以某一方案为首选，其余方案进行细化完善，作为后备方案。方案确定后，要精细化，要调整不合理部分；还需要注意留有余地，尤其是在制订长期计划时，各个目标和规划、指标都需要留有可变动的范围，以应付内外环境中可能出现的影响因素，提高计划的可靠性、可行性。

（七）综合平衡并制订计划

完成选择方案后，计划工作并未完成结束，还有一个很重要的工作就是帮助设计总目标中的各个下属部门制订支持总计划的派生计划，也就是部门计划。几乎所有的总计划都需要部门派生计划的支持与保证。例如以饭店制订年度计划为例，饭店召开以制订年度计划为主的店务会议，在会上的一个主要任务是确定计划指标并分解指标。分解指标时，先由各部门根据本部门的情况提出本部门完成的计划指标和承担的责任，然后由饭店高层决策者在会议上对计划指标进行综合平衡：一是饭店分解指标和部门提出指标的平衡，二是以客房出租率和利润为中心指标的各部门的平衡。在综合平衡的同时，也就是各部门落实经济责任制的过程。在此基础上，各部门要制订出总计划的派生计划，当然饭店高层管理者还需要对派生计划集中起来作进一步的审核，派生计划通过审核后才可以正式成文。

（八）计划数字化

计划数字化也就是编制预算。计划工作到这一步就是要制定具体任务、定额、分配资源，以及用量化的形式进行表现。预算是用收益和费用来表示的计划，是对资金分配的描述，是对计划进行控制的有效工具。在编制计划的最后一步，饭店必须对综合平衡的指标进行最终的明确，作为计划控制的标准；年度计划中必须详细地安排出以月为单位的饭店计划业务进度，对每个月的指标数完成量做出合理安排，还要提出每月完成各项指标的实际数和累计数及其占全年指标的比率。事实上计划数字化就是对计划进行定量化。因为具有定量化的计划才容易给予控制（表3-3）。

表3-3　某饭店经营计划　　　　　　　　（单位：人民币元）

项目	金额	备注
营业收入 减：营业成本	9 000 000 2 381 812	
毛利 毛利率	6 618 188 73.54%	
减：营业税金 营业费用 企业管理费	389 350.8 3 347 051.8 831 785.4	
经营利润 加：营业外收入 减：营业外支出	2 050 000 15 000 5 000	
利润总额 利润率	2 060 000 22.89%	
外汇收入（美元） （以70%营业收入计）	768 293	9 000 000×70%÷8.2

饭店在经过这样几个步骤后，就可以说完成了计划的编制工作。拟定计划以后，要交董事会或职代会讨论通过后方能正式生效。

二、饭店计划编制的方法

计划编制的方法有很多。计划工作效率的高低和质量好坏在很大程度上取决于所采用的计划方法。下面介绍饭店常用的四种方法。

（一）"远粗近细"滚动计划法

滚动计划法是一种定期修改未来计划的方法。饭店管理者在制订计划时，计划时间越远，越难以确定其前提条件。为提高其计划的有效性，计划制订者往往采用滚动计划法。在滚动计划中，采用的是"远粗近细"的方法，即把近期的详细计划和远期的粗略计划综合在一起，在每次制订和调整计划时，将计划期按时间顺序向前推进一个计划期，也就是滚动一次，并不是等全部计划执行完后再重新编制下一期的计划（图3-2）。

从图3-2可以看出，饭店在制订2016～2020年长期计划时，2016年制订得很详细，因为这是计划即将实施的一年，后四年随时间变化从较详细到很粗略四个等级，因为远期情况不明确。到第二年后，计划根据执行情况和因素变化进行调整，对远期计划逐步细化，此后据这种原则逐年滚动。由此可见，这种滚动计划法是一种动态的计划编制方法，保证了计划应具有的弹性，特别是在饭店市场环境剧烈变化的今天，有助于提高饭店针对市场需求而调整其经营方针的应变能力。滚动计划法通常运用在饭店的长期计划编制当中，但饭店的中期计划和短期业务计划也可以采用"远粗近细"的滚动方法，而且可以使长期计划、中期计划、短期计划相互衔接，使各期计划保持一致。这种计划方法推迟了对远期计划的决策，增加了计划的准确性，具有很强的预见性。此计划方法的缺点是增加了计划的工作量。

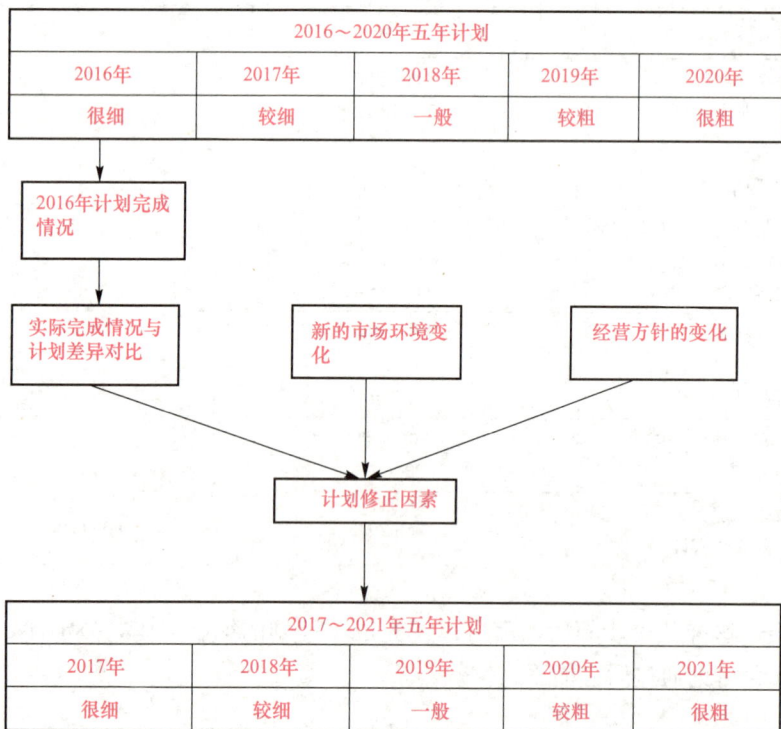

2016～2020年五年计划				
2016年	2017年	2018年	2019年	2020年
很细	较细	一般	较粗	很粗

2016年计划完成情况

实际完成情况与计划差异对比　　新的市场环境变化　　经营方针的变化

计划修正因素

2017～2021年五年计划				
2017年	2018年	2019年	2020年	2021年
很细	较细	一般	较粗	很粗

图3-2　"远粗近细"的滚动计划法

（二）盈亏平衡分析法

饭店在制订计划时，有时会应用到盈亏平衡法，因为计划在制订时肯定要讨论到利润问题，盈亏平衡分析对于制订利润计划非常有用。为了获利，饭店总成本一定不能超过总收益。对于饭店来说，运用盈亏平衡法能决定盈亏临界点，即总成本等于总收益的那一点，又称保本点。运用盈亏平衡分析，管理人员能够判断出饭店需要销售多少产品才能达到盈亏平衡，并制订相应的计划。下面举个例子来说明。

某饭店客房数为250间，每天固定成本12 000元，每间房的费用是20元，平均房价为140元。对于管理人员而言，需要制定多少的客房出租率才能达到盈亏平衡点呢？

首先计算每间客房销售的毛利为：140-20=120元，然后用固定成本除以每间房的毛利则得到开房数：12 000元/120元=100间。这表示每天必须开足100间房才能达到盈亏平衡点，进一步计算出客房出租率为40%。

（三）专项规划法

对饭店经营中的关键性问题，往往不是某一个部门能单独完成的，需要组织相关职能部门和业务部门进行专门研究，提出规划方案，然后纳入饭店经营总计划中，进行优先安排。随着饭店竞争的激烈，饭店职能部门和业务部门之间的相互配合显得越来越重要，专项规划法已经成为编制饭店计划的一个重要方法。

（四）比例法、指数法和定额法

在运用上述各种方法的同时，还需要运用以下三种方法：①比例法。参照一些指标之间的比例关系进行计算。如参照历年人均劳动生产率比例计算计划期人均劳动生产率等。由于各项指标之间的比例不是固定不变的，在具体运用这一方法时必须认真分析各种因素的变化，不能机械套用。②指数法。用同一指标在年度与年度之间、时期与时期之间进行比较，分析各种因素的变化，确定计划期指标。③定额法。根据有关定额，计算出计划指标，这种方法通常用于核算人、财、物的需要量。任何一项计划指标的确定，都必须以一定的定额为依据，但任何定额也不是固定不变的，必须根据实际情况的变化，不断修改和调整。

▌三、饭店计划编制的影响因素

饭店计划的编制应符合饭店组织自身特点及其所处的环境，不同的饭店及其所处环境的不同，所编制的饭店计划的重点也有所不同。影响饭店计划编制的因素主要有两个：

（一）饭店内部的影响因素

1. 饭店的生命周期阶段

饭店作为一个组织，与其他组织一样要经历形成、发展、成熟、衰退的过程。处于不同生命过程的饭店，它的组织任务是不同的。当饭店进入形成期，各项目标具有一定的尝试性，各类不确定因素很多，所以饭店计划的重点主要集中在饭店的规范性上。当饭店进入成长期，此时饭店目标很清晰，计划的重点主要在具体的可操作性上。当饭店进入成熟期，饭店的计划放在可持续、稳定性上。当饭店进入衰退期，饭店计划的重点就主要放在创新上。

2. 饭店的企业文化

饭店的企业文化对饭店计划内容有重大的影响。在强调指令的组织文化中，饭店计划可能更倾向于具体的操作性的内容；在强调结果的组织文化中，饭店的计划更倾向于给出目标和指导性的内容。

3. 饭店技术因素

饭店产品的生产由服务人员借助一定的设备完成。高新技术和设备的运用对日常的工作效率有很大的影响，对员工服务的数量和质量都提出了新的要求。

（二）饭店外部的影响因素

1. 政治环境、经济环境的变化

如果政治环境和经济环境的变化很频繁，那么饭店计划的编制将以短期为主。因为环

境变化大，对饭店未来计划的编制就很不准确。相反，如果外部的政治经济环境在相当长的时期内变化不大，那么饭店就可以考虑编制长期、中期的计划。

2. 饭店市场需求

饭店是销售产品的企业，归根到底还是需要市场的认可。饭店在做计划的时候，一定要充分了解市场需求，进行市场调查。饭店市场需求调查涉及消费者构成、消费者消费行为特点、消费者偏好、消费者区域构成等方面。

3. 饭店竞争形势

饭店竞争形势有两层含义：一是饭店业整体在社会中的地位和竞争情况；二是本饭店在饭店行业中的地位和竞争形势。了解饭店竞争形势，对制订饭店的计划有重要的指导作用，一方面有利于饭店立足自身，制订出符合实际的计划，另一方面有利于避免好高骛远，制订出的计划不脱离饭店的实际情况。

第四节　饭店计划的评价、执行和控制

一、饭店计划的评价

饭店计划本身的质量是正确实施计划的前提。如何评价饭店计划的质量呢？这里介绍两种评价方法。

（一）程序性分析

程序性分析是主要评审和分析制订计划所遵循的步骤是否合理以及区分成功计划与不成功计划主要不同点的一种分析方法。这种分析方法的标准是叙述性的，它们组成一个检验目录，来评价考虑中的计划。评价一项饭店计划是否有效的标准在于计划的客观性、结构化程度和机动性。客观性是指该计划是否是通过对适当资料的观察、记录、分析和解释而产生的。结构化程度主要是分析和评价产生计划工作过程中的客观性程度。测定结构化程度时需要考虑到全面性、时间幅度、职责委派和控制特性等方面。机动性并不意味着不明确或不确定。机动性是要求提供可供选择的替换方案，以适应不断变化的外部环境和企业内部环境。

（二）经济性分析

经济性分析有两种：一是有关资源有效利用方面的评价方法，主要是借助边际收益与边际成本来进行计算分析，它反映某一计划对资源有效利用的情况；二是成本效益分析，主要适用于那些不能用经济效果来评价的饭店计划项目。

二、饭店计划的执行

饭店计划的执行包含两层含义：一是根据饭店的经营目标和总体计划，编制具体的行动计划，下达到各个部门甚至每个员工；二是在行动计划的具体执行中，注意各种信息的反馈，用滚动的方式对计划进行调整和修改。

执行饭店计划的具体要求如下：

（一）分解饭店指标，层层落实

把饭店的计划指标分解为若干具体的指标，然后将这些具体指标落实到各部门、各环节、各岗位和个人。

（二）制定检查考核制度

根据各饭店部门、各岗位的工作要求，制定饭店操作标准、检查内容和考核标准，以保证计划指标的顺利完成。

（三）实行经济责任制

在严格考核的基础上，对业绩优良的员工给予奖励，对完不成任务或任务完成不理想的员工采取不奖励或用经济手段给予处罚。

三、饭店计划的控制

饭店计划的控制是指饭店通过对各项经营活动的检查，发现或预见偏差后对饭店原计划所采取的纠正和调整。

（一）信息反馈

对饭店各部门、各环节、各岗位工作完成情况进行信息收集和汇总。

（二）成果评价

根据执行计划的各种信息进行分析和比较，对计划的执行情况做出判断，如有偏差则要找出原因所在。

（三）纠正和调整

针对出现的偏差情况和产生偏差的原因，采取措施进行纠正，也可以根据环境的变化，对原来的计划进行修正和调整。

□【阅读专栏】

中国酒店业之父卢鸿炳先生

卢鸿炳先生是中国酒店业的先行者、著名的酒店业管理专家、中国酒店业的开拓者。

他从事酒店业四十余年，于业界享有"酒店业之父"和"酒店业黄埔军校校长"之美誉，为中国的酒店业发展作出了不可磨灭的贡献，在酒店业界德高望重、声名显赫。

卢鸿炳先生于1935年出生于珠江河畔，卢先生的酒店业生涯始于1959年，经历了中国酒店业的整个发展过程，先后主持筹建及管理了著名的广州中国大酒店、东方宾馆、流花宾馆、白云宾馆、广州大厦、帝苑大酒店及东莞方中假日酒店等十余家在业内享有卓越声誉的酒店。

卢鸿炳先生的名言：只有求实创新，永远把自己放在新的起点上，才能长盛不衰。

【前沿资讯】

万达酒店及度假村深化华西市场战略布局

美通社北京2017年9月30日电近日，万达酒店及度假村签署了拉萨万达文华酒店管理协议，宣布旗下第16家品牌输出酒店正式诞生。万达酒店及度假村总裁宁奇峰先生与拉萨城投有限公司董事长多吉旺久先生分别代表管理方、投资方进行了亲切的会面并出席了签约仪式。

万达文华是万达酒店及度假村旗下最具东方韵致的豪华酒店品牌，旨在为崇尚品质生活的尊贵宾客，提供融合东方神韵与当地风情的精致服务，并营造优雅的旅居感受。拉萨万达文华酒店坐落于拉萨市拉萨河南岸顿珠金融城，不但是拉萨的标志性建筑，也将是当地最高的酒店，拥有独一无二的景观视野和独特的建筑风貌。目前万达酒店及度假村在华西市场已经拥有并管理着13家酒店，包括成都、昆明、西双版纳、乌鲁木齐、兰州、西宁等重要城市，本次签约的拉萨项目进一步完善、深化了万达酒店及度假村在华西的战略布局。

万达酒店及度假村2017年7月完成了轻资产的成功转型，8月注入为上市公司，是目前全球唯一拥有酒店设计、酒店建设、酒店管理三大核心，打通酒店开发及营运管理全产业链的公司。这一全新的架构为公司在将来发展的重要目标——品牌输出提供了更为强大的实力和动力，同时也是万达酒店及度假村和海外酒店巨头在今后发展之路上一较高下的资本。

（资源来源：http://news.cncn.com/257983.html）

【自我检测】

1. 饭店计划管理的内容有哪些？
2. 如何理解饭店的生命周期阶段？
3. 饭店计划编制的影响因素有哪些？
4. 执行饭店计划的具体要求是什么？
5. 饭店计划决策的步骤是什么？

❏ 【思考与讨论】

1．饭店计划管理的任务是什么？
2．饭店计划编制程序是怎样的？
3．饭店计划编制方法是怎样的？

❏ 【实践与应用】

对所在城市的酒店进行考察，然后选择一家四星级以上酒店，撰写出该酒店的SWOT分析报告。

【思考与讨论】

1．饭店计划管理的任务是什么？

（1）指导饭店科学地确定饭店的经营目标。

（2）提高饭店抗风险的能力。

（3）增强饭店资源整合的能力。

2．饭店计划编制程序是怎样的？

（1）机会估量。

（2）目标确定。

（3）内外条件分析。

（4）制订备选方案。

（5）评价备选方案。

（6）选择方案。

（7）综合平衡并制订计划。

（8）计划数字化。

3．饭店计划编制方法是怎样的？

（1）"远粗近细"滚动计划法。

（2）盈亏平衡分析法。

（3）专项规划法。

（4）比例法、指数法和定额法 。

第四章 饭店直接对客部门的业务管理

■ 【关键词】

绩效控制 成本控制 信用政策 个性化服务

■ 【学习要点】

了解饭店直接对客部门的工作任务和管理方法，同时掌握各部门之间的联系，以及各部门之间是如何协调合作的。

■ 【章前导读】

这一章，我们将饭店的前厅部、客房部、餐饮部作为饭店的直接对客部门来研究，它们是客人在饭店中可以享受服务的场所集合，也是客人直接与服务人员接触和交流的场所。客人对饭店服务是否满意很大程度上取决于这几个部门的服务体验。因此，这几个部门的服务管理在整个饭店管理过程中占据着非常重要的地位。我们将对这三个部门做重点的分析。总的来说，本章内容将围绕各部门的工作职责和服务内容展开。

第一节 饭店前厅部管理

饭店前厅是饭店销售产品、组织接待服务、调度经营业务、沟通饭店各方面联系的一个综合性业务机构，它是饭店设在前部大厅，最先直接接触客人和服务内容最广泛的业务管理部门。饭店前厅部一般由三部分组成：一是前厅厅堂，客人进店后短暂停留、等待办理手续和进出休息的地方；二是前厅柜台即总服务台，一般设接待、问询、收银等服务机构，可以满足客人投宿活动的各种需要；三是前厅办公室，一般设在柜台后面或旁边，是调度和指挥饭店接待服务活动的中心部位。由于前厅是饭店中综合性最强的服务部门，又是各部门工作任务衔接的调度中心，因此对于前厅部的管理显得尤其重要。

一、前厅部管理概述

（一）前厅部在饭店各部门中的地位和作用

前厅部与饭店其他部门之间有着较为密切的业务联系，就业务性质而言，前厅担负着对外联络、对内调度的职能，其工作带有一定的全局性、综合性。因此，为了前厅有效地履行调度业务职能，合理安排接待工作，饭店应该在组织制度上明确前厅的这一地位，各部门应当坚决服从前厅的业务指挥，以便建立以前厅为中心的业务运转系统。

1. 前厅部是饭店服务质量的窗口

当客人进入饭店时，第一个映入眼帘的就是前厅，离开饭店时，最后一个为他提供服务的也是前厅部的员工。同时，前厅部的服务不仅处在饭店整套服务重要的首尾部位，而且更是各项服务重要的连接点。因此，前厅部无疑是饭店服务质量的窗口。

2. 前厅部提供的是政策性很强的服务

前厅部的服务涉及客房的销售和房价折扣的制定，这是客人住店消费最集中的地方，也是客人选择饭店最在意的一项因素，因此前厅部所负责的房价制定是影响整个饭店经营决策的工作。另外，前厅部也在无形中成为客人反馈意见的部门，任何投诉都可以通过前厅部反馈到饭店的决策层，而客人的投诉意见关系到整个饭店服务质量的把关。从以上两点可以看出，前厅部提供的服务涉及饭店经营政策的重要内容。

3. 前厅部具有一定的经济作用

在大多数饭店中，客房是最主要的产品。通常客房收入能达到饭店总收入的50%～60%，有的甚至高达70%～80%。正因为前台的客房收入与饭店总的经济收入直接相关，加上前厅部所处的位置，使它更可能较多地接触各类客人和处理各类问题，因此前厅部是整个饭店中最为重要的部门之一，也是主要为饭店创收的部门之一。它所提供的服务质量的高低，将直接影响客房出租率和经济收入的多少，同时反映出一家饭店的工作效率、服务质量和管理水平的整体面貌。

（二）前厅部的组织结构

组织结构是关于组织在运行中涉及的目标、任务、权力、操作以及相互关系的系统。合理的组织结构关系到整个组织的运行效率，因此前厅部的组织结构设计必须坚持职能明确、层级清晰、合理协调的原则。在新型高星级酒店的岗位设置上，更多的在功能设置上考虑到了宾客的方便性，更多地体现出对客服务的"一站式服务"理念，现行高星级酒店前厅部常用的组织结构如图4-1所示。

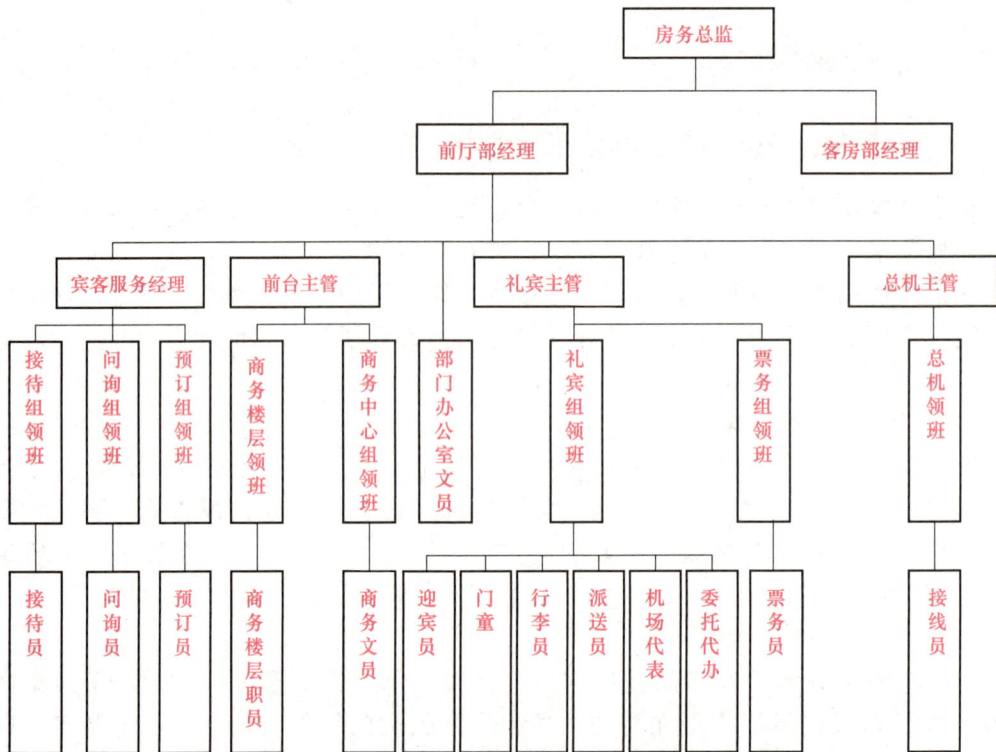

图4-1　前厅部组织与管理结构

（三）前厅部的基本职能

1. 饭店总机及预订部

饭店总机及预订部主要职责是为客人转接电话，为客人提供联络服务、叫醒服务、电话找人、接受电话留言、传播或消除紧急通知和说明以及播放背景音乐等，同时还接受饭店的客房预订业务，接受客人用电话、传真、信件等形式进行的房间预订；并积极主动地与有关客源单位联系，推销饭店客房，同时向前厅其他相关部门传递相关信息，向上级及时汇报有关情况。另外，预订处还必须制定每月、每半月、每周乃至具体到每天的预订报表，对预订工作进行安排，按饭店的要求定期处理预订客源情况和保管预订资料。还有一些饭店总机同时具备有送餐订餐服务。

2. 前台及贵宾楼层接待

（1）负责销售客房，接待抵达的住店客人（包括预订客人和非预订客人、常住客人和散住客人及团体客人等），为客人办理住店手续，分配客房；并掌握、控制客房出租状况；制定客房营业日报表等表格；负责对内联络，协调对客服务工作。

（2）问询服务，回答客人有关酒店的各种设施、服务及市内游览观光、购物等内容的询问；负责办理客人委托事项，处理客人邮件、留言，接待来访客人。

（3）宾客账务的结算服务，办理客人离店时的结账手续，包括收取客人在店一切消费费用，核实客人的信用卡，负责应收账款的转账（必要时要提供外币兑换服务）等工作内容；帮助客人保管贵重物品；与酒店一切营业部门的收款员联系，催收核实账单，同时也为客人提供外币兑换业务。

（4）贵宾楼层接待服务，具有前台接待的一切职责范围以及商务中心职能，同时需要具备一定的餐饮知识，为贵宾楼层宾客提供早餐及下午茶服务内容。

3. 礼宾部

礼宾部一般由礼宾部主管、领班、门童、行李员、车队等组成。其主要职责是：负责迎送宾客；代客行李卸送；陪送客人进房，分送客用报纸、客人信件和留言；代客召唤出租车，协助管理和指挥门厅入口处的车辆停靠，确保畅通无阻；帮助客人办理其他委托事项；车队受礼宾部主管调配，负责接送重要宾客或有预订的客人，或者是有特殊需求的客人。同时，车队也为客人提供租车服务。

4. 商务中心及票务服务

商务中心为客人提供打字、翻译、复印、传真、长话及其他商务服务。另外，还可根据需要为客人提供秘书服务。商务中心的服务人员一般由主管和服务员组成，负责为宾客解决返程车票的问题。本着方便客人的宗旨，为其预订飞机、火车、轮船等各类票。但也有一些小型饭店的商务中心，因为没有必要，就不设主管。

5. 宾客服务部

宾客服务部负责在大厅内处理客人的特殊问题。全权处理宾客的投诉；负责处理饭店发生的特殊或紧急事件，确保宾客的生命安全及财产安全；每天检查各经营部门员工服务情况，设备运转情况，以确保饭店营业正常进行；积极配合当天的值班经理，指挥饭店的运营；协调饭店与宾客的关系。

二、前厅部的管理控制

（一）对前厅部的人员控制

员工应该按照饭店制订的计划工作，为了保证这一点，就必须对员工进行控制，最常用的方法是直接巡视。饭店总经理经常到大堂巡视，前厅部经理也在前厅各个岗位巡视，日常服务工作由宾客服务部经理督导，既可随时督促检查前厅的各项工作，发现问题马上纠正，又可在需要时亲临现场指导服务。但要注意避免多头指挥，使员工感觉不知听谁的好。比如，总经理在巡视大堂时发现问题，不应直接告诉员工，而应通过该员工的直接上司前厅经理来处理。还有一种有效的方法是对员工进行系统化评估，通过评估对绩效好的员工予以奖励，使其维持或加强良好表现，对绩效差的员工就采取相应的措施，纠正出现的行为偏差。

（二）对前厅的绩效控制

组织绩效是组织上层管理者的控制对象，组织目标的达成与否都从这里反映出来。要有效实施组织绩效控制，关键在于科学地评价、衡量组织绩效。饭店可根据自己的经营目标，即根据前厅完成的实际情况并按照目标所设置的标准来衡量其绩效。目前，中国饭店的前厅大部分存在分工过细、管理跨度过窄等问题，致使前厅运转丧失灵活性，运转效率较低。对前厅绩效控制的效率最终应体现在前厅运作的有效性上，应从根本上对原来过细的岗位设定与繁杂的业务流程重新考虑和设计，针对顾客需求，改善服务效率，而对前厅绩效的评定可通过硬指标（即定量化目标）和软指标（即听取汇报和顾客意见反馈）来进行。

（三）对前厅的财务控制

为保证企业获取利润，维持企业的正常运作，必须要进行财务控制，饭店总经理和饭店相关部门应定期对前厅的财务报表进行审阅并听取汇报。

（四）对前厅的信息控制

前厅是整个饭店的信息传递中心，饭店及相关部门均要依靠前厅传递的信息作出反应，不精确、不完整、不及时的信息会直接影响到饭店其他部门的工作效率，影响整个饭店的服务。因此，饭店要对自己建立的信息系统进行严格控制，保障信息传递的畅达。

三、前厅部的管理方法与技巧

（一）前厅部的销售策略

前厅的一个重要任务就是销售饭店服务产品，这就要求饭店在前厅业务管理中制定一套较为完整的销售政策。

1. 明确目标市场

即明确前厅销售的目标和方向。根据自己的档次来确定恰当的服务对象，不仅关系到饭店的经济利益，也直接关系到饭店的形象以及饭店服务和管理的难易程度。

2. 明确平均开房率

平均开房率是饭店的主要经济指标之一。平均开房率过高，会导致饭店设施、设备超负荷运转，是一种破坏性经营；开房率过低，饭店盈利会降低甚至导致亏损。饭店应根据自己的实际情况，确定合理的开房率指标，并制定相应的预订政策。

制定预订政策是为了使整个前厅预订工作有章可循。其准则是既能满足客人的合理要求，保护客人的正当权益，又能有利于饭店的经营管理，保护饭店自身的合法利益。其内容主要包括以下几个方面：预订系统、预订确定、预订取消和变更、预订金的收取、超额预订及饭店和客人对预订应承担的责任。

3. 制订价格政策

价格政策的决策，一是要确定平均房价，即指各类客房按不同的客房结构以门市价出租时要达到的平均值；二是差价政策，即可采用常客差价、批零差价、机会差价、季节差价等招徕客人。在部分外资管理酒店如希尔顿、洲际酒店等现行设置有Revenue Manager（运作经理），其目的就是实时掌握饭店房价，调控饭店整体入住率及平均房价；三是优惠政策，即季节优惠、团体优惠、特别优惠等。

4. 信用政策和核算体系的确定

信用政策是指饭店对应收账款所能容许的最大风险程度、信用期的长短和折扣率等所采取的政策。一般包括信用期、信用标准、收款方针和折扣。此外，饭店还应对前厅的核算组织和形式作出决策，建立科学的核算体系，这些政策应在保证饭店利益的前提下给客人以最大的方便和尊重。

5. 服务程序的审定

要使前厅的服务达到规范化、系统化、程序化和标准化，应为前厅制定一系列服务规程。这一系列服务规程包括行李服务规程、总台接待规程、问询服务规程、结账服务规程、总机服务规程等，这些服务规程应根据饭店星级和接待对象，体现出自己饭店的服务风格和特色。

6. 信息系统的设计

前厅信息系统的设计必须遵循信息的有用性、经济性和实效性的原则，具体应考虑以下四个问题：一是信息的种类和数量；二是传递程序；三是时间规定；四是表单资料的处理方法。

（二）前厅部的沟通协调策略

1. 与高层管理部门的沟通协调

前厅部应及时向高层管理部门提供各种信息与建议。前厅部担负着销售客房、组织接待服务、调度经营活动的重要任务。前台业务的特点是信息变化快，效率要求高。前厅部需要及时将预订信息、出租、财务收支信息、客人需求、客人意见及市场变化等大量信息加工整理，通过事先设计好的程序，用报表和工作报告等形式迅速传递到总经理、客房部、餐饮部、财务部、工程部等有关部门。

2. 与平行部门的沟通协调

前厅部在开展预订、接待、分配或调换房间，团体预订、处理投诉等各项业务活动中，必须随时和客房部、餐饮部、财务部、工程部协调并保持联络，共同完成接待服务。

3. 与饭店销售部门的沟通协调

前厅部与饭店的客源市场有着广泛的联系，需与营业部、公关部等合作，积累资料，分析动向，掌握客源，预测未来变化，并参与制定饭店的经营与销售策略。

4. 与饭店相关行业的沟通协调

前厅部与有关旅行社、大使馆、国内外商机构及其他客户有着广泛与密切的联系。为了方便客人，要收集交通、住宿等信息，还要与机场、车站、码头、餐馆、风景点等建立广泛的沟通渠道，随时掌握客源市场变化，为开展经营活动提供信息。

第二节　饭店客房部管理

饭店为游客提供的最基本的产品就是住宿产品，而客房是构成住宿产品首要的硬件设施，客房服务则是饭店服务的主要组成部分。同时，客房的数量以及客房服务的质量是饭店星级评定的重要标准。客房部正是维护客房设备、管理客房服务以及设计客房产品的重要部门，对于客房部的管理是培育饭店核心竞争力的关键要素。

一、客房部管理概述

饭店客房是人们外出旅行过程中暂时停留的投宿之所，是以出租和劳务获得经济收入的特殊商品。客房管理的任务是，正确执行企业经营方针和各项制度，利用设施、设备和生活用品，搞好客房接待服务过程的组织。饭店客房部的任务是创造一个整洁、舒适、安全、优雅、具有魅力的住宿环境，提供优质服务，同时降低消耗，提高经济效益，负责饭店产品的生产，即生产舒适、整洁、卫生的客房，提供热情、周到的服务。

（一）客房部在饭店各部门中的地位和作用

1. 客房是饭店组成的主体

按客房和餐位的一般比例，在饭店建筑面积中，客房占70%～80%；饭店的固定资产，也绝大部分在客房；饭店经营活动所必需的各种物质设备和物料用品，也大部分在客房，所以说客房是饭店的主要组成部分。

2. 客房收入是饭店经济收入的主要来源

客房收入一般占饭店总收入的40%～60%，客房收入作为衡量饭店经营效果的一项重要指标。从多年中国旅游业统计公报中可以看出五星级饭店的客房出租率是最高的，达到60%以上，可见优质的客房服务是吸引旅游者入住的主要因素。同时，客房部的硬件设备耐久度高，因此所需支付的成本较低，部门利润率也就相应较高。再者，客房出租率直接关系到其他部门的收入，因为客房出租率是直接反映饭店接待客人多少的指标。

3. 饭店的等级水平是由客房的等级水平决定的

人们衡量饭店的等级水平，主要依据饭店的设备和服务。设备无论从外观、数量或是使用来说，都主要体现在客房，因为旅客在客房呆的时间较长，较易产生感受，因而客房服务水平常常被人作为衡量饭店等级水平的标准。客房水平包括两个方面：一是客房设备，包括房间、家具、墙壁和地面的装饰、客房布置及客房电器设备和卫生间设备等；二是服务水平即服务员的工作态度、服务技巧和方法等。

4. 客房的服务质量关系到饭店整体的服务质量

客人在饭店的停留时间大多数是在客房中度过的，因此客房服务是客人感受最深的一项服务。精致的客房设备、清洁的环境、人性化的客房服务是客人判断住宿消费是否物有所值的主要依据。是否能给客人营造"家"的感觉是饭店服务的宗旨，更是客房服务的主要内容。

（二）客房部的组织结构

客房部提供的主要是设备维护、客房清洁、安全及送洗等服务，根据这些服务内容可以得出如图4-2所示的组织结构。

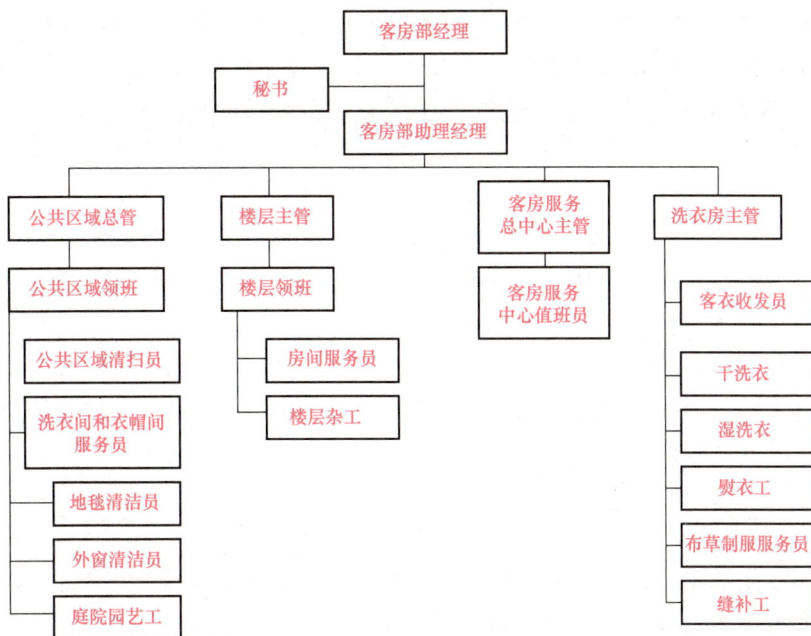

图4-2 饭店客房部组织机构

（三）客房部的基本职能

1. 客房部经理办公室

客房部经理办公室主要负责客房部员工的管理和日常性事务的安排，同时负责与其他部门的联络和协调工作。

2. 楼层服务组

楼层服务组主要负责楼层的清洁卫生工作和客人的接待服务工作。

3. 公共区域服务组

公共区域服务组主要负责饭店内部公共区域的清洁打扫，以及衣帽间、洗手间的清洁服务工作。

4. 客房服务中心

客房服务中心主要负责统一安排、调度针对住店客人的服务工作，并负责失物招领事宜。

5. 洗衣房

洗衣房主要负责洗涤餐饮部、客房部所需的布草、棉织品以及员工的工作制服，同时提供衣物洗熨服务，员工制服的收发、送洗、缝补和保管。

┃ 二、客房部的管理控制

（一）对客房的员工控制

客房部员工应严格按照各项工作的操作规范进行服务，以保证服务质量。保证服务质量连续性和稳定性的最有效手段是检查，包括定期检查和不定期检查。检查的范围应包括客房部负责的所有区域以及员工的工作方法、工作态度和工作程序，目的是发现问题，解决问题，提醒员工改进工作，当然也可通过听取客人意见侧面了解部门及员工工作的情况。

（二）对客房的绩效控制

对客房绩效衡量主要应该从四个方面来进行：一是开房率，这可通过客房的日报表来反映；二是营业收入，可通过日报表来计算；三是利润，它反映客房收入和支出的对比关系；四是服务质量，它是一个综合指标，包括服务项目创新，顾客投诉量，设备完好度。通过以上指标来综合反映客房运转状况和业务管理水平，加强绩效控制狠抓服务质量，加强对客房工作的监督检查。

（三）对客房的成本控制

加强费用支出的预算，作为成本控制的依据，同时完善各项制度，如物品的领用、报损、支出等，减少不必要的开支并尽量避免浪费，杜绝员工侵占。另外，在员工中大力倡导勤俭节约，把合理节约的额度作为控制评定员工的一项标准。

三、客房部的管理方法与技巧

（一）客房服务的个性化创新

个性化服务正是建立在"以人为本"的理念上发展起来的，众多的服务行业甚至制造业都着力于研究顾客更深层次的需求，以打造合适的个性化产品。饭店业关注个性化服务已有很长一段时间的历史，从VIP服务理念到绿色环保理念，都是对个性化服务的延伸和发展，而客房部是执行个性化服务最集中的一个部门，因此对于服务的创新一直是客房部需要探索的问题。客房服务的个性化创新可以从以下几个方面着手：

1. 客房硬件设备设施的个性化

除了客房配备的一些必需品之外，我们可以根据不同顾客的需求增添一些人性化的设施。例如在携带婴儿的客人房间里配备婴儿床以及一些婴儿玩具；在年老的客人房间里配备按摩椅和一些老年人常见病的药物；在商务客人的房间里放置小型的保险箱等。这些设施不需要每间客房都配备，只需要根据当时入住客人的特征临时进行添置就可以了。

2. 客房软件服务的个性化

饭店服务的一个重要等式是"优质服务=规范服务+超常服务"，这个等式告诉我们在做好常规服务的基础上，应不断创新额外服务才能实现优质服务。我们可以先从以下几个方面做起：

（1）建立客人个性需求档案。个性需求的观察在以往都只针对A级VIP客人，即那些国家元首等领导人。现在应对每一位饭店的长住客人或重要客户建立个性需求档案。通过客房服务员的细心观察将客人的日常生活习惯、特殊要求传送给档案管理员，然后录入计算机，等到客人下一次入住时，就能提供"惊喜式"的服务。这对客房服务员观察细节的能力提出了更高的要求，因此，在对客房服务员进行培训时，可以专门针对了解宾客需求这一方面加强学习和教育。

（2）更多的与客人的交流沟通。饭店的客房服务一般很少与客人进行面对面的服务，或者说是近身服务。客房部的服务人员大多情况下并不能和宾客产生交流，然而宾客对客房服务效果的感知需要靠对房间设施设备的使用才能体现出来，这并不像面对面服务那样能直接地提升客人的满意度。因此，客房部的员工应该加强与客人的沟通和交流。这样的交流并不需要很刻意，一个微笑、一句问候就能让客人感受到服务的温馨。比如，国外饭店经常组织员工和客人一起参与的酒会，这就是一种增进服务员与客人感情的好方法。同时，员工对客人的心理洞察能力需要不断加强，这样可以进一步地掌握客人的喜好，从而提供更优质的服务。

（3）做好售后服务。饭店的服务过程再也不是从客人住店起到离店止这段狭小的时间了，在客人离店之后照样也能提供后续服务，这就是所谓的售后服务。饭店售后服务的理念形成并不久，但是却为饭店招揽回头客提供了不少契机。通过客史档案的建立，饭店可以了解到客人的生日是哪一天，在那天给客人寄去小礼物通常能让客人感动万分。对于一些客人的投诉或建议，也可以通过售后服务传达投诉的处理结果，让客人得到意见的反馈信息，感受到饭店对其的尊重。众多形式的售后服务不仅能塑造饭店的良好形象，还有助于开发饭店的客户群。

（二）绿色饭店理念在客房部的运用

国家经贸委于2003年3月1日正式出台《绿色饭店等级评定规定》国家行业标准并开始执行。自此，除原有的星级标准以外，我国饭店又多了一个以安全、健康、环保为主要指标的饭店评价与分级标准。根据评定标准，绿色饭店必须具有相应的公共安全设施和食品安全保证系统，必须给消费者提供安全、健康的环境和食物。该规定要求，绿色饭店将能源消耗降到最低，对没有用完的香皂、浴液等一次性消耗用品，可以不再进行添加或更换；以前饭店客房服务规范要求每天更换毛巾、浴衣等棉织品，现在改为根据顾客的意见更换。此外，绿色饭店将禁止销售用野生保护动物制作的食品，不能使用一次性木制筷子、一次性发泡塑料餐具等。我国绿色饭店分为5个等级，以银杏叶为标识，最高级别为五张银杏叶。绿色饭店由中国饭店协会组织专家委员会进行评定。这一规定的提出，是对客房部提升服务质量的又一举措。客房服务应从安全、环保、健康这三个绿色核心理念出发，不断改进和提升服务质量。

第三节 饭店餐饮部管理

餐饮部是宾客的重要活动场所，不仅面向住店的宾客，也面向前来就餐的临时客人。餐饮部的职责是以饭店整体经营计划为指导，科学合理地组织客源，全面筹划餐饮产品的产、供、销活动，提高产品质量和服务质量，满足宾客多层次的物质和文化生活需要的过程。

一、餐饮部管理概述

（一）餐饮部在饭店各部门中的地位和作用

餐饮部是饭店所有部门中员工最多的部门，也是与宾客接触最多的部门。同时，餐饮部的设施设备也最为复杂，工作人员的技能要求也相对较高。因此，餐饮部是饭店最难管理的部门之一，它的地位不可忽视。

1. 餐饮服务直接影响饭店的声誉

食物带给人的感知度是最灵敏的，人对食物的喜好和口味的判断也是最直接和明确的。因此，饭店的餐饮质量是客人体会最深的服务内容之一。优雅的就餐环境、清洁卫生的餐具、美味可口的食物以及无微不至的服务是餐饮部努力工作的目标，这其中任一环节的失误都会遭致宾客的投诉，从而影响整个饭店的声誉。因此，餐饮部的各项工作都必须严格把关，各个细节都要全面管理和监督。

2. 餐饮部是饭店用工最多、职务最复杂的部门

就餐厅的种类来说，有中餐厅、西餐厅、宴会厅、自助餐厅等，每一类餐厅的食物各异并且相关配套的设施和服务都有区别，这就需要不同的餐厅配备不同的工作人员，这毫无疑问给餐饮部带来了最大的员工队伍。

3. 餐饮部是饭店市场营销的重要工作部门

饭店营销的产品包括住宿服务、饮食服务、娱乐服务和其他服务等。其中餐饮部负责的饮食服务是整个营销策划中最为关注的问题之一。因为饭店餐饮服务部门的目标客户群较其他部门来说更大，所以针对这些宾客所设计的餐饮营销策略是管理层精心考虑的内容。餐饮产品的生命周期虽然较短，但却是最活跃的，可以根据不同节日的需求设计相应的餐饮产品。餐饮产品的设计、宣传和推广离不开饭店营销部门的运作。如情人节套餐、圣诞聚会等，是每一个饭店都不应错过的促销良机，需要餐饮部与市场营销部相互配合才能完成。

（二）餐饮部的组织结构

根据饭店规模的大小，餐饮部的组织结构各不相同。饭店的规模越大，餐饮部的组织结构就越复杂。大型饭店餐饮部组织结构如图4-3所示。

（三）餐饮部的基本职能

1. 餐厅部

餐厅部是为宾客提供食品、饮料和良好服务的公共场所。根据其所提供的食品、饮料和服务的不同，可分为以下几种：

（1）零点餐厅。零点餐厅也称点菜餐厅，是饭店的主要餐厅，供应中西菜点。

图4-3 大型饭店餐饮部组织结构

（2）团队餐厅。团队餐厅主要供应团队包餐，也安排了适当的西式菜点。

（3）咖啡厅。咖啡厅是小型西餐厅，供应比较简单而又大众化的西式菜点、酒水饮料。

（4）酒吧。酒吧是专供宾客享用酒水饮料、休息和娱乐的地方，主要供应中式、西式酒类饮料和小吃。

（5）特色餐厅。特色餐厅又称风味餐厅，饭店根据服务对象的不同需要，设立风味餐厅，以便发挥自己的特长，满足客人的需要。

（6）自助餐厅。自助餐厅是一种快餐厅，它主要供应西式菜点，但也供应中式菜点，具有节省用餐时间、价格低廉、品种多、风味不同的优势，颇受宾客的欢迎。

（7）客房送餐。饭店为满足宾客的需求，就要为宾客提供客房送餐服务。

（8）外卖部。外卖部主要向本地居民、住在饭店公寓内的宾客或饭店观光的宾客提供的特色烧烤、风味菜肴、各地点心面包，加工包装和新鲜水果、蔬菜等。

2. 宴会部

宴会厅接受宾客的委托，组织各种类型的宴会、酒会、招待会等活动，并根据宾客的要求制定菜单、布置厅堂、备餐铺台，同时为宾客提供完整的宴会服务。

3. 厨房部

厨房部是饭店的主要生产部门，负责整个饭店所有的中式、西式菜点的烹饪，负责厨师的培训、菜点的创新、食品原料采购计划的制定，及餐饮部成本控制等工作。

4. 采购部

采购部是饭店餐饮部的物质供应部门，它根据实际需要以最有利的采购价格，按时保质保量地为餐饮部组织和采购所需的物品，特别是食品原料和酒类饮料等。然后将采购进来的原料送入仓库，分库妥善保管。

5．管事部

管事部负责打扫厨房、餐厅、酒吧等处的清洁卫生及所有餐具、器皿的洗涤、消毒、存放、保管和控制。

二、餐饮部的管理控制

（一）对餐饮部的人员控制

员工能否按照操作规范与程序改进和提高餐饮服务是影响餐饮产品销售情况的决定性因素，由于餐饮服务生产和销售的同时性，将产品转化为消费的整个过程就是员工逐步完成相关工作的过程。部门员工的控制是餐饮部管理层的重要工作，而这项工作主要是通过建立完善的管理制度，坚持定期、不定期的直接或间接检查，严格的管理监督工作来进行的。

（二）对餐饮部的绩效控制

餐饮部的绩效主要是指其全体员工实现经营的业绩以及在同行业或区域中的知名度和美誉度。对其绩效的评估除按营业收入、利润等经济指标来进行外，还应从同行和客人那里获取更多的对比数据信息，科学的餐饮绩效控制应是从部门工作效率入手，针对顾客需求，改变原有生产经营流程的模式，以新的业务流程来使品质、效率、成本、服务获得改善。

（三）对餐饮部的成本控制

餐饮产品的生产成本主要包括原料成本和企业人力成本、管理费用、销售费用等。只有实施有效的成本控制，才能降低成本，使产品价格更具竞争力。一方面，要降低原料损耗，即建立和完善采购和库存制度，加强产品生产的标准化，以减少不必要的浪费；另一方面，要严格控制费用支出，即要加强核算和分析，严格预算审批制度。

三、餐饮部的管理方法与技巧

（一）提供社会化大众化的服务

饭店所经营的餐饮往往是高档次高消费的，除了住店的客人，一般顾客很少会愿意光顾。这不仅影响了餐厅的销售，还让饭店的形象处于一个高不可攀的尴尬境地。饭店餐饮必须放下架子，转变等级观念，走社会化、大众化道路，才能扭转经营不利的局面。现在大多数饭店都以承办婚宴为主要的餐饮项目，因为婚宴往往追求奢华的环境设施，而忽略了菜品的口味。因此，饭店餐饮应该更注重菜品口味和特色的设计，以赢得大众的青睐。

（二）设计主题特色餐饮产品

主题意为赋予产品一个精神内涵，突出一种与众不同的特色。餐饮产品的主题思路往往来源于当地的特色佳肴、当地的特色建筑或者是一个典故的复制和重现。事实上，主题餐饮产品是综合的旅游产品，不仅是单纯的饮食服务，深层次的还是文化的体现。如今，旅游者的素质越来越高，相应的旅游需求也不断向自我价值的实现靠拢，因此，主题特色餐饮产品的退出必将给饭店的品牌形象带来生机。

第四节　相关案例与分析

▌ 一、案例内容：餐桌旁的出色实习

小汪即将从某旅游学校毕业，在上海一家大饭餐厅当实习服务员。有一次，她正在餐厅实习，看到邻桌服务员将一大碟冷盆递给两位广东客人时，其中像是主人的一位客人皱了皱眉头，拿起筷子却没有吃，只是不时地看着身旁一个餐桌上的另一种什锦冷盆。她马上走上去问客人道："先生，你喜欢这个菜还是那个菜？"一边指着他身旁餐桌上的那盘冷盘。客人忙答："那一个。"她一看，原来他想要的什锦冷盆不是有熏鱼的那种，而是有大明虾的那种，客人已点了菜，既不愿吃前一种，又不好意思向服务员提出换后一种。小汪看出了他的矛盾心理，觉得客人的要求应尽量满足，况且服务员在介绍菜肴时不够周详也有欠缺，便主动为客人换了菜。当她给客人端上一盘有大明虾的什锦冷盘时，客人立即站起来，翘起大拇指说："谢谢你，你的服务太出色了！"

接着，服务员又给两位广东客人陆续上了三道菜后，最后一道汤菜客人等了半天还没上来，就到账台把账给结了。正在这时，服务员把那道汤端上来了。客人见了哭笑不得，气呼呼地说："我们已结账了，你怎么才把菜端上来？"服务员把一碗汤往餐桌上一搁，理也不理，一声也不吭就走开了。这令人难堪的场面又被在另外餐桌服务的小汪看在眼里，连忙走上前去问明了情况后，她赶紧道歉道："两位先生，实在抱歉！由于我们工作上的疏忽，给你们带来了麻烦和不快，请多原谅！"她想，账已结了，账单都已打入电脑，不便打扰账台改账。她又看了看菜单，最后是道例汤，价格15元（外汇券），便灵机一动对客人说："先生，我给你们20元人民币，作为损失补偿，你们看如何？"两位客人脸色顿时多云转晴，笑着回答："不必了，你们的服务做到这种程度，我们已心满意足了，谢谢你了！"她又说："先生，如果你们喜欢这道菜，我为你们免费提供一瓶啤酒。"客人非常感动地说："这个菜端走好了，你的一片心意我们领了。难为你这么为我们着想，下次来一定还请你为我们服务。"听到客人由衷的赞扬，小汪心里甜滋滋的。

▌ 二、案例分析

本案例中餐桌岗位上的服务员"服务"称不称职姑且不谈，更值得议论的是实习生小汪那高人一筹的出色服务。

首先，是她主动补位的服务意识。两件事都不是发生在她负责的服务岗位上，但她目光四射，时刻留意着周围服务区域客人的一举一动，当同伴的服务跟不上时，就及时

赶上去补位。当她发现另一桌的客人不想吃已点好的菜而想换别的，又不好意思开口之时，就主动上前，道出客人心思，满足客人需求；当她察觉邻桌上客人与服务员因一道菜晚到气氛不妙时，又主动前去安抚客人。这种主动补位的服务意识值得在饭店服务中大大提倡。

其次，是她灵活敏捷的应变能力。她从客人不寻常的表情动作中敏锐地捕捉他想换菜而不好开口的心理，当机立断地迎合了客人的潜在要求；她又针对服务员晚上的一道菜给客人造成的不快，采取了灵活多变的补救措施，使客人由"多云转晴"直至心满意足。这种灵活敏捷的应变能力，也是饭店服务员应具备的基本素质。

□【阅读专栏】

瑞士洛桑酒店管理学院

世界上的酒店管理专业排名第一的有两个学校：一个是瑞士洛桑酒店管理学院，另一个是美国康奈尔大学。瑞士洛桑酒店管理学院（EHL）位于瑞士西部。瑞士位于欧洲的中心，是欧洲风景最美、犯罪率较低的国家之一。瑞士大约有七百多万人口，而且这里的居民和蔼友善，非常好客。瑞士分为法语区、德语区和意大利语区，而瑞士洛桑酒店管理学院就位于属于法语区的CAUX。

瑞士洛桑酒店管理学院是瑞士唯一一所被联邦政府认可为瑞士大学级别的高等教育私立酒店管理学院，其文凭被中国政府及瑞士联邦所承认。瑞士洛桑酒店管理学院是瑞士规模最大的酒店管理学院之一，是瑞士12家酒店管理学校协会成员之一，它提供从证书、文凭、学士一直到硕士的课程。就读于该院的学生毕业时可以拿到瑞士、美国和英国三个不同国家的文凭与学位。另外，学校会安排学生在各级酒店实习，将理论知识与实际经验相结合，同时也会协助毕业生寻找各种就业机会。

□【前沿资讯】

万豪国际集团海南区24家酒店携手，开展"Run to Give"慈善跑活动

美通社海南三亚2017年9月25日电　万豪国际集团亚太区于2017年9月24日在亚太区的100多个城市和地区举行2017年度"Run to Give"慈善跑活动。一年一度的"Run to Give"慈善跑于2014年启动，万豪国际集团在同一座城市的不同酒店的员工携手合作，组织意义非凡的慈善跑，以实际行动为当地的慈善机构提供支持。今年，中国海南区共有24家酒店922名员工参加"Run to Give"慈善跑，募集善款11.8万元助力姚基金和三亚市社会福利院，为孩子们创造更多美好的可能。

（资料来源：http://news.cncn.com/257646.html）

□ 【自我检测】

1. 前厅部在饭店各部门中的地位和作用是什么？
2. 对客房绩效的衡量指标有哪些？
3. 前厅部沟通的范围有哪些？
4. 客房部在饭店各部门中的地位和作用是什么？
5. 餐饮部在饭店各部门中的地位和作用是什么？

□ 【思考与讨论】

1. 前厅管理的任务及管理要求各是什么？
2. 试析餐饮部组织结构对餐饮管理的影响。
3. 试析康乐管理的任务及其在饭店管理中的地位和作用。

□ 【实践与应用】

参观一家酒店，针对该酒店前厅结构的现状，完成一份改进组织结构的分析报告。

【思考与讨论】

1. 前厅管理的任务及管理要求各是什么？

（1）前厅管理的任务：销售酒店的客房；接受客人的投诉和问询；帮助客人留言；推销饭店其他产品；

（2）管理要求：组织机构科学，工作效率高，客人满意度高。

2. 试析餐饮部组织结构对餐饮管理的影响。

（1）理清管理权利与义务。

（2）关系到工作效率。

（3）关系到工作监督和工作积极性。

3. 试析康乐管理的任务及其在饭店管理中的地位和作用。

（1）康乐部管理的任务：饭店康乐部是为饭店客人提供一系列能使他们提高兴致、增强身心健康的快乐消遣活动的部门。

（2）地位和作用：满足客人的正当康乐需求，稳定和增加饭店营业收入，扩大饭店的服务范围，提高饭店的等级。

【实践与应用】

要求分析报告：分析科学、逻辑性强。

第五章　饭店间接对客部门的业务管理

■【关键词】

安全管理　采购　管理幅度

■【学习要点】

了解饭店间接对客部门的主要业务管理活动；了解如何对饭店间接对客部门进行业务管理；通过案例分析进一步明确业务管理的重要性。

■【章前导读】

饭店职能部门既包括前厅、客房、餐饮等面对面直接向客人提供服务的部门，也包括财务、人事、工程、安全等不直接对客提供服务的部门，这些部门虽然不与顾客直接打交道，但它们的正常运转是饭店服务的保障，它们的业务活动是饭店业务活动的重要组成部分。

第一节　饭店人力资源部的管理

一、饭店人力资源部管理概述

（一）人力资源部在饭店部门中的地位

企业的经营管理说到底是资源的争夺。在知识经济的时代，在企业的众多资源中，人作为一种资源其重要性越来越引起重视。任何企业的发展都离不开优秀的人力资源和人力资源的有效配置。那么如何为企业寻找合适的人才、留住人才、发展人才、为组织保持强劲的生命力和竞争力提供有力的人力支持，对企业来说就显得尤为重要。

饭店人力资源部是饭店的一个重要职能部门，饭店各种目标的实现都与人力资源部的工作息息相关，比如企业的财务目标，在进行财务分析时，要分解出成本、技术、效率以及客户的满意度等因素，这些都关系着企业的经营业绩，无一例外与员工的知识、技能、态度、行为和思想观念有关，这些都离不开饭店的人力资源部门的工作。就人力资源部的业务性质而言，主要是负责饭店员工的选拔、聘用、培训、奖惩等工作。饭店是人力资源密集型行业，饭店的整体运营都是通过人来进行的。只有加强对人的管理，做好人的工作，才能把企业的各项工作做好。因此，饭店人力资源部的业务管理活动是饭店展开经营活动的基本条件，是形成一支优秀的员工队伍，保证饭店工作效率和服务质量的基础，也是为饭店创造良好效益的重要保证。

（二）人力资源部管理的任务和职责

饭店人力资源部是负责饭店员工的招募和挑选、员工培训和使用、员工的考核和奖励等工作的部门。其主要任务是运用科学的手段和方法，对饭店员工进行招募、选用、培训、晋升、考核、奖惩等一系列工作，以充分调动员工的积极性和主动性，提高劳动生产率，为提高饭店经营管理水平和服务质量打下良好的基础。

人力资源部的主要职责包括如下几个方面：

（1）编写并组织实施饭店的人力资源规划，制定饭店的人力资源管理制度；

（2）有效开发与合理配置饭店的人力资源；

（3）负责饭店企业文化建设的规划，并组织贯彻实施；

（4）参与对公司管理人员的考核与管理；

（5）拟订并审核饭店的人员招聘计划，并负责组织员工的招聘和培训工作；

（6）审核饭店的定员编制、工资总额、经营管理者的薪酬分配；

（7）负责拟订公司的岗位设置、人员编制及工资分配方案；

（8）负责员工培训费用的计划与监控；

（9）检查人力资源规划和有关制度的贯彻落实情况；

（10）办理公司员工人事关系的转移，职称评定及因公出国人员的审批手续；

（11）负责公司员工的工资发放、社会保险的缴费、劳动合同的签续订和人事档案的管理工作。

（三）人力资源部管理的要求

饭店的经营活动是以人为中心的活动，饭店的经营质量和水平取决于服务质量和水平，而服务质量和水平高低又取决于员工的素质。因此，对不同岗位员工的挑选、培训以及对饭店全体员工的管理就成为饭店最为重要的工作之一。

1. 严格

作为管理人的部门，人力资源部的工作是最为复杂也最无固定模式可言的。在招募、选用、培训、奖惩等工作中，必须严格按照既定标准和要求来进行，要避免夹杂人情关系等"人管理人"的不利因素，以保证饭店拥有一支纪律严明、积极进取且素质较好的员工队伍。

2. 竞争

在人力资源部门对饭店员工的管理中，应引入竞争机制。"优胜劣汰，汰弱留强"应该成为人力资源部业务管理的一个重要原则。要使员工意识到只有不断努力才能继续留在现有岗位上，并建立饭店自己的人才库，以便使饭店有充足的人力资源储备，同时也让员工有充分的危机感，从而不断进取、不断努力。

3．公平、公开、公正

人力资源部的管理工作严格执行相关纪律、标准和要求，这就意味着人力资源部行使管理职能时必须公开、公正、公平，即一视同仁，不因职位、岗位、级别等的不同而区别对待。只有这样，才能充分发挥人力资源部的作用，行使管理职能。

4．科学

饭店人力资源部要建立一套招募员工的科学程序和方法，不断提高员工素质，进行科学的定岗、定员，并按照岗位和定员标准来组织和调配员工队伍，形成科学的激励方法和用人技巧，从而最大效率地使用饭店的人力资源。

二、饭店人力资源部的组织结构

（一）管理幅度

人力资源部负责员工的招聘、培训、奖惩等，直接负责饭店员工队伍的组织和管理，由于管理人的工作本身就十分复杂琐碎，对工作人员时间、精力以及能力的投入要求较高，因此，人力资源部的管理跨度不宜过宽，一般应专职专人，甚至一岗多人。如员工培训工作，为保证所有员工都能得到不断的提高和进步，饭店最好配备一名至数名具有丰富培训经验和实践经历的培训人员。

（二）管理层次和岗位设定

人力资源部由一名人力资源部经理领导，其直接上级为副总经理。在具体岗位设置上，应根据饭店规模、员工数量、人力资源部管理体系的复杂程度来确定人力资源部的管理层次和岗位。坚持因事设立、责权分明的原则。人力资源部门可以根据具体的工作内容设置具体的主管来进行日常工作的管理。图5-1为某饭店的人力资源部组织结构。

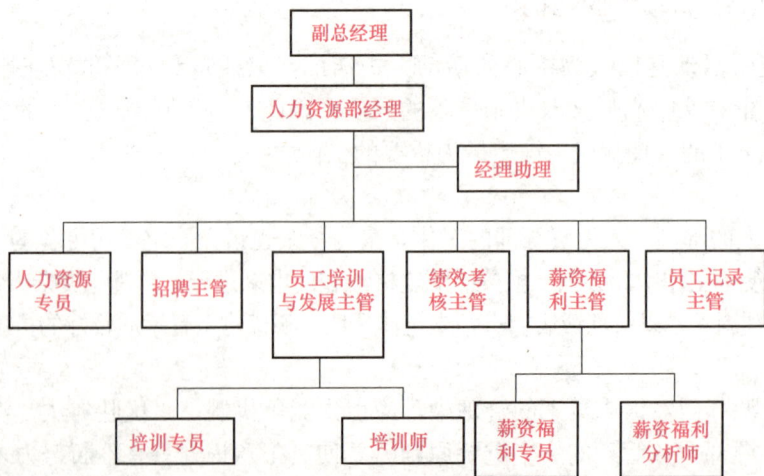

图5-1　某饭店人力资源部组织结构

（三）人员的选择

饭店的员工招聘程序和方法、培训制度和方法、考评制度和方法、奖惩制度和方法等都是由人力资源部制定出来的，只有制定了一套科学、合理的人才开发和利用体系，形成人才辈出的优化机制，才能实现人力资源部管理的根本任务。在部门内部管理上更要进行科学的定岗、定员，确定各岗位所需员工的具体标准和要求，按照岗位与定员标准来组织和调配员工队伍，优化结构，发挥最佳群体效应。这样才能在整个饭店的运行上发挥应有的作用。

人力资源部经理应具有高度的工作热情、敏锐的洞察力和较强的人际交往能力，同时还应具备丰富的经历和一定的饭店工作经验。人力资源部其他员工也应具有一定的基本素质、细致耐心的工作态度及较好的与人打交道的能力。

三、饭店人力资源部的控制

（一）对人力资源部的人员控制

人力资源部的人员素质应普遍高于饭店的普通员工，在配备人力资源部工作人员时应严格遴选，对已组成的部门应通过严格的岗位职责和标准来要求，人力资源部门经理要对整套科学的人力资源开发、规划、培训、考核及薪资体系非常熟悉，有丰富的招聘经验；要有熟练的计算机操作水平，文笔、口才和气质要一流；要具备公关能力和独立的事务处理能力，沟通协调能力极强。对人力资源部内部的员工也要各自对自己负责的实物具有相当的经验。要保证人力资源部门工作正常运转，人力资源部的直接负责人总经理或副总经理应该经常抽查人力资源部的工作情况，以保证工作人员严格按照既定标准推行饭店人事管理体系。

（二）对人力资源部的绩效控制

人力资源部的管理工作说起来容易，但真正量化起来却比较难，即使是在对人力资源管理体制与开发极为重视的国家，长期以来也没有找到牢固的理论基础，这是由于人力资源开发和管理本身并不是一种严格的可以量化、容易量化的经济行为，这使得将经济学上的原理应用在人力资源工作的量化并找到企业的人力资源功能与企业的最终目标所存在的清晰的关系变得很困难。虽然还没有哪一套标准被公推为最有效的评价标准，但人力资源工作做得好与坏还是可以通过几个指标衡量的，这里推荐几种方法来量化人力资源工作，这些方面也是衡量人力资源部门优劣的标志。一是员工的满意率，包括员工对学习培训、薪金业绩的认可和管理及文化的满意率；二是人员配置，包括员工的招聘、内部的提拔及规划、员工的具体工作职责关系；三是人均产值，好的人力资源工作有助于支持企业高绩效的成长；四是资源支持，是否为各业务部门进而为整个公司的发展提供了及时有力的资源支持。

饭店可根据自己的实际情况，将饭店的经营效益、员工队伍的总体水平、员工培训的直接效果等作为评价衡量人力资源部绩效的客观标准，以促使其改进不足，提高效益。

（三）对人力资源部的信息控制

为保证饭店充足的人力资源储备，在饭店形成以公平竞争为基础的良性人才流动机制，饭店人力资源部最好建立自己的人才信息库。而加强对人力资源部的信息控制，一方面可随时保证饭店各部门的人才要求，另一方面也便于对饭店人力资源的管理和利用。且对现实的和潜在的人力资源信息掌握得越具体、越丰富、越翔实，越有利于人力资源部业务管理活动的开展。

四、与其他部门的协调

饭店的人力资源部门是整个饭店人才招聘、培训以及绩效考核具体实施的职能部门，这就决定了其工作必须与其他各个部门相协调。在人才招聘之前，要通过与各个部门的结合进行细致的工作岗位分析，这涉及具体的每个岗位的具体职责和要求，因此必须在其他各部门的配合下才能完成。特别是一些要求专业的部门的人员的招聘，必要时要邀请部门经理或主管来参加人员的招聘。

第二节　饭店财务部的管理

一、饭店财务部管理概述

（一）饭店财务部管理的任务

财务部是饭店中负责整个企业资金运营和财务管理的部门，其主要职能包括成本费用核算与支出、应付应收账款、计薪及发放贷款、收入稽核等。财务部管理的任务主要有两个：第一，满足内部各方面的利益，即在饭店内部不同部门的利益发生冲突时，饭店财务部在管理者的指挥下设法满足每个部门的一部分利益，使各部门通过相互妥协的办法来解决难题；第二，满足社会各方面的利益，即饭店的财务部要通过财务活动协调好各方面的关系，保持和改善饭店在公众心目中的形象，争取更多的顾客光临饭店，提高饭店的经济效益和社会效益，使饭店能够最大限度地增加投资者的财富，使饭店的利润最大化。

（二）财务部在饭店管理中的地位

财务部虽不是饭店的直接对客部门，但却是饭店的核心部门之一。作为参与饭店经营决策的部门，财务部负责饭店内部经营决策和外部经营决策中的成本控制、计划控制、筹资方案、对外投资方案等关键内容。而作为饭店财务管理的部门，财务部负责整个饭店的资金营运，是饭店得以正常经营并获取和提高经营效益的保证。同时财务部与直接对客部门之间有着密切的业务联系。如前厅部，每日处理的客人账单凭证很多，但白天不可能停业审核对账，于是夜间审核成为饭店财务部特有的工作内容。

（三）财务管理的要求

1. 严格

制定一整套完善的财务管理制度并严格执行。饭店管理层应对财务部加强管理和监督，随时抽查业务运行和制度执行情况。财务部自己也要形成一套严格的监审制度，随时注意审核账务，检查部门所有工作人员的工作，以免因出现错误或疏漏而造成损失。

2. 系统

应对财务部的业务活动实行系统化管理，以使其众多繁杂的工作纳入整个饭店的系统管理范围之内，使各项工作得以按部就班地进行，如协调企业与投资人、债权人的关系并选择适当的资本来源，将筹集资本更合理地使用，分配企业利润等。

3. 灵活

财务部业务管理的重点是企业内部的财务决策，而首要任务则是解决筹资问题。认识市场，把握市场，进行成本控制和财务分析需要饭店财务管理人员反应敏捷，随机应变，协调各部门之间的利益；筹措资金以满足企业需要，更是要求财务部根据实际情况灵活掌握，因时制宜。

二、新时期对饭店财务部的新要求

随着我国市场经济的发展，以及加入WTO以后越来越与国际接轨，在经济全球化和一体化的大趋势下，我国的会计准则也逐渐与国际会计准则趋同。2006年实施了新的会计准则，这要求饭店的财务部要在新的准则指导下进行财务管理和会计核算。在国内饭店行业竞争激烈的情况下，许多饭店选择了上市，从而可以更大范围地筹集发展资金，这给饭店财务部的工作提出了更高的要求。

（一）明确工作结构

随着建立资本金和股份制，实行机制转变，饭店财务部目前由行业会计组成的体系将转变为财务会计、管理会计、财务管理有明确分工的体系。除了受公认会计原则和有关法规制约之外，饭店的财务应该是饭店独立处理的。

（二）调整账务结构

随着市场经济的发展，信用作为市场交易手段将被大量使用，应收账款分类账和应付账款分类账将成为各饭店重点管理的账务。

（三）调整财务会计基础结构

饭店财务部的财务会计基础结构要有明显变化。随着改革开放，金融市场对外开放，我国的会计原则、会计制度将与国际接轨。作为饭店财务部的重要基础内容，财务会计原则和制度都要与国外一致，其中涉及基本账户和基本会计循环要有所变动。

（四）财务部的工作重点要有明显变化

随着市场竞争激化和企业管理的强化，饭店经营管理的重心将从操作规程、服务质量转变为管理规程和成本控制。随着饭店经营规模扩大和集团化经营的发展，财务部筹资与投资的管理任务也将不断加重。

三、饭店财务部的组织结构

（一）管理幅度

财务部工作量大、难度高、责任重大，工作还涉及夜审这样的业务，对工作人员投入的时间、精力、能力要求较高。所以，管理跨度不宜过宽，最好专岗专职、分工细致，以保证工作效率。

（二）管理层次和岗位设定

在一些饭店中，财务部处于分管财务工作的副总经理领导下，而在另一些饭店中，为提高饭店组织效率，在各职能部门之上又设置"总监"，如财务总监。这些总监在级别上相当于饭店副总经理，设置总监一般不再设副总经理职位。财务部内部一般设置收银处、总出纳处、收入稽核处、信贷收帐处、成本处、计薪处、应付账处、总账处、计算机处等几个分部。

同时由于财务部门是管理整个饭店资金流动的，在做好以上具体工作以外，还应设置饭店内部的审计处，对饭店的各项财务报表和指标进行内部审计工作，保证饭店的各项财务信息的准确性和真实性。

（三）人员的选择

财务部门的人员必须严格遵守财务会计制度和税收法规，认真履行职责，组织会计核算。财务部的主要职责是做好会计核算，进行会计监督。从审核原始凭证、会计记账凭证的录入，到编制财务会计报表；从各项税费的计提到纳税申报、上缴；从资金计划的安排，到结算中心的统一调拨、支付等，每位会计人员都要求勤勤恳恳、任劳任怨，认真执行企业会计制度，实现会计信息收集、处理和传递的及时性、准确性。

财务部经理应该具有相关专业及职业认证，具有丰富的会计工作经验，熟悉饭店财务工作流程和要求，并具有高度的责任心。财务部其他工作人员也应具有相关资格认证、实践经验以及对工作高度认真负责的态度。

四、饭店财务部的控制

（一）财务部的绩效控制

由于财务部的特殊地位，饭店往往由管理高层直接领导财务部的工作。定期审阅财务报表并听取汇报，不间断地审核工作情况，是饭店管理财务部门最常用的方法，而对财务部绩效控制的关键在于如何衡量和评价其绩效，即能否合理有效地使资本在经营活动中赚取最大的经济效益等。

财务部的绩效考核，具体来讲应该从以下几个方面进行：

（1）是否能够坚决执行总经理下达的各项工作指令，并且圆满地完成；

（2）是否建立了统一、健全的财务管理体系，能够严格按照国家财经法规合理地组织公司的各项财务活动，促进公司财务管理工作的科学化；

（3）是否能够协助总经理通过财会资料的统计分析，揭示经营存在的问题，及时提出各种合理化建议；

（4）是否按照公司整体经营计划的要求，认真地策划财务运作方案，并制定出切实可行的财务预算计划，并且积极为公司筹措资金和合理地调度资金，为公司的经营活动正常运行，起到资金保障作用；

（5）是否通过对经营过程中各款项收支的核算，财物收发、增减的核算，债权与债务发生的核算，各种费用成本的核算，对经营活动实行了全面监督和控制，发挥了财务工作为公司理财当家的作用；

（6）是否能够坚持按法规制度的要求完成领导指派的任务。工作原则性强，业务精明，为公司领导把好经济审核监督关；

（7）与其他职能部门在工作上能较好地沟通、协作和配合。

（二）财务部的信息控制

饭店财务信息系统总体可分为前台和后台两部分，前台处理客账信息流时，总是处于直接对客服务当中，所以其客账处理过程的效率、格式都要满足客人的要求。而后台信息处理大多在非直接对客服务中进行。考虑到饭店的人员流、资金流、物资流越来越复杂，使得饭店财务信息的处理难度增大。因此，饭店要加强对财务部的信息控制，以保证财务信息准确、及时、迅速、畅通地传递。

五、与其他部门的协调

财务部门的职责是管理整个饭店的资金流动及运转。由于其工作的特殊性，饭店财务部门的工作涉及与饭店其他任何一个职能部门的协调、合作。如前厅部、客房部、餐饮部、人力资源部等所有饭店的直接和间接对客部门。

饭店向宾客提供饮食、住宿等相关服务，由于客人住店时间短，来得快、走得快，因而要求饭店信用政策明确、记账准确、走账迅速、结账清楚。无论客人何时结账，前台结账处都要准备好客人的账单，并且客人的消费涉及饭店的各个部门提供的服务，虽说有些饭店是在提供服务的部门直接收费的，但是这些都要汇总到饭店的财务部门，以对饭店整体的成本费用作出核算，制定饭店的财务报表，为饭店的决策提供依据。因此，饭店财务部工作的开展涉及饭店其他所有部门的协调与合作。

第三节 饭店工程部的管理

一、饭店工程部管理概述

（一）饭店工程部管理的任务

工程部是负责对饭店设备与建筑进行正常维修和预防性维修，对建筑与工程系统进行增建和改造的部门。其业务管理的主要任务是对饭店的所有设备设施进行日常维修和预防性维修，包括：核定饭店各种设施设备和各种能源的需要量，以便核定和控制饭店经营成本；进行设备的购置决策；进行设备的日常保养；进行日常设备的更新改造等。

工程部就是要使饭店的所有设备设施长期处于良好的工作状态，并尽量避免它们的使用价值下降，以达到设备的预期使用年限，甚至延长其使用年限，尽力保持饭店"常管常新"的状态，使饭店不断完善自身的形象，提高竞争能力。

（二）饭店工程部的地位

饭店作为旅游服务的中心，是借助有形设施而出售无形产品的经济单位，其服务设施和服务质量构成饭店的生命线。随着现代化饭店对设备的依赖程度的剧增，工程部的地位日益突出。工程部通过创造和维持优雅、舒适的环境，保证顾客住宿、饮食、娱乐等消费生活的正常运行。工程部的业务管理是否有效，将直接影响到饭店的整体形象和声誉，关系到饭店的服务质量和客人的安全，关系到销售价格和企业利润。因此，工程部已成为顾客消费活动和饭店各部门经营活动最重要的支持和保障部门。

（三）饭店工程部的管理要求

一个饭店如果设备运转不正常，哪怕是偶尔一次不正常，也会影响到整个饭店的声誉。所以工程部业务管理的好坏关系到饭店的声誉。对工程部工作有以下一些具体要求：

1. 高质量

现代饭店消费属于高档消费，是客人休息、商务、度假、会议、宴请的理想场所。要让客人满意，就必须使饭店设施设备始终保持最佳状态。因此在维护保养和维修时，要树立高质量标准，精益求精。如修理一张断腿的椅子，不光是接上腿就行了，还应该做到修旧如新。

2. 节约

工程部的工作就是要避免设施设备的使用价值下降，在维修和维护过程中，要尽量修旧如新，废物利用，以降低物资损耗，降低经营成本。同时，还应该在保证服务质量的同时节约材料。

3. 方便客人

顾客是饭店的衣食父母。任何工作都应以顾客为中心，工程部的工作应以方便客人为宗旨，做到迅速、优质，追求维修速度、维修状态、维修效果。

4. 安全生产

要求工程部所有工作人员严格按操作规程办事，保证各种设施设备的正常运转，避免各种故障和人身伤亡事故。同时，还要做到各种业务制度完善、技术档案齐全。

二、饭店工程部的组织结构

（一）管理幅度

在管理活动中，管理者受认识和情报处理能力的制约，其能够有效协调的人数有一个可观的限度。饭店工程部的工作大都可以触类旁通，因此管理跨度可适当放宽，以避免重复领导，多重指挥，从而提高组织效率，降低人力成本。如由一名受过高等教育的工程师任总工程师，指挥安排全部门的工作。

（二）管理层次和岗位设定

管理层次是指由几个人或职务组成一个小团体，而这个小团体又归属于另外一个大部门，如此不断递进，便形成管理层次。管理幅度越大，管理层次就越少。饭店可根据规模和业务范围大小，设置不同的管理等级。一般饭店基本设置三个管理等级，即部门经理、主管、领班。部门经理是工程部最高管理者。主管是部门经理的助手，主要负责所管辖系统的安全运行和维护修养工作。主管一般按系统设置。领班为最基层的管理者，主要是保证上级组织和各级领导的各项指令能顺利贯彻执行。

（三）人员的选择

由于工程部的管理是一项专业性很强的管理工作，所以各级管理人员都必须有专业技术，并且具有较强的组织管理能力。一般来讲，部门经理应具有工程师以上的技术业务水平，领班应具有技术员的技术职称或相当的技术水平。

三、饭店工程部的控制

（一）对工程部的人员控制

加强对工程部员工的培训和教育，努力提高其个人素质和业务技能，强化服务意识，强化饭店服务理念，同时要加强对其维修态度、维修效果的检查。如经常抽查上岗时的着装问题等。

（二）对工程部的绩效控制

工程部的绩效应该以设备的维修速度、维修效果、维修费用及工作人员的维修态度来进行衡量和评价。加强对工程部的绩效控制，则必须建立健全管理制度，如建立费用考核的定量指标；建立一系列工作考核制度并与利益分配直接挂钩。同时对工程部的绩效考核还要考核其安全生产情况，这主要反映在工伤事故和违章操作引起的设备事故上。

（三）对工程部的成本控制

饭店设备要正常运行，必须耗费一定的人力和物力，若不加以控制，就会出现浪费。首先，鼓励并督促工程部积极开展技术革新，同时加强消耗预算，严格财务制度；其次，为了使勤俭治店、精打细算培养成风，除加强宣传教育和必要的财务管理外，还要建立一种合理的奖惩制度，使勤俭节约有一种外在的压力和内在的动力。

第四节　饭店安全部门的管理

▌一、饭店安全部门管理概述

饭店是为客人提供食、住、购、娱等的综合性服务场所，在为客人提供各种服务的过程中，必须做好两方面的安全工作：首先是客人的人身财产安全，其次是饭店经营运作安全。这些都是让客人满意的基本保障。

（一）安全部门管理的任务

饭店的安全管理，就是为了保障饭店客人、员工以及饭店运行安全而进行的一系列计划、组织、指挥、协调、控制等管理活动，其主要的业务管理任务是保障客人的人身安全、财产安全，保障客人心理上的安全感；保障员工的人身安全和合法权益；保障饭店的安全。饭店的安全管理工作由饭店的安全部负责。首先，是客人的安全工作。客人一进入饭店，饭店就要从钥匙保管、设备检查维修、饮食卫生、物品保管等入手，保证客人的生命和财产安全。其次，饭店的安全部门要保证饭店的各项工作的安全运作。饭店的各项工作都是围绕客人进行的，只有保证饭店的各项工作的安全，如各种设备的正常运转、各种工具的正常使用，这样才能保证客人享受到标准的服务，才能让客人满意。因此，搞好客人的安全工作和饭店的安全工作，才能保证饭店业务经营活动的顺利进行。

（二）安全部门的地位

安全部门虽不是饭店直接对客部门，但其工作的好坏将直接关系到客人的满意程度，关系到饭店的经济效益和员工的积极性。安全工作是饭店管理工作中的主要内容，它在饭店经营过程和为客人服务过程中起到了保驾护航的作用。饭店所有的工作都是以安全工作为先导的。安全部门保障有力的工作，能为饭店树立良好的形象。让客人觉得有安全感的饭店才能吸引客源，如果一个饭店连安全都无法保障，可想而知，不会有什么客人愿意去消费。可见，饭店的安全工作是饭店健康运行最基本的保障。

（三）安全部门管理的要求

1. 保障有力

将安全保卫制度落实到实处，加强饭店内外的安全防范，同时加强与社会有关方面的联系，尤其是公安、消防、卫生防疫等部门的联系。

2. 服务到位

饭店安全部门与其说是执法部门不如说是服务部门。虽然要维护饭店的治安，处理各种违纪事件，但更多的则是为客人和饭店其他部门提供安全保障。所以饭店的安全管理既要积极防范，又要内紧外松；不能戒备森严，气势吓人；既要监督各部门执行安全规定的情况，又要尽量减化手续，努力为他们提供方便。作为一名保安人员，既要有公安人员的警惕性，又要有服务人员的和颜悦色；既要坚持原则，按制度办事，又要文明礼貌，乐于助人。

3. 设施到位

为了有效防止失窃、凶杀等案件的发生，饭店除了增强全员安全意识外，还要注意配备必要的防盗、防暴设备，如闭门器、门窥镜、防盗扣、报警器装置、闭路电视监控系统等。先进的安全防卫设备设施是饭店安全部门顺利有效开展工作的必要保障。

4. 制度保证

安全部门同其他任何部门一样，要有健全的管理制度。制定科学、具体的宾客须知，建立来访客人管理制度，加强巡逻检查制度，制定突发事件处理程序，从制度上对饭店安全工作的组织、安排提供了依据。

二、饭店安全部门工作的组织结构

（一）管理跨度

饭店的安全管理不仅包括保障客人的人身、财产安全，而且包括保障客人的心理安全及员工和饭店的安全。其管理幅度和内容，几乎涉及饭店的各个部门和饭店工作的各个方面。不仅如此，除了做好饭店内部工作外，还要做好社会联络工作，与社会有关方面保持联系，尤其是与公安、消防、卫生防疫等部门的联系。

（二）人员的选择

保安部人员应该具备相应的身体素质，头脑灵活，反应敏捷，乐于助人，具有高度的对工作负责的态度和吃苦耐劳的敬业精神，最好接受过相关训练。

三、饭店安全部门的控制

（一）对安全部门的人员控制

加强对安全部门的安全意识教育和安全技能培训，努力提高安全部门员工素质，严格检查并监督工作作风、态度和工作情况，避免因其不当行为而冲撞饭店宾客，更要防止安全部门员工在众多诱惑面前腐化变质，发生诸如监守自盗的恶性事件。

（二）对安全部门的设备控制

要做好饭店的安全工作，需要良好的硬件条件。做好各种防卫安全设备的采购和保养工作，同时与工程部密切配合，切实保障各类安全防卫设备的良好运行。

（三）对安全部门的绩效控制

安全事故发生率如火灾发生率、盗窃发生率等应该是评价衡量安全部门绩效的最直接的硬指标，而顾客满意应该是评价安全部绩效的软指标。对安全部门的绩效控制应着眼于饭店的治安管理、卫生防护以及劳动保护工作，以使安全部门真正发挥"保驾护航"的作用。

（四）对安全部门的信息控制

加强对安全部门的信息控制，以消除事故隐患，出现问题及时解决，把损失降到最低。加强信息控制除保障相关设备的良好运行外，还应加强巡逻检查，随时提醒各部门员工执行安全制度，防止事故的发生，同时也强化全员安全的意识。

四、与其他部门的协调合作

（一）安全部门与工程部门的协调

饭店的安全管理工作和设备管理工作及技术管理工作的关系十分密切，一些安全事故，特别是重大事故常常是由物质技术设备管理不善引起的。如电器设备、煤气设备以及易燃、易爆物品处理不善等。因此安全部门要与工程部门密切合作，提出安全措施和要求，工程部要严格遵守技术操作规程，加强物质设备的技术管理。如变压器和各种电器设备、煤气设备等要随时检查线路，防止超负荷使用，保证设施安全。

（二）安全部门与餐饮部门的协调

饮食卫生的安全工作是由饭店的餐饮部门负责的。但是，如果发生食物中毒和疾病传染事故，也是饭店重大的安全事故。因此饭店的安全部门必须与餐饮部门加强合作，加强食品卫生管理，预防食物中毒和疾病传染，这也是饭店安全部门工作管理的重点。一般来说，我们要求饭店餐饮部门制定食品卫生管理制度，由安全部门来进行监督，并进行食品卫生检查工作，这样才能保证食品卫生安全，防止食物中毒和疾病传染。一旦发生事故，餐饮部门要和安全部门密切配合，及时查明原因，总结经验教训。

第五节 饭店采购部门

一、饭店采购部门管理概述

（一）采购部门管理的任务

饭店采购部门是负责饭店设施设备及日常用品购买的部门。采购是一项专门的业务，是获取资源的过程。采购部门在采购的过程中要分析饭店将来要用的物料、设备和物资，通过分析、评估、选择项目，其采购前提是好用、省钱和有效。采购部门管理的任务是监督和检查呈报单，看物料设备是否需要新购、备存还是盘存，制定拨款费用预算，制定日程和跟踪采购、运输安全、监督日程和控制表、描绘物资运行图。饭店进行采购时要结合存货来进行，也可分散采购，即各部门自备规格，自行采购。但一般饭店往往采用集中购买，因为这种方式优点较为明显，它不仅可获得价格上的优惠，也可减少采购费用，大大降低采购成本。

从经济的角度讲，采购是一项经济活动，并讲求经济效益。饭店进行采购活动，在整个过程中就会有各种各样的费用发生，这就是采购成本。降低采购成本、保证采购质量是整个采购活动的关键，也是采购部门管理最重要的任务。采购部门通过取得质量、数量及价格皆适宜的供应品、原材料，保证饭店整个运营所需要的物品。

（二）采购部门的地位

饭店的货品和服务、各个部门所需原料和供应品都要采购。采购部门的效率直接或间接地影响其他部门的运作效率。如果饭店的采购部门选择的供应商不当，不能按照既定的质量标准送货，那就有可能对其他部门造成很大的影响，甚至有可能出现断货而影响饭店的服务供应。如果采购部门把饭店内部的需求视为内部客户需求，并且注重提高自身的效率和效益，就能够带动整个饭店的运行效率。因此，采购部门是饭店的重要职能部门之一，其不仅关系到饭店的成本控制，而且关系到整个饭店的正常运行。

（三）采购部门管理的要求

1. 严格

制定严格的采购运作规程，并认真落实；严格监控采购环节，如采购计划、选定、呈报、安排、购买、运输及资料、设备、物料的处理等；严格监督采购人员。只有对整个采购部的员工进行严格管理，才能保证采购部的业务顺利高效地进行。

2. 科学

科学采购是基于对事实的观察和分析，需要建立一种可检测的规则。采购方法的有机特性是建立在客观与限定的方法上，这样才可使"科学"一词当之无愧。采购从科学上看，涉及有关物资需要知识的使用，包括现在、目前和长远的市场，饭店的财务状况、折旧、资本经营的风险和劳动成本、付款方式等。

3. 节约

从勤俭治店和降低成本的角度出发，采购部管理应遵循节约原则。一是在采购过程中注意采购地点、货源价格及采购方式，在保证质量的前提下尽可能降低成本；二是对已有物品要及时盘清、处理，以免由于工作疏忽而造成积压和浪费。

二、饭店采购部门的组织结构

（一）管理跨度

采购工作除购买对象差别很大外，采购流程和基本要求大致相同，且饭店采购往往可大批量完成。因此可适当放宽部门的管理跨度，避免浪费人力、物力。

（二）管理层次和岗位设置

采购职能在有的饭店划归计划部门，在有的饭店划归行政部门，还有的饭店独立成部。划归计划部或行政部的，就由部门经理或总监对采购工作总负责。单独成部的则设部门经理。但不论是哪种设置方式，其管理层次都宜简单化。需要注意的是，岗位设置应考虑到饭店采购业务量的大小。由于每个环节均要认真负责，严格监控，因此既不能重复设置浪费人力资源，又不能过于精简疲于应付。一般应有订货、制单、控制、运输、归档等岗位。

（三）人员的选择

负责或被选为负责采购的人，首先要诚实，在任何情况下都应该把个人的得失放弃，避免影响采购决定。其次心胸开阔、老练、考虑他人、应变能力强、会尊重他人等都应是采购部门负责人的主要品质。采购部门的一般工作人员除个人基本品质适合该部门外，还应掌握经济、货源、贸易条件、单位服务和设施需求、行政程序、商业法律等方面的知识。

三、饭店采购部门的控制

（一）对采购部门的人员控制

首先，在采购部人员配备和队伍建设时就严格把关，保证进入采购部门的管理人员和员工都具备相应的素质；其次，在工作中，严格制度规章的执行、检查和监督，发现违纪违章行为立即处理，情节严重构成犯罪的移交司法机关处理。

（二）对采购部的绩效控制

采购部门的根本任务是为饭店采购到廉价物美的物料、原料、设施设备，对其绩效的衡量和评价应着眼于为饭店购买的东西是否适用，是否好用，在此过程中为饭店节约了多少成本。同时应考虑货物标准，最重要的是要贯彻安全方针，买"便宜货"可能会花费更少，但要注意新产品未经过充分实践不要急于采购，只有抱着谨慎、谨慎再谨慎的采购心态才能保证采购部门的绩效。

（三）对采购部门的信息控制

采购工作以饭店存货为根据，要求盘存信息要及时准确；对各部门进行采购的计划要及时掌握，以便采购工作能满足各部门运转需要；对采购产品的市场信息要及时掌握，以便确定合适的供货单位和合理的采购价格。

【前沿资讯】

中国酒店业创新案例吸引世界顶级商学院关注

美通社上海2017年9月22日电　近日，国内酒店业巨头首旅如家酒店集团迎来世界顶尖商学院的访客。商学院的企业家与高管们在秋日凉风中领略了动漫与酒店融合、集装箱房车散落乡野、欢乐达人加户外奇趣的全新住宿娱乐体验。沃顿商学院导师、万科集团高级副总裁丁长峰感叹道："没想到，在首旅如家，已经不止于好住，而且更做到了好玩。"作为国内领先的酒店集团，首旅如家打造顾客价值生态圈的一系列创新项目引起了美国一流的沃顿商学院的关注。9月21日，沃顿商学院地产商业精英研修班的40多位学员及实战派专家导师来到首旅如家，了解集团最新推出的创新产品与商业模式。

沃顿商学院是世界知名商学院，专注培养未来的商界精英，同时致力于为商业案例提供深入研究。沃顿商学院在教学、研究中处处强调领导能力、企业家精神以及创新能力。此次学员与导师们一行正是为了对首旅如家的创新产品案例进行深入了解与研究。首旅如家酒店集团是酒店业国际权威杂志《HOTELS》发布的"2016年度世界酒店集团325强"榜单第八名。

学员与导师们一行首先来到首旅如家旗下位于上海迪士尼附近的漫趣乐园酒店。该酒店是首旅如家基于亲子游市场需求最新推出的卡通主题酒店，旨在打造童话梦幻世界般的全场景体验。酒店内配备奥飞旗下知名IP元素：巴啦啦小魔仙、贝肯熊、超级飞侠三大主题房型。酒店大堂是为小朋友们量身打造的游乐天堂，集聚了各式智能娱乐设备和游乐设施。首旅如家酒店集团总经理孙坚表示："平时，大家都忙于工作，休息时就更需要一些快乐、放松的环境，所以我们希望能有一个卡通主题的产品为顾客带来体验。小朋友们更是可以在这样的主题酒店中体验平时向往的童话般的生活，与自己喜欢的卡通人物同床共枕。同时，也希望酒店的智能游乐设备能够带给孩子们更多对未来的想象。"酒店还会不定期举办各类亲子课程，爸爸妈妈和宝宝们在一起画画创作、烘焙西点，增进亲子间的情感与互动。沃顿商学院学员、深圳中住房地产开发有限公司总经理王蕊在参观时表示："一直以来，我们都还认为酒店是一个商务或旅游出行用来睡觉的地方。但不知不觉中，首旅如家却已将酒店打造成了一个顾客愿意逗留更长时间的地方。"

（资料来源：http://news.cncn.com/257183.html）

□ 【自我检测】

1. 人事部管理的任务及管理要求各是什么？
2. 新时期对饭店财务部的新要求是什么？
3. 饭店工程部的管理要求是什么？
4. 安全部门管理的要求是什么？
5. 采购部门管理的要求是什么？

□ 【思考与讨论】

1. 工程部对员工有什么要求？
2. 安全部门对员工有什么要求？
3. 采购部门对员工有什么要求？

□ 【实践与应用】

为酒店人力资源部制订一份关于实习生的技能培训计划，要求计划安排周详、表达清晰、可操作性强。

【思考与讨论】

1. 工程部对员工有什么要求？

（1）个人素质和业务技能强。

（2）服务意识、服务理念先进。

（3）团队意识和学习能力强。

2. 安全部门对员工有什么要求？

（1）具备相应的身体素质。

（2）头脑灵活，反映敏捷，乐于助人。

（3）对工作负责的态度和吃苦耐劳的敬业精神。

（4）安全意识和安全技能强。

3. 采购部门对员工有什么要求？

（1）首先要诚实。

（2）心胸开阔、老练、应变能力强。

（3）懂得尊重他人、懂礼仪。

（4）掌握经济、贸易条件、商业法律等方面的知识。

第六章 饭店服务质量管理

■【关键词】

全面质量 服务质量差距分析 PDCA循环 因果图

■【学习要点】

掌握饭店服务质量的含义；了解服务质量的构成要素；掌握饭店全面质量管理的内涵；掌握饭店服务质量保证体系的内容；掌握饭店服务质量分析与控制的方法；了解饭店星级评定与质量认证体系。

■【章前导读】

服务质量是饭店业的基本问题，随着市场经济的发展和饭店业经营机制的转变，服务质量从认识、观念、内涵到要求、标准都有了很大的变化。把服务质量看成是饭店的生命，可以说是激烈市场竞争的结果。市场竞争是多方面的，但对于饭店而言，最重要的是服务质量的竞争。因此，加强对服务质量的管理，是管理者们永远不能放松的工作。

第一节 服务质量管理的含义

一、饭店服务质量的含义

饭店服务质量是饭店生产的服务或饭店满足规定或潜在要求（或需求）的特征的总和。特征是指饭店与其他类别的产品或服务相区分的概念，如饭店有给人提供休息、睡觉的特征。特性是指用来区别饭店的规格、档次、品位的概念，如饭店的高、中、低档等。

由于饭店服务具有的不可感知性、不可分离性、不可储存性和品质差异性等特征，使得饭店服务质量较有形产品的质量更难被顾客所评价。

从图6-1中可以看出，饭店服务质量是通过硬件设备质量和软件服务质量来体现的，硬件设备质量取决于饭店的设施设备质量、环境质量、服务用品质量、实物产品质量。软件服务质量则取决于饭店员工的劳务活动质量。顾客对饭店服务质量的认识取决于顾客对饭店服务的预期和实际感受的对比，顾客对饭店服务质量的评价不仅局限于服务的结果，而且涉及服务的全过程。因此，饭店服务质量的内涵应包括以下内容：

（1）服务质量发生在服务生产和交易过程中；

（2）服务质量是顾客感知的对象；

（3）服务质量既要有客观方法加以制定和衡量，又要按顾客主观的认识加以衡量和检验；

（4）服务质量是在饭店与顾客交易的真实瞬间实现的；

（5）服务质量的提高需要饭店内部形成有效的管理服务支持系统。

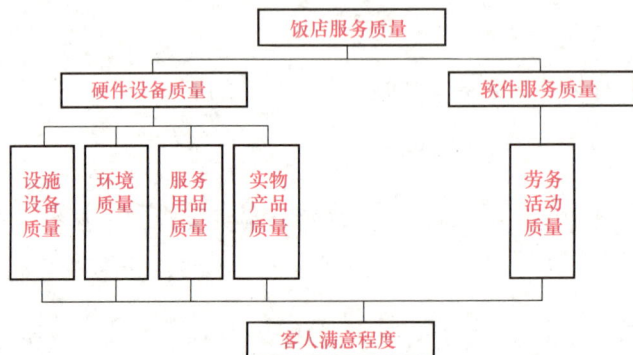

图6-1　饭店服务质量的内容

二、服务质量的构成要素

饭店服务质量是饭店本身的特征和特性总和，也是顾客感知的反映，因而饭店服务质量既由饭店服务的技术质量、职能质量、形象质量和真实瞬间构成，也由顾客的感知质量和预期质量的差距来体现。

（1）技术质量是指饭店服务的产出，即指顾客从饭店服务中所得到的东西，如饭店为客人提供的客房、菜肴等。对于技术质量，顾客容易感知，也易于评价。

（2）职能质量是指饭店服务过程中顾客所感受到的饭店服务人员在履行职责时的行为、态度、穿着、仪表等给顾客带来的利益和享受。职能质量完全取决于顾客的主观感受，难以客观评价。技术质量与职能质量构成了感知服务质量的基本内容。

（3）形象质量是指饭店在社会公众心目中形成的总体印象。形象质量包括饭店的整体形象和饭店所在地区的形象这两个层次。饭店形象主要通过视觉识别系统、理念识别系统、行为识别系统多层次体现。顾客可从饭店的资源、组织结构、市场运作和行为方式等多个侧面认识饭店形象。饭店形象质量是顾客感知服务质量的过滤器，如果饭店形象质量好，顾客对饭店所犯的小失误一般会给予谅解，但形象质量不好的饭店所犯的任何小失误顾客很有可能不会原谅。

（4）真实瞬间是饭店服务过程中顾客和饭店进行服务接触的过程。这个过程有其时间性，是饭店向顾客展示服务质量的机会。在这一过程中，饭店要在一系列的"真实瞬间"

中为客人提供优质的服务。否则，一旦服务交易结束，顾客将形成对饭店服务质量的最终感知，从而使饭店无法改变客人对服务质量的评价。

三、饭店服务质量的全面管理

饭店服务质量的全面管理是饭店质量管理发展的最新阶段，它是饭店业依据自身特点，借鉴其他行业质量管理经验，把经营管理、专业技术、数据统计和思想教育结合起来，形成一个从市场调查、产品设计、生产直至使用服务的完整的质量体系，全面管理饭店服务的技术质量、职能质量、形象质量和真实瞬间，使饭店的质量管理工作进一步科学化、标准化和系统化，以满足顾客的需求。

饭店服务质量全面管理的基本含义是：饭店全体员工和各部门同心协力，综合运用现代管理技术和方法，建立完整的饭店管理质量体系，通过全过程的优质服务，全面地满足客人的需求。它的基本点是：顾客需求便是服务质量要求，顾客满意便是服务质量标准，以全员参与为保证，以服务技能和科学方法为手段，以达到取得饭店最佳经济效益和社会效益为目的。全面质量管理中的质量，就饭店服务而言，它包含有形质量和无形质量两个方面，即饭店的技术质量和功能质量。饭店的技术质量包括饭店的设备设施质量和实物产品质量。饭店的设备设施质量主要是指硬件的完好程度、安全程度、舒适程度以及与饭店的档次、规模、规格的吻合程度。饭店的实物产品质量是指饭店提供的有形产品，如餐饮产品的花色品种、外观颜色、内在质量与价格之间的吻合程度。饭店的功能质量则包括劳务质量和环境质量。饭店的劳务质量是指饭店的员工向顾客提供服务时所表现出的行为方式，包括员工的服务技巧、服务态度、服务效率、职业道德等，是饭店服务质量标准和程序的内在体现。饭店服务的环境质量是指饭店的自然环境和人际环境。

全面质量管理理论自20世纪50年代美国人戴明（W. Edwords Deming）开始总结和探索以来，如今已发展成为一套相当完整的质量管理体系。全面质量管理的核心是强调一致性，克服随意性，消除差错，使顾客得到全面的满足。饭店服务质量全面管理的基本原则是：以顾客为中心，不断改进，全员参与，一次到位。其信条是：全员承诺保证质量，强调顾客满足，建立企业文化，充分授权，监测质量，改进效果。

饭店服务质量的全面管理以科学的质量管理思想为指导，改变了饭店传统出现了问题再处理的质量管理模式，把质量管理的工作重心放在了问题出现之前，将传统的检查服务质量转变为控制产生质量问题。其特点主要有如下几点：

（一）强调满足顾客

饭店服务质量的全面管理强调饭店服务要以顾客为中心，顾客满意便是饭店服务质量标准，使饭店所有员工的工作都紧密围绕在满足顾客需求上，最大限度地使顾客对饭店服务感到满意。如里兹—卡尔顿饭店通过采用顾客意见卡和行业研究报告收集顾客需求信息，定期请顾客和会议规划者评价饭店产品以及设立酒店常住优惠计划（Frequent-Guest Program）等方法，了解顾客需求和期望，然后把顾客的需求和期望转化为服务标准和员工行为准则，从而极大地提高饭店满足顾客需求的能力。

（二）全员参与的质量管理

饭店提供的服务产品是一个综合性的产品，其质量的优劣是饭店各个部门所有员工全部工作结果的综合体现。因此，饭店质量管理工作需要饭店全体员工的共同努力。要实现饭店全体员工参与质量管理，饭店高层管理人员要确保饭店每一个员工都投身到这一活动中，服务质量要成为饭店经营管理中的重中之重。如里兹—卡尔顿饭店集团的高层管理人员组成了一个质量委员会，制定了两项质量策略来保证服务质量，第一项是"新成员饭店质量保证日"，用来确保新成员饭店的产品和服务能满足饭店集团顾客的期望。第二项始于一个称为"7天倒计时"的活动，即饭店高层人员手把手地教授新员工，所有新员工都必须参加这一活动。同时，公司总裁向员工解释公司的宗旨与原则，并着重强调"100%满足顾客的需求"的理念，强调公司将大力表彰杰出员工的成就。通过这两项策略，里兹—卡尔顿饭店集团保证了饭店每一个员工都投身到饭店服务质量管理活动中。

（三）全过程的质量管理

饭店的服务是一个完整的过程，包括顾客到店前的服务准备工作、顾客住店时的服务工作和顾客离店时的服务工作三个阶段，每一阶段服务工作的不完美都会直接影响到饭店的整体服务质量。因此，饭店全面质量管理强调一个全过程的质量管理，饭店不仅要做好顾客到店后的质量管理工作，还要做好顾客到店前和离店后的工作，使顾客得到一个完美的服务历程。为此，饭店一方面要以预防为主，把质量管理的重心放在事前预防上，控制饭店的服务质量，掌握服务的主动权；另一方面要树立为用户服务的思想，既要做好住店客人的服务工作，也要做好为饭店其他部门、同事的服务工作，以获得最好的服务效果。

（四）全方位的质量管理

作为一个组织，饭店服务质量的全面管理工作需要整个组织的共同努力。整个组织中的每一层级在工作内容重点上有所不同，如上层管理层侧重于质量决策，并统一组织，协调各部门、各环节以及各类人员的质量管理活动；中层管理层侧重于实施上层的质量决策，对基层工作进行具体业务管理；基层管理层则要求每个员工严格按标准、按程序操作，严格检查实际操作情况，每一层级工作各有侧重点，相互衔接，缺一不可。因此，饭店的全面质量管理工作是整个饭店的工作，饭店的质量管理应是全方位、全面的，饭店各层级中的各部门既要做好本部门的质量管理工作，也要为其他部门提供高品质的协作服务，以保障饭店提供给顾客的最终服务产品是高品质的，是高水准的。

（五）持续改进的质量管理

强调质量的持续改进是全面质量管理的特点之一，全面质量管理是持续不断地提高饭店服务产品质量的过程。质量的改进是没有尽头的。如果努力一阵子，达到了阶段目标就不再继续，那不是全面质量管理。因此在持续改进的工作中，坚持是极为重要的。戴明的PDCA循环为持续改进提供了基本流程。通过检查一项工作，找出改进它的潜在领域，然后实行改进步骤，并研究变革的效果，这会带来更进一步的质量管理行为，从而使饭店管理行为健康地循环下去。

（六）采用多种多样的管理方法

为了有效地控制各种影响饭店服务质量的因素，优化配置饭店各种资源，以最大限度地满足顾客需求，饭店服务质量的全面管理借鉴了其他行业的先进管理方法，如收益管理、品牌延伸、企业再造工程、建立企业文化、目标管理法、统计方法以及PDCA循环法等。同时，还把心理学、社会学、美学等学科的理论应用于饭店的质量管理中，力求以多种多样的管理方法提高饭店服务质量。

第二节　饭店服务质量的保证体系

一、饭店服务质量保证体系的内容

饭店服务质量保证体系是饭店根据饭店服务产品的自身特点，运用科学的管理方法和手段，建立一系列的规章制度、标准、程序和组织机构，把饭店的服务质量管理活动系统化、标准化和制度化，以保证饭店服务质量的一套管理体系。通过建立饭店质量保证体系，饭店可以把各部门的质量管理工作纳入到饭店统一的质量管理体系中，以保证饭店为顾客提供的服务产品的质量，提高饭店的经济效益和社会效益。

饭店服务质量保证体系一般由以下六个方面的内容构成：

（一）管理职责

饭店服务质量管理工作的水平如何，在很大程度上取决于饭店的管理者。若管理者重视服务质量管理工作，则情况一般不会差。因此，在饭店服务质量管理工作中，要明确饭店各层管理者的质量管理工作，高层管理者要对饭店服务质量目标的制定、实施负责，中层管理者要对饭店服务质量标准的正确贯彻、执行负责。

（二）组织结构

在饭店服务质量管理活动中，需要建立相应的饭店组织结构来保证饭店服务质量体系的运转，使饭店服务质量管理活动在组织上得到保证。一般而言，饭店会设置服务质量管理的专职机构和质量管理人员，指导各部门的服务质量管理工作，如里兹—卡尔顿饭店集团就有由高层管理人员组成的质量委员会制定饭店服务质量策略，并组织和实施饭店服务质量策略。同时，饭店各部门的业务工作中也包含有保证服务质量的各项职能，如各部门工作标准、规章制度，为保证顾客需求信息及时反馈的信息系统等，以保证饭店服务质量策略的实施，使饭店组织从纵横两个方面形成保证饭店服务质量的结构。

（三）质量责任和权限

饭店服务质量管理要强调全员参与，让饭店每一名员工都参与到服务质量的管理活动中，只有这样才能保证饭店服务质量。因此，在服务质量活动中，要明确饭店员工的服务质量责任和权限。饭店不仅要强调员工服务的标准化、程序化，还应充分授权，以便基层员工在服务过程中能有权力及时处理各种突发情况，从而使顾客对所经历的每一次真实瞬间服务都感到满意。

（四）工作程序

饭店服务是一个不易控制质量的服务产品，容易受到员工个人因素的影响。因此，饭店在质量管理活动中要依据每一项服务项目的内容和方法制定相应的工作标准，把服务内容规范化、标准化、程序化，以制度化的形式管理服务过程中重复出现的工作内容，避免由于饭店员工个人问题所导致的质量问题。

（五）优化配置资源

饭店服务质量是饭店所有部门、所有员工利用饭店各种资源共同工作的结果。因此，饭店在进行质量管理时，应该优化配置饭店的各种资源，如人员、资金、信息、物质等，以保证最终形成的饭店产品的质量。在资源配置中，饭店尤其要注意人力资源的管理和开发，只有拥有科学合理的人员配置，才能保证其他资源优化配置的效果，才能保证饭店服务产品的质量。

（六）质量文件

饭店进行服务质量管理，要把服务质量体系的内容、活动、程序、制度与方法等进行系统整理和总结，形成饭店质量管理体系。在这一体系中，饭店要制定相应的质量文件，用于标记、收集、编目、归纳、存储、保管、收回、处理以及更改修订，以便饭店在服务质量体系运作过程中，能有效地控制饭店服务质量，保证饭店服务质量管理系统的正常运行。

二、饭店服务质量保证体系的设置

饭店建立服务质量保证体系，就要设置相应的组织机构，以确保整个体系的正常运转。一般而言，饭店设置的服务质量保证体系要包括两方面的内容：一是完成饭店质量管理所涉及的一系列程序性工作，如设定组织机构和制定工作标准；二是有效贯彻饭店各部门各岗位具体的质量控制体系。饭店服务质量保证体系如图6-2所示。

在实际的饭店质量管理过程中，饭店的质量管理组织设置一般有两种形式，一种是单独设立饭店质量管理机构，如图6-3所示；另一种是不单独设立质量管理机构，而是把质量管理工作直接纳入到饭店各级管理者的日常工作中。同时，考虑到方便饭店质量问题的检查、分析和处理，设置相应的附属机构或岗位，如设置由管理人员组成的质量委员会、质量改进小组，设立服务经理岗位等，由这些附属机构和岗位协助饭店管理者控制饭店服务质量。

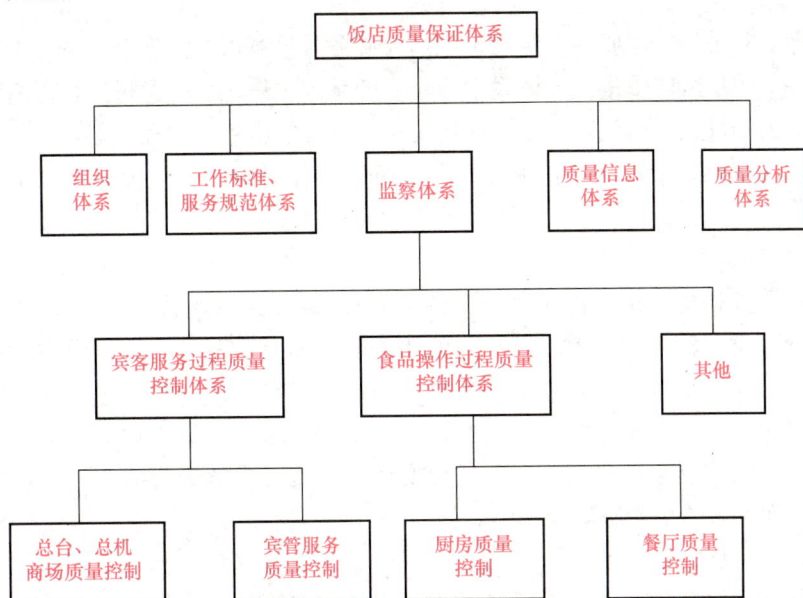

```
                        饭店质量保证体系
   ┌──────────┬──────────┬──────────┬──────────┬──────────┐
 组织        工作标准、      监察体系      质量信息      质量分析
 体系        服务规范体系               体系        体系
                        │
            ┌───────────┼───────────┐
      宾客服务过程质量      食品操作过程质量        其他
        控制体系          控制体系
            │                │
      ┌─────┴─────┐    ┌──────┴──────┐
  总台、总机      宾管服务      厨房质量      餐厅质量
  商场质量控制      质量控制      控制        控制
```

图6-2　饭店服务质量保证体系

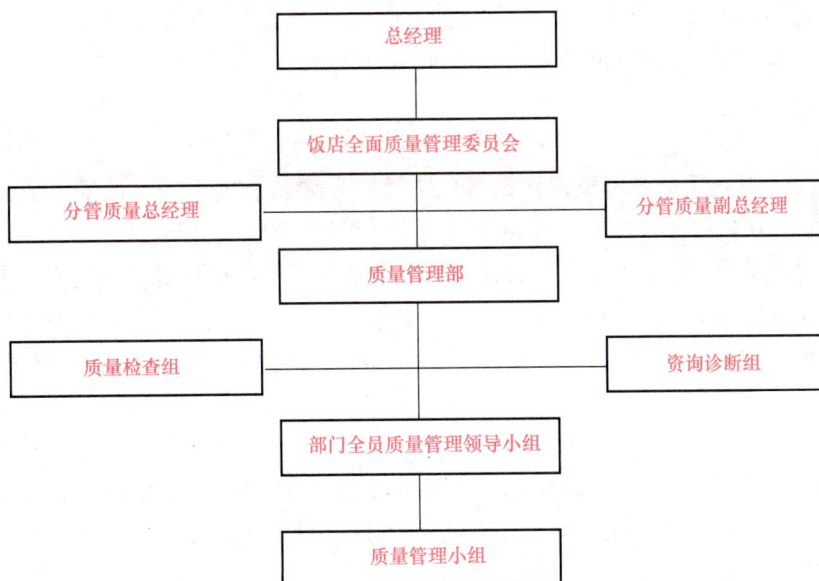

```
              总经理
                │
         饭店全面质量管理委员会
                │
 分管质量总经理 ─────┼───── 分管质量副总经理
                │
             质量管理部
                │
 质量检查组 ────────┼──────── 资询诊断组
                │
        部门全员质量管理领导小组
                │
             质量管理小组
```

图6-3　饭店质量管理机构

三、饭店服务质量保证体系的基础工作

　　管理饭店的服务质量，要从做好饭店服务质量保证体系的举措工作入手。在一系列保证饭店服务质量体系运行的基础工作中，最主要的有质量教育工作、质量责任制、标准化工作、计量工作和质量信息工作。

（一）质量教育工作

饭店管理服务质量，需要在饭店员工中树立服务质量意识，需要全体员工的积极参与。因此质量教育工作是饭店质量保证体系中最重要的基础工作之一。通过质量教育工作，可以增强饭店员工的质量意识，巩固、提高饭店员工所掌握的服务知识和技能，激发饭店员工的工作责任心、积极性，提高饭店的服务质量。饭店质量教育工作主要包括如下两个方面的内容：

1. 质量意识教育

饭店进行质量教育工作，首先要树立员工的质量意识，要让员工树立饭店服务质量只有好和坏之分，没有较好和较差之分；好的服务质量需要所有员工的积极参与；保证饭店服务质量的最好办法是事先预防，而非事后补救；在日常工作中要通过无缺点活动来预防质量问题。同时，让员工学习服务质量相关的理论和方法，让员工意识到饭店的服务质量对饭店经营发展的重要性和对员工自身的重要性，让员工了解饭店的质量管理方法，激励员工积极参与到饭店的服务质量管理中。

2. 质量管理知识教育

饭店服务质量的好坏，取决于饭店员工的服务知识、技能、态度。饭店通过质量管理知识教育，让员工掌握质量管理的相关知识，从而更好地工作，更好地提供饭店服务。因此在饭店质量知识教育工作中，饭店应结合饭店人力资源管理和开发计划，制订相应的教育培训计划，以保证饭店员工能胜任工作，有效地保证饭店服务质量。

（二）质量责任制

饭店要保证服务质量，不能仅用教育的方式，还要从制度上进行保证，通过质量责任制、标准化、程序化等方式建立一套系统的饭店质量保证制度，从制度上保证、激励员工更好地工作。通过质量责任制的建立，饭店可以明确各部门、各岗位和各员工在质量管理工作中为保证服务质量和工作质量所承担的任务、责任和权利。在饭店质量责任制中，饭店要注意责、权、利三者的统一，没有责、权、利统一的质量责任制，是无法保证服务质量的。

（三）标准化工作

标准化是指"在经济、技术、科学及管理等社会实践中，对重复性事务和概念通过制定、发布和实施标准，达到统一，以获得最佳秩序和社会效益"（国家标准GB 3935.1－83）。饭店服务具有重复性、无形性等特点，这些特点导致了饭店服务质量的不稳定。因此，在饭店服务质量管理中，要强调标准化的工作，把影响饭店服务质量的人为因素降到最低，以获得最好的服务质量。饭店的标准化工作内容主要包括设施设备质量标准化、实物商品质量标准化、劳务质量标准化和管理标准化四个方面。

（四）计量工作

计量是用一个规定的标准已知量作单位和同类型的未知量相比较而加以鉴定的过程。计量工作对饭店的质量管理工作有着很重要的作用，如计量工作可以为饭店的质量管理工作提供数据信息依据。没有计量工作，饭店的质量管理工作就没有明确的依据，质量保证体系的建立也就难以实施；计量工作的开展有利于饭店标准化工作的实施和贯彻，有利于饭店无形产品质量的控制，有利于饭店的成本核算。

（五）质量信息工作

饭店质量信息是指反映饭店服务质量和工作质量等方面的各种数据、报表、文件、资料和实物等。饭店服务质量保证体系的有效运转，需要大量的信息数据，因此，饭店的质量信息工作是饭店质量管理中不可缺少的工作，饭店要对质量管理中所需的各种信息资料及时收集、处理、传递、存储和使用，为饭店的服务质量及时提供各种数据。

四、饭店服务质量保证体系的指导思想

饭店服务质量保证体系是饭店进行全面质量管理的组织保障，在其运行中应遵循全面质量管理的核心思想：

（1）为改进饭店产品和服务质量而设立长远目标；

（2）采用新的经营哲学；

（3）与供应商建立长期的合作关系，不要以"价钱"作为确定业务关系的唯一标准；

（4）不断改进产品和服务系统；

（5）实行培训上岗；

（6）实施有效领导，消除恐惧感；

（7）消除部门间的隔阂；

（8）消除空洞的口号与说教；

（9）消除定额限制；

（10）减少对员工自豪感的不利因素；

（11）用行动来完成转变。

五、饭店服务质量保证体系的工作方法

（一）PDCA循环

饭店服务质量保证体系的工作方法，主要是借鉴被誉为"产品质量和质量控制之父"的美国人戴明的全面质量管理理论——戴明环（也称PDCA循环）来进行的，提高产品质量的过程有四个阶段：计划、实施、检查、处理，产品质量提高的过程也就是戴明环（PDCA循环）不断运行的过程。

1. 计划阶段

计划阶段主要是指制定方针目标和活动计划，这一阶段的主要工作包括四个方面：

（1）分析现状，找出存在的质量问题；

（2）分析产生质量问题的原因；

（3）找出产生质量问题的主要原因；

（4）制订解决主要质量问题的计划。

2. 实施阶段

实施阶段就是实施饭店的质量管理计划，这一阶段的任务主要是依据上一阶段制定的质量管理目标和活动计划，严格执行实施计划。同时，要收集好实施中的原始信息，及时反馈执行中所出现的各种情况。

3. 检查阶段

检查阶段的主要任务是检查计划执行情况，考评计划执行是否达到了预期目的，收集执行中的各种相关信息，总结计划执行结果，发现问题，分析原因。

4. 处理阶段

处理阶段只是在检查阶段的基础上，总结经验教训，并把经验教训转变成饭店的工作标准或服务规范的内容，使饭店出现过的服务质量问题不再出现，以达到有效提高饭店服务质量的目的。

通过PDCA循环法，饭店可以发现并解决现存的服务质量问题。同时，通过PDCA的不断循环运行，饭店可以不断解决经营管理中出现的各种服务质量问题，从而有利于饭店的发展。

（二）重视过程管理，搞好前馈质量控制

服务质量要反复抓，在客人进入饭店后进行消费的每一个过程都要注重质量控制，保证每个环节都能超过客人预期，从而带来惊喜。要做到这样，应当坚持"六常管理"，也就是员工要常研究、常整顿、常清洁、常规定、常清醒、常营销。主次分明，服务质量要重点抓，也就是关键时刻的服务质量，例如前台登记手续的办理、餐饮部门餐饮食品的供应和客房设施设备的提供等，以防止客人在关键时刻产生对饭店的不良印象，从而选择其他饭店的产品。服务前研究以及服务前的准备工作，是服务成功的基础，尤其对一些老顾客，客史档案的研究能够对接待效果起到很好的作用。我们要注重客人的每一个个性化的习惯，每项具体服务工作都要认认真真地落实到实处。

另外，饭店在财力资源管理方面，要抓好经费预算等，尤其是现金和流动资金的预算；在物资资源方面，要抓好餐饮原料、客房用品和设施设备的选购等；在人力资源方面，要抓好人才的挑选、引进等。由此，我们才能在饭店管理工作中，真正让前馈控制的作用发挥出它应有的魅力。

第三节　饭店服务质量的分析与控制

对于有形产品来说，仅靠产品几乎不可能创造任何一种可持续的竞争优势，有了高质量的产品，还要提供高质量的服务，只有这样，企业才能保持长盛不衰。"产品质量是企业的生命，服务质量则是企业生命的保护神"。这不仅适用于生产型企业，也适用于服务型企业。美国市场营销协会（AMA）顾客满意度手册所列数据显示：一个公司平均每年有

10%～30%的顾客在流失。因产品质量而导致顾客流失的占14%，而服务质量却占68%，从表面看，顾客流失主要是因为存在着服务质量差距。

一、服务质量的测定

（一）服务质量测定的标准

服务质量的测定是服务企业对顾客感知服务质量的调研、测算和认定。从管理角度出发，优质服务必须符合以下标准：

（1）规范化和技能化。顾客相信服务供应方有必要的知识和技能，规范作业，解决顾客疑难问题（有关产出标准）。

（2）态度和行为。顾客感到服务人员（一线员工）用友好的方式主动关心照顾他们，并以实际行动为顾客排忧解难（有关过程标准）。

（3）可亲近性和灵活性。顾客认为服务供应者的地理位置、营业时间、职员和营运系统的设计和操作便于服务，并能灵活地根据顾客的要求随时加以调整（有关过程标准）。

（4）可靠性和忠诚感。顾客确信，无论发生什么情况，他们能够依赖服务供应者。服务供应者能够遵守承诺，尽心竭力满足顾客的最大利益（有关过程标准）。

（5）自我修复。顾客知道，无论何时出现意外，服务供应者将迅速有效地采取行动，控制局势，寻找新的可行的补救措施（有关过程标准）。

（6）名誉和可信性。顾客相信，服务供应者经营活动可以依赖，产品物有所值。相信它的优良业绩和超凡价值，可以与顾客共同分享（有关形象标准）。

在六个标准中，规范化和技能化与技术质量有关，名誉和可信性与形象有关，它可充当过滤器的作用。而态度和行为、可接近性和灵活性、可靠性和忠诚感、自我修复都显然与过程有关，代表了职能质量。

与服务感知质量相关的服务监督是可感知的控制。如果顾客对消费毫无控制能力，他们就会感到不满足。例如，如果厂商剥夺了顾客的监督控制权利，那么在其他情况下可以忍受的拥挤和等待都可能引起火山爆发。顾客想有这样一种感觉，他对服务交易有一定的控制能力，不会总是受到厂商摆弄。如果这种需求得以满足，将大大提高满意程度。管理者应该认真对待客人的这种需求，建立和完善监督控制机制。

可感知的控制和自我修复之间的关系是显而易见的。如果有突发事件发生，例如航班因技术原因晚点，由于缺少监督，顾客丧失对局势的控制能力，很快会造成一种紧张不安的气氛。如果航空公司职员能够迅速、及时、有效地向候机乘客说明缘由，并告知晚点的准确时间，乘客们即使不喜欢这种事件，但是毕竟对情况有所了解，有了一定的控制能力，这要比他们一无所知要好得多。自我修复，就不但是要告诉乘客目前的困境及原因，还要为乘客解决必要的生活问题。

（二）服务质量测定的方法

（1）服务质量测定一般采取评分量化的方式进行，其具体程序如下：

①测定顾客的预期服务质量；

②测定顾客的感知服务质量；

③确定服务质量，即"服务质量=预期服务质量-感知服务质量"。

（2）对服务质量的评分量化方法的大致步骤如下：

①选取服务质量的评价标准；

②根据各条标准在所调查的服务行业的地位确定权数；

③对每条标准设计4～5道具体问题；

④制作问卷；

⑤发放问卷，请顾客逐条评分；

⑥对问卷进行综合统计；

⑦采用第三章叙述的消费者期望值模型分别测算出预期质量和感知质量；

⑧根据上述公式，求得差距值。该差距值越大，表明感知质量离预期质量差距大，服务质量差；相反，则服务质量好。

二、饭店服务质量差距分析

（一）饭店服务质量差距的概念

饭店服务质量差距是指顾客预期的服务质量与顾客感知的服务质量之间的差距。预期服务质量即顾客对饭店所提供服务期望的满意度。感知服务质量则是顾客对饭店提供的服务实际感知的水平。如果顾客对饭店服务的感知水平高于其预期水平，则顾客获得较高的满意度，从而认为饭店具有较高的服务质量。反之，则会认为饭店的服务质量较低。服务质量是由预期服务质量与感知服务质量的差距所体现的。预期服务质量是由市场沟通、饭店的形象、口碑和顾客的需要决定。市场沟通包括广告、直接邮寄、公共关系以及促销活动等，这些方面直接为饭店所控制，对预期服务质量的影响是显而易见的。饭店形象和顾客口碑是间接地被饭店控制的，这些因素虽受许多外部条件的影响，但基本表现与饭店绩效成正相关函数关系。顾客需求则是饭店的不可控因素。顾客需求的千变万化及消费习惯、消费偏好的不同，决定了这一因素对饭店预期服务质量的巨大影响。总之，预期服务质量是影响顾客对整体服务质量的感知的重要前提。如果预期质量过高，不切实际，即使从某种客观意义上说客人所接受的服务水平是很高的，客人仍然会认为饭店的服务质量较低。

感知服务质量由两部分组成：一是技术质量即服务的结果；二是功能质量及服务的过程。顾客感知服务质量与实体产品质量有着非常重要的区别，实体产品质量感知的主要依据是技术质量顾客对技术质量存在着一个客观的衡量标准，顾客对实体产品质量评价最重要的依据就是技术质量。但饭店服务质量与其不同，顾客首先要从服务的结果（技术质量）来判断饭店服务质量的高低。但我们必须明确，顾客对饭店服务质量的度量的依据并不仅仅是"结果"，"服务过程"质量对顾客感知饭店服务质量的形成也起到非常重要的作用，即使技术服务质量再高，如果功能质量（服务过程量）很低，那么顾客感知的服务质量也不会高。

（二）饭店服务质量差距的原因

1. 产品定位与目标市场的差距

这一差距反映了企业高层的决策质量。如三星级饭店引入了五星级的管理模式或度假型饭店模仿商业型饭店的运行方法。结果，客人非但感知不到饭店的"好意"和"热情"，反而投诉频频。出现这种差距的原因在于决策者缺少对市场信息的准确分析和企业自身情况的全面把握，致使饭店产品定位不准，目标市场不明，对客人的需求预期认识模糊。

决策是为企业的发展制定战略，为满足以目标市场为代表的客户群需求进行产品规划，产品决策的质量势必影响客人最终感知的服务质量。

2. 服务标准与管理目标的差距

这一差距通常反映了企业中层的管理质量。如企业或部门内部缺乏与市场定位或管理目标相配套的协调沟通制度，服务流程过于僵化和复杂，服务质量标准与企业环境不相容，服务技术和系统无法满足标准的要求等。导致这一差距的原因通常属于企业文化和执行力的问题。

3. 服务水平与服务标准的差距

此处所指的服务水平仅限定为一线操作人员的操作水平，这是我们通常谈论最多、最基本的服务质量问题，包括服务标准的不执行、不能准确执行和服务标准的不能执行。在假设饭店的物质条件和管理水平能够达到服务设计标准的前提下，第一种情况反映了执行者主观上的消极，例如职业道德缺乏、服务意识薄弱；第二种情况的出现往往是由于员工对服务标准不理解或理解得不准确；第三种情况则可能因为员工受到某些客观条件的制约，例如服务技能不足、服务经验欠缺等。饭店通过一线员工将企业的服务传递给客人，这一过程中的差距无疑会直接影响客人的服务感知。

4. 服务体验与市场宣传的差距

媒体的宣传、企业的过度承诺使客人对饭店的服务抱有较高的期望，而一旦他们的感知与其预期存在差距，服务中的不足便会被客人（及其不满的倾听者）有意无意地夸大。

5. 服务感知与服务预期的差距

客人以往的经历、消费体验、个人需要等对服务预期的形成产生极大的影响，而他们对服务的评价则取决于自身对服务结果的质量感知、服务过程的质量感知以及消费时的情绪和心境。通常具有较高服务期待的客人不易产生高度满意，相反倒是服务预期较低的客人往往对自己的服务体验予以较高的评价。

6. 提供者需求理解的差距

这个差距是指顾客的期望与饭店对此期望的认知所提供服务的差距。它首先取决于饭店对顾客偏好的认知能力，而这又取决于市场信息识别、能力需求分析能力和顾客期望解释能力；其次，取决于管理层与基层服务人员之间信息传递的权威性、有效性、准确性和及时性；最后，取决于客户关系管理能力以及新客户的开发能力。

7. 提供者标准制定的差距

顾客期望的程度与饭店制定服务标准之间的差距，取决于提供者需求理解的差距，但也存在即使饭店充分掌握市场信息，仍可能出现差距的情况。原因是多方面的。可能是由于饭店缺乏服务导向，或缺乏建立和实施服务质量目标的能力；也可能是由于不当的服务指导，或存在经营的短期行为和低质量的服务设计等。

三、饭店服务质量控制的方法

饭店服务质量控制的方法一般包括排列图、因果分析图、对策表和评分量化法等方法。

（一）排列图

排列图的全称是"主次因素排列图"，也称为Pareto图。它是用来寻找影响产品质量的各种因素中主要因素的一种方法，由此可以用来确定质量改进的方向。它将经济学上80/20原则应用到管理领域，区分"关键的少数"和"次要的多少"，从而抓住关键因素，解决主要问题。

排列图是找出影响饭店服务质量主要因素的一种有效方法，有如下四个步骤：

（1）收集饭店服务质量的信息，可以采用质量调查法、客人投诉书、宾客意见调查表和各部门的检查记录等。

（2）对收集的有关服务质量问题进行分类统计、排列，制作统计表，在表上计算出比率和累计比率，如表6-1所示。影响饭店服务质量的因素有服务态度、服务技巧、语言水平、菜肴质量、饭店设备等，出现较少的可以归为一类。

表6-1　饭店服务质量体统计

质量问题	问题数量	比率	累计比率
菜肴质量	90	30%	30%
服务技巧	120	40%	70%
服务态度	30	10%	80%
其他	60	20%	100%
合计	300	100%	100%

（3）根据统计表绘制排列图，如图6-4所示。

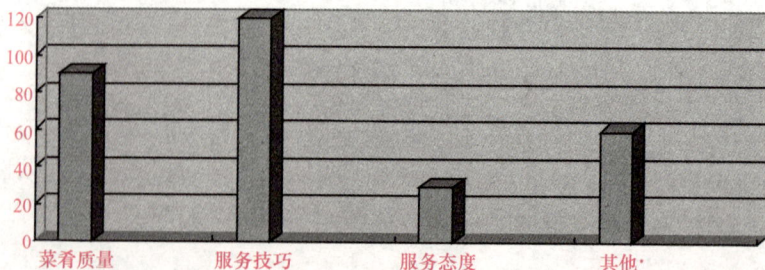

图6-4　饭店质量问题

（4）进行分析，找出主要的质量问题。如排列图上累计比率在0～70%的因素为主要因素，在70%～90%的因素为次要因素，在90%～100%的因素为一般因素。找出主要因素就找到了饭店服务质量的主要问题。

（二）因果分析图

因果分析图简称因果图，俗称鱼刺图，就是将造成某项结果的众多原因，以系统的方式图解，即以图来表达结果（特性）与原因（因素）之间的关系。其形状像鱼骨，又称鱼骨图。因果分析图是分析质量问题产生原因的一种工具，可以对影响饭店服务质量的各种因素之间的关系进行整理分析，并把原因与结果之间的关系表示出来。因果分析图以结果作为特性，以原因作为因素，在它们之间用箭头联系表示因果关系。

1. 因果分析图的使用步骤

步骤1：集合有关人员。召集与此问题相关的且有经验的人员，人数最好4～10人。

步骤2：挂一张大白纸，准备2～3支色笔。

步骤3：由集合的人员就影响问题的原因发言，发言内容记入图上，中途不可批评或质问，即脑力激荡法。

步骤4：时间大约1个小时，搜集20～30个原因即可结束。

步骤5：就所搜集的原因，哪个影响最大，再由大家轮流发言，经大家磋商后，认为影响较大的圈上红色圈。

步骤6：与步骤5一样，针对已圈上一个红圈的，若认为最重要的可以再圈上两圈、三圈。

步骤7：重新画一张原因图，未上圈的去除，圈数越多的列为最优先处理。

因果分析图提供的是抓取重要原因的工具，所以参加的人员应包含对此项工作具有经验者，才易奏效。

2. 因果分析图再分析

要对问题形成的原因追根究底，才能从根本上解决问题。形成问题的主要原因找出来以后，再以实验设计的方法进行实验分析，拟具体实验方法，找出最佳工作方法，问题也许就能得以彻底解决，这是解决问题，更是预防问题。

任何一个人、任何一个企业均有它追求的目标，但在追求目标的过程中，总会有许许多多有形与无形的障碍，而这些障碍是什么，这些障碍如何形成，这些障碍如何破解等问题，就是原因分析图法主要的概念。

一个管理人员，在他的管理工作范围内所追求的目标，假如加以具体的归纳，从项目来说不是很多。然而就每个追求的项目来说，都有影响其达成目的的主要原因及次要原因，这些原因就是阻碍达成工作的变数。

如何将追求的项目一一罗列出来，并将影响每个项目达成的主要原因及次要原因也整理出来，使用因果分析图来表示，针对这些原因有计划地加以强化，将会使你的管理工作更加得心应手。

同样地，有了这些原因分析图，即使发生问题，在解析问题的过程中，也能更快速、更可靠。

3．因果图的画法

（1）确定待分析的质量问题，将其写在图右侧的方框内，画出主干，箭头指向右端。

（2）确定该问题中影响质量原因的分类方法。一般对于工序质量问题，常按其影响因素：人（Man）、设备（Machine）、原材料 （Material）、方法（Method）、环境（Environment）等进行分类，简称为"4M1E"。对应每一类原因画出大枝、箭头方向从左到右斜指向主干，并在箭头尾端写上原因分类项目。

（3）将各分类项目分别展开，每个大枝上分出若干中枝表示各项目中造成质量问题的一个原因。中枝平行于主干箭头指向大枝。

（4）将中枝进一步展开成小枝。小枝是造成中枝的原因，依次展开，直至细到能采取措施为止。

（5）找出主要原因，画上方框作为质量改进的重点。

如图6-5所示为针对菜肴质量的因果分析图。

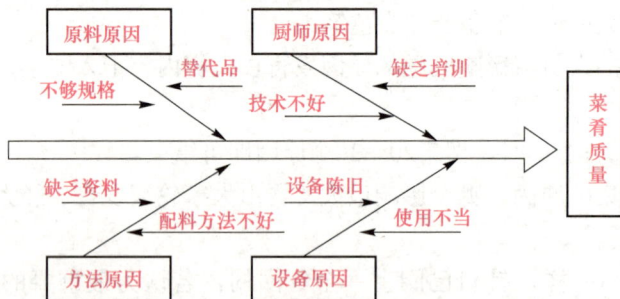

图6-5　菜肴质量"鱼刺图"

（三）对策表

对策表即措施计划表，是饭店找出服务质量的主要问题、主要原因后，针对产生问题的主要原因制定解决措施，并把这些资料汇集成表。

（四）评分量化法

分析饭店服务质量，还可采用评分量化法的方式来进行。顾客对饭店服务的选择是顾客对饭店的明显性属性、重要性属性和决定性属性进行综合考察后做出的决策。上述三种属性的重要程度依次递增，但由于环境和购买者的差异，各种属性之间的地位也会发生变化。明显性属性指的是顾客在消费前能够确定的、做出相对准确评估的特性，通常是服务的有形特征，如饭店的地址、名称、建筑物特征等。重要性属性是对服务的质量和顾客的满意程度有着重要影响的特征，如饭店的安全性、服务质量、饭店设施设备、价格、形象声誉等。而决定性属性是实际购买中起决定作用的明显性属性，是顾客最终选择某一服务，而不是其他服务的关键性因素。决定性属性一定是明显性属性，但不一定是重要性属性，重要性属性也不一定是决定性属性。

通过顾客对饭店服务质量属性的评估，可以量化饭店的服务质量，如表6-2所示。其具体程序如下：

（1）测定顾客的预期服务质量。

（2）测定顾客的感知服务质量。

（3）确定服务质量，即"服务质量=预期服务质量-感知服务质量"，具体步骤如下：

①选取服务质量的评价标准；

②根据各条标准在饭店业的地位确定各自权重；

③对每条标准设计4～5个具体问题；

④制作问卷；

⑤发放问卷，请顾客评分；

⑥对问卷进行综合统计；

⑦测算出顾客的预期服务质量和感知服务质量；

⑧根据上述公式求得差距值。

表6-2　饭店质量测算

	预期质量分值	感知质量分值	权重
安全性	100	95	0.5
可防设施	100	90	0.2
菜肴质量	90	80	0.1
娱乐设施	90	80	0.05
服务态度	90	90	0.1
价格	100	70	0.05

饭店预期质量总值＝97.5

饭店感知质量总值＝90

饭店服务质量＝预期服务质量－感知服务质量＝7.5

运用评分量化法，饭店通过适当的问卷设计，可测知顾客对饭店服务质量的总体评价。同时，也可明确具体服务项目的服务质量水平，再运用对策表，即可制定出有效保证和提高饭店服务质量的方法，有助于饭店服务质量的改进。

第四节　饭店服务质量认证与ISO9000体系标准

一、饭店服务质量认证

（一）质量认证的概念

质量认证是产品或服务在进入市场前，依据国际通行标准或国家规定的标准和质量管理条例，由第三方认证机构进行质量检查合格后发给合格证书，以提高企业及其产品、服务的信誉和市场竞争力的行为。质量认证包含以下几个要点：

（1）质量认证的对象是产品或服务；

（2）标准化机构正式颁布的标准是认证的基础；

（3）质量认证是第三方从事的活动。

（二）我国饭店服务的质量认证

我国自1993年发布《旅游涉外饭店星级划分和评定》标准以来，对指导和规范旅游涉外饭店的建设和经营管理，促进我国旅游涉外饭店行业与国际接轨，发挥了积极的作用。1997年国家技术监督局为适应市场的需求，再次修订并以国家标准颁布（GB/T 14308—1997）。2003年国家旅游局和国家技术监督局根据形势的变化和十几年星级饭店评定的经验，第三次重新修订颁布了旅游饭店星级的划分和评定的国家标准，从概念上不再提涉外饭店。2010年第四次修订的新的标准《旅游饭店星级的划分与评定》（GB/T 14308—2010）于2011年1月1日正式实施。随着我国旅游饭店业的发展，不同的饭店形成了不同的客源对象和消费层次，旅游饭店应当根据自身的客源需求和功能类别来选择自己的服务项目。

在星级饭店的评定标准中，将旅游饭店划分为五个星级，即一星级、二星级、三星级、四星级、五星级（含白金五星级）。星级用五角星表示，最低为一星级，最高为白金五星级。星级越高，表示旅游饭店的档次越高。旅游饭店星级评定工作由全国旅游饭店星级评定机构统筹负责，其责任是制定星级评定工作的实施办法和检查细则，授权并督导省级以下旅游饭店星级评定机构开展星级评定工作，组织实施五星级饭店的评定与复核工作，保有对各级旅游饭店星级评定机构所评定饭店星级的否决权。

■ 二、ISO9000质量管理体系

ISO9000标准体系是国际标准化组织（ISO）为适应国际贸易和质量管理的发展需要于1987年发布的世界上第一个质量管理和质量保证系列国际标准。它是在总结世界各国，特别是发达国家经验的基础上产生的，具有很强的实践性和指导性。世界上多数国家采用该系列标准，全球大批企业应用ISO9000标准进行质量管理，并以通过ISO9000认证、获得第三方注册认证证书，作为促进企业质量管理、取信于顾客的手段。ISO9000证书已成为企业具备充分能力以提供持续满足规定要求的产品或服务的标志。

饭店实施ISO9000质量管理体系的意义有以下六个方面。

（一）保证了饭店服务质量的稳定和提高

顾客是饭店生存与发展的决定因素。从"顾客是上帝"这一点出发，要求饭店管理人员以顾客需求和期望变化作为开展经营活动、提供服务项目的出发点。开展顾客市场调查，针对顾客需求提供服务产品，使饭店的特色与顾客的特点相一致。

2008年版ISO9000标准体系的8项质量管理原则的第一条就是"以顾客为关注焦点"，在2008年版ISO9000中强调了"组织依存于其顾客。因此组织应理解顾客当前和未来的需求，满足顾客要求并争取超越顾客期望"。显然，要满足顾客要求必须首先识别顾客要求，标准中明确提出了顾客要求不仅包括顾客所规定的产品要求，还包括未作规定的顾客

预期或为了完成产品规定用途所必要的产品要求，同时还包括保护顾客所涉及的法律和法规要求。2008年版标准强调了持续改进是组织的一个永恒的目标，并始终把宾客的需求作为持续改进的基础和增减服务项目的依据，以最大限度地实现顾客满意。

2008年版ISO9000标准体系在确立"顾客为中心"目标的同时，还要求建立标准所要求的质量手册、程序文件（包括文件和资料的控制程序、质量记录的控制程序、内部质量审核程序、不合格控制程序、纠正和预防控制程序等）以确保其过程的有效运行和系统控制，这样有效地杜绝了服务中不合格产品的产生，保证了服务质量。以江苏省扬州新世纪大酒店为例，该饭店于2009年下半年通过了ISO9000质量认证，2009年收到投诉19起，2010年收到投诉8起，同比下降了31%。

（二）突出了"以人为本"的管理理念

2008年版ISO9000标准强调，一个组织应以质量为中心，以全员参与为基础，目的在于通过让顾客满意和本组织所有成员及社会受益而达到长期成功。即将全员参与作为实现企业目标的重要一环。2008年版标准提出，为了实现组织的目标并激励员工进行创新，组织应通过以下活动鼓励员工的参与：识别每项活动对人员能力的需求；人员的选择、岗位培训和个人发展的策划；明确职责和权限；确立个人和团队的目标，对其业绩进行管理并对结果进行评价；为员工参与目标的确立和决策提供方便条件；鼓励对工作成绩的承认和奖励；通过持续地评审员工的需求来促进开放式的双向沟通；创造条件以鼓励创新；确保团队合作有效；利用信息技术促进对建议和意见的沟通；利用员工满意度的测量结果以便改进；调查员工离开组织的原因。

这些系统化的管理思路使"以人为本"的管理理念更加具体、明确。饭店人力资源开发的目的在于有效配置和利用企业内部的人力资源，2008年版标准正是通过以上一系列的举措，使企业员工在自己满意的环境中，将自己的利益和企业的兴衰联系在一起，最大限度地为实现企业的整体目标不断努力。

（三）促进了饭店管理水平的提高

2008年版ISO9000标准明确了质量管理的8项原则，即以顾客为中心、领导作用、全员参与、过程方法、系统管理、持续改进、以事实为决策依据、互利的供方关系。这8项原则作为新标准的指导思想，其内部无论是理论思想还是操作程序都是一个统一的体系，并始终贯穿于2008年版ISO9000标准体系中，这8项原则和现代饭店管理思想具有一致性。

从传统的管理角度来看，作为管理主要职能之一的控制，常常表现为饭店产品的最终控制，这种将那些不合格的产品挡在顾客面前，无疑是一种控制手段，而且也曾发挥过一定的作用。然而，饭店的许多产品都只有一次被消费的机会，而且产品做成之后常常无法加工成新产品，这样不合格产品的出现，实际上是对原材料、劳动力、能源的一种浪费。即使不合格产品没有销售给顾客，不合格产品的出现仍然会导致利润的直接损失。这是传统的终端控制所无法解决的问题。

2008年版ISO9000标准体系的运行是从一个组织的"管理职责"开始的，包括最高管理者的承诺、质量方针、质量目标和质量策划、组织架构、职责和权限以及内部沟通要求等。在这个基础上来确定并提供所需的人力、设施、环境以及资金和信息等资源，完成质量管理体系建设的P阶段，再经过"产品实现"的D阶段，测量、分析和改进的C阶段与A阶段，在更高层次上改进"管理职责"。灵活运用PDCA循环的工作原理，更有利于质量管理体系科学地实施。

2008年版ISO9000标准采用了过程管理模式，即对生产产品全部环节所进行的控制，包括人力资源、设施、工作环境、资金和信息等，提倡用过程方法来识别和建立体系，并对质量活动运行进行控制，具有很强的可操作性。由于使用了过程管理方法，使饭店的产品质量相对稳定，促进了饭店管理水平的提高。

（四）增强了饭店的市场竞争力

2008年版ISO9000标准把受益者的要求作为体系的输入，又把受益者的满意作为体系的输出，表明了2008年版标准对受益者利益的关心。所谓受益者，是指与饭店的经营利益有关系的个人或团体，它包括顾客、饭店的股东和员工、供应商、银行和社会等。现代饭店是既讲经济效益又讲社会效益的企业，它既要符合宾客的利益、供货商的利益、饭店员工的利益，也要符合社会的利益和餐饮企业的自身利益，从而使各相关利益方多赢。

管理现代化要求在管理思想、管理组织、管理人才、管理方法、管理手段等方面实现现代化。现代化管理要求饭店不断改进、创新，2000年版ISO9000标准体系更加突出整体的观点、系统的观点、动态的观点和持续改进的观点。饭店可以按照系统原则，以质量为核心，以质量管理模式为基础，容纳并结合饭店星级评定标准以及国家饭店管理法规建立健全相互兼容、相互补充的一体化管理体系，并将这一体系渗透到每个部门、每个职工的职责中，体现全员参与、全过程管理的思想，强调系统综合管理，从而极大地增强饭店的市场竞争力。

（五）有利于饭店品牌建设

建立饭店服务与管理的国际化标准，是我国旅游业参与国际竞争的基础。对我国饭店业而言，只有有了标准化，才能确保饭店服务与管理的高质量，进而创立饭店的特色和品牌。建立和实施质量管理体系并通过质量认证的饭店，证明了饭店产品质量和管理质量是可以让顾客放心与信赖的，不仅体现了饭店产品的档次、水平和质量的实用价值，而且也产生了饭店对顾客的精神感召力及顾客对饭店的安全度、忠诚度、信赖度，并将逐步形成饭店忠实的顾客群以及饭店的高品质形象，从而扩大饭店的知名度，为饭店实施品牌经营战略奠定基础。

（六）奠定了饭店国际化运行的基础

随着中国加入WTO，我国旅游者市场、饭店业竞争日益国际化，旅游者的消费观念更趋于成熟，消费要求更加个性化。饭店实施ISO9000标准体系有利于更新管理观念，持续改进服务工作和管理工作，以满足不同国家、不同地区、不同层次顾客丰富的个性化需求，不断提高客人的满意度；同时，推动我国饭店业在管理理念、管理水平、服务质量等方面参与到日趋激烈的国际化竞争中。

总之，ISO9000质量认证是对产品质量标准的认证，而饭店行业毕竟不是一种产品的简单输出，它强调人对人的服务。因此，质量认证对饭店的某个环节或者部分环节是适应的，但它不能取代饭店结合自身情况而形成的管理模式。因而，在对待这一问题时，必须要结合中国的国情，结合企业自身的实际，创造出既具有中国特色和民族特点，又高于西方服务标准的饭店质量管理认证。

三、星级评定和质量管理体系认证的共同点

旅游饭店的星级标识是其服务等级标志，便于顾客识别，它要求饭店应该根据其星级标准为客人提供相应的服务；同时客人也可以根据其星级标识，按照自己的需要选择并享受不同服务等级的服务。饭店通过ISO9000质量管理体系认证，表明其建立的质量管理体系符合ISO9000标准及法律法规的要求，具备了提供满意服务的能力。顾客入住时，看到饭店质量管理体系认证证书，便会增强对饭店的服务质量的信心，入住的可能性就大大提高。

（一）目的一致

饭店星级评定的目的是通过划分星级服务等级，更好地满足顾客的需求，促进饭店的服务等级和质量不断提高。质量管理体系认证的目的是：证实饭店有能力稳定地提供满足顾客和适用法律法规要求的产品与服务，通过持续改进和预防不合格产品的产生而达到顾客满意。对饭店进行质量管理体系认证就是要确认饭店是否具有提供合格服务（包括是否达到相关的星级标准）能力的一种活动。无论是星级评定还是质量管理体系认证，都是结合各自标准的要求和饭店的实际情况，建立体系和规范管理，从而满足标准要求，最终取得评定或认证证书，表明饭店具备了提供满足顾客要求的能力。

（二）强调以顾客为中心

任何饭店都提供产品和服务，产品和服务的接受者、使用者即为顾客。如果不存在顾客，则饭店无法生存。质量管理体系认证依据的ISO9000标准的第5.1条款（以顾客为中心）中明确地阐述了这一要求。这也是2000年版ISO9000族标准的核心思想之一，它要求"了解掌握顾客的要求和期望"。确保组织与顾客的要求和期望相结合，将顾客的要求和期望传递到相关部门，测量顾客的满意程度，并根据测量结果制定相应的纠正措施，同时协调处理好与顾客的关系。饭店星级评定的主要目的是满足顾客要求，无论是对饭店的布局、前厅、客房、餐厅及酒吧、厨房、公共区域，还是对选择项目如商务设施及服务、会议设施、公共及健康娱乐设施、安全设施等方面，都对满足顾客要求提出了严格的规范，如五星级饭店要求在前厅提供留言服务、信用卡服务、外币兑换、一次性总账单结账服务等服务项目。

旅游饭店星级评定新标准GB/T 14308—2003版对之前的星级饭店评定进行了不小的修改，更加突出了顾客为中心。比如增加了某些特色突出或极其个性化的饭店可以直接向全国旅游饭店星级评定机构申请星级的内容，从而让一些令顾客满意的特色饭店迅速进入星

级饭店行列；对四星级以上饭店的核心区域前厅、客房和餐厅强化了要求，增加整体舒适度等内容，从而在星级评定中更加考虑到实际设备设施给顾客带来的满意感，而不是一味地强调饭店的硬件设备。

□ 【阅读专栏】

新酒店标准：最高星级白金五星

中国现有星级饭店评定体系中的最高级别是白金五星级。2007年8月，代表中国顶级豪华酒店的首批中国白金五星级酒店正式诞生，北京中国大饭店、上海波特曼丽嘉酒店、广州花园酒店入选。

"白金五星"酒店的定位处于酒店业金字塔的顶端，在总体数量上控制得极为严格。根据新的标准，酒店要获得"白金五星"要符合以下几个必备条件：已具备两年以上五星级酒店资格，地理位置处于城市中心商务区，对行政楼层提供24小时管家式服务，整体氛围豪华气派，内部功能布局与装修装饰与所在地历史、文化、自然环境相结合等。此外，还需要在6项参评条件中至少达标5项，6项标准分别为：普通客房面积至少不小于36平方米；有符合国际标准的高级西餐厅，可以提供正规的西式正餐和宴会；有高雅的独立封闭式酒吧；有可容纳500人以上的宴会厅；国际认知度极高，平均每间可供出租客房收入连续3年居于所在地同星级饭店前列；有规模壮观、装潢典雅、出类拔萃的专项配套设施。

□ 【前沿资讯】

上海浦东文华东方酒店雍颐庭蝉联米其林一星

美通社上海2017年9月20日电　上海浦东文华东方酒店中餐厅雍颐庭蝉联《米其林指南上海2018》颁发的一星殊荣。此次雍颐庭的成功摘星令文华东方旗下餐厅米其林星级总数保持18颗，在全球范围内多于任何其他酒店集团，傲视同侪。

雍颐庭在本地餐饮界独树一帜，为宾客演绎正统江南菜系。上海、江苏及浙江等临近地区被誉为江南菜系之故乡，而江南菜则以其精致的时令菜肴闻名于世。本地名厨卢怿明担任厨师顾问，采用时令新鲜食材，并以独特的烹饪手法为菜品注入现代派意韵，使饕餮食客陶醉于款款江南美味之中。

雍颐庭厨师顾问卢怿明表示："能得到米其林指南的认可，对于我和我的团队而言都是激动人心的。作为一个土生土长的上海人，我深知江南菜系的博大精深，能够专注于自己的家乡美食让我感到满足而自豪。"

米其林指南应用程序正在独家热卖卢师傅亲自臻选的八道式经典套餐，包括海胆汁玻璃虾球、红炖蟹肉狮子头、雪菜黄鱼馄饨等。

除了中餐厅雍颐庭获得一星荣誉之外，上海浦东文华东方酒店也被《米其林指南上海2018》评为"推荐酒店之一"，酒店另一间现代法餐厅58°扒房也再度获得"特别推荐"。

（资料来源：http：//news.cncn.com/256882.html）

【自我检测】

1．饭店服务质量分析与控制的具体过程有哪些？
2．全面质量管理的内涵是什么？
3．饭店星级评定体系与ISO9000体系在饭店服务质量控制过程中的共同点是什么？
4．饭店服务质量保证体系有哪些工作方法？
5．饭店服务质量的构成要素有哪些？

【思考与讨论】

1．饭店服务质量全面管理的基本原则有哪些？
2．饭店服务质量全面管理的特点是什么？
3．如何理解"六常管理"？

【实践与应用】

带领学生参观一家饭店，调研该饭店的服务质量，并撰写调研报告。

【思考与讨论】

1．饭店服务质量全面管理的基本原则有哪些？

饭店服务质量全面管理的基本原则是：以顾客为中心、不断改进、全员参与、一次到位。

2．饭店服务质量全面管理的特点是什么？

饭店服务质量全面管理的特点主要有：①强调满足顾客；②全员参与质量管理；③全过程的质量管理；④全方位的质量管理；⑤持续改进的质量管理；⑥采用多种多样的管理方法。

3．如何理解"六常管理"？

"六常管理"，也就是员工要常研究、常整顿、常清洁、常规定、常清醒、常营销。

第七章　饭店人力资源管理

■ 【关键词】

饭店人力资源管理　绩效评估　员工激励　薪酬体系　工作设计

■ 【学习要点】

掌握饭店人力资源管理的概念和特征；熟悉饭店人力资源管理的三个过程；学会运用激励管理、薪酬管理等人力资源管理方法。通过本章内容的学习，能够结合实际，运用人力资源管理的知识解决饭店人才开发与管理的各种问题。

■ 【章前导读】

人力资源开发与管理是否成功是企业生存和发展的关键因素之一。我国大多数的星级饭店虽拥有国际标准的、先进的设施、设备，但服务质量却远远落后于发达国家的饭店服务水平。影响服务质量的最重要因素是我国饭店优秀人才的匮乏，"以人为本"的人力资源开发与管理理念没有很好的运用，忽视饭店员工的主观能动性对饭店企业生存和发展的影响。饭店人力资源管理是研究饭店企业对人力资源的获取、保持、发展、评价及调整过程中的规律性和有效方法，其目的是提高劳动生产率、服务质量和提高饭店企业的经济和社会效益。

第一节　饭店人力资源管理概述

一、饭店人力资源管理的基本概念

人力资源管理是现代企业管理的一个重要组成部分，当该理念应用于不同行业与部门时则必须与该行业或该部门的组织结构和经营模式等特征相适应。因此，我们将人力资源管理的核心概念与饭店的管理实际结合起来，提炼出以下适用于饭店的一系列相关概念。

（一）饭店人力资源管理的定义

饭店人力资源管理的定义有广义和狭义之分。广义上讲，饭店的人力资源管理是指饭店的管理者处理好各阶层员工的关系，设定科学的工作方法和流程，合理开发和培训员工，运用各类奖惩或激励措施使员工发挥个人的最大潜能，从而使饭店健康发展的过程。可见，广义上的饭店人力资源管理包括三个方面的内容：一是创造一个和谐的人际关系环境；二是工作的设计与创新；三是对员工个体能力的培训、开发与利用。

狭义上的饭店人力资源管理主要指的是第三个方面的内容，即从员工进入饭店的那一刻起，对其整体潜能的挖掘开发与利用。在这一章中，我们将主要从狭义的角度具体探究饭店人力资源管理的内容与方法。

（二）饭店人力资源管理的特点

作为劳动密集型的服务性行业，饭店的人力资源管理有着区别于其他企业的特殊性，主要表现在以下几个方面：

1. 系统性

由于饭店的各个部门存在紧密的相关性和工作的衔接性，因此，部门与部门之间的员工必须清楚地了解彼此的工作职责和内容。在开发和培训员工时，必须把来自不同部门的员工置于同一个管理和培训系统中，有区别又有联系地开发个体潜能，从而全面地指导各部门员工之间的交流与合作。

2. 阶段性

饭店是一个经验积累型的工作组织，饭店员工的职业发展空间与他的工作经验息息相关。饭店员工进入饭店时间的长短不同，他们的工作熟练程度也不同。对于处于不同阶段的员工，用同一套管理和培训方法显然是不科学的。我们要把处于同一经验层的员工归为一类，对其采用有针对性的管理方法，从而为他向上一层跨越提供一定的指导和发展空间。

3. 发展性

随着国际大型酒店集团的入驻，我国的饭店业受到很大的冲击，尤其对于一些国有饭店来说，相对陈旧的管理模式和体系严重束缚了发展的脚步，这一现状导致了大量优秀员工的流失。因此，在人力资源管理过程中，应从发展的角度适当借鉴国内外最新的管理方式与方法，同时也应充分考虑员工的职业发展空间，实施科学化和人性化的管理。

（三）饭店人力资源管理的要求

在"以人为本"思想的指导下，每当我们说到目标时，都会人性化地把它与个体的利益挂上钩。广大学者在研究饭店人力资源管理的目标时也不忘与员工的个人发展相联系。但是我们理智地说，在考虑员工个人利益的基础上，追求企业的经济效益才是我们最大的目标，毕竟企业的整体利益和员工的个人利益是密不可分的。因此，我们说饭店人力资源管理的最终目的也是获取企业的最高经济效益。这里，我们运用麦克利兰的经济效益成就理论来解析饭店人力资源管理的要求。

1. 提供发挥才干所需的权力

无论是一般服务员还是领班、部门经理，甚至总经理都需要有完成自己工作职责的权力。我们必须明确这样一个事实，所谓的权力便是工作的职责，工作职责也是某个人的工作权力,两者是共同的。例如,一名餐厅引座员,她的职责便是笑容可掬地迎送客人,这也是她的工作权限。在她的工作范围内,任何人不得干涉她的工作,否则将影响她圆满地完成引座任务。又如,前台部门经理负责安排前台迎宾员、客房分类员、开房员、信件和电报传递员的服务工作,同时也负责与其他各部门之间的业务联系,这是他的工作权限,也是他的工作职责。

总之,饭店要制定出严格的岗位责任制,既包含每个人的工作职责,也包含在职责范围内的权限。岗位责任制是饭店经营管理的章法,人人要遵守和执行岗位责任制的条文,这样不仅为有志职工提供了完成任务的权利,同时也使各项服务工作规格化、标准化、程序化、条文化、制度化,形成调动每个人积极性的制度和标准管理。

2. 提供创造工作成就的需求

要充分调动和发挥有才干的人的积极性,就要采取一些组织措施,因为组织因素直接影响他们工作的积极性。

有志员工的特点是愿意承担工作,更愿意承担工作责任,同时也愿意在自己工作和职责的范围内处理问题,因此所采取的组织措施应该是责、权、利明确,要照章办事,形成每项工作甚至每项服务程序都要有章可循、有法可依,这样就不会出现服务混乱和无人负责等现象。有志员工希望把各项工作的标准定得稍高一点,如饭店各部门的经济指标及质量标准都要经过努力工作和认真服务才能达到,他们不喜欢低劣的质量标准和服务标准,同时更不喜欢松散的管理和领导,以至任务不明、标准不清,这样会极大地影响他们的工作情绪和工作干劲。有志员工希望在完成任务时遵循规定的程序和标准,不希望过多地干涉他们。岗位责任制要明确,程序要明确,质量标准要明确。大多数员工认为按照规定的质量标准、服务程序,努力工作就会实现自己想获得的工作成就。

3. 协调好各部门之间的关系

组织领导和饭店管理委员会一定要协助搞好各部门之间的关系,同时要把各部门之间的业务协调关系写成条文,否则会影响每位员工的工作积极性。

因为饭店的服务工作,特别是一条龙的服务接待系统,不可能一个人完成,也不可能一个部门完成,它要求各部门之间的密切合作和有力配合,才能为客人提供"暖""快"和"物有所值"的优质服务。

因此,有志员工希望饭店的经理和管理委员会能把各部门之间的关系协调列入饭店的质量标准和服务程序的章法里,这为他们取得更大的工作成就开辟道路。

▎二、饭店人力资源管理的原则

原则不仅是标准,还是执行标准的前提。开展人力资源管理活动,必须恪守一定的原则,这样才能让我们的管理活动更加标准化、科学化。首先,我们先列出企业普遍遵循的人力资源管理的十二项基本原则,然后我们将结合饭店的管理实际给出适用于饭店的人力资源管理原则。

（一）人力资源管理的基本原则

（1）系统优化原则：即整体功能最大化，而不是每个局部功能最大化。这就是系统理论所阐述的思想，企业的各个部门必须充分协调关系并全面合作才能实现整体利益的最优组合。

（2）能级对应原则：人的能力与其职务相适应、并适度小才大用。

（3）激励强化原则：运用X、Y、Z理论及群体动力学指导，因事制宜、因人制宜地激励员工最大程度地发挥潜力。

（4）要素有用原则：人的长处、特点应得到充分发挥，为其优点的发展制造、提供适宜的条件。

（5）反馈控制原则：根据反馈信息不断调整和修改计划，使组织一直保持前进式的发展。

（6）弹性冗余原则：定额留有余地，工作保持节奏。

（7）互补增值原则：知识、技能、性格、性别、年龄、关系互补，切忌同质组合。

（8）利益相容原则：妥协共赢，一方要作较多牺牲（实质是满意原则）。

（9）竞争强化原则：充分运用市场机制，促进人力资本增值和有效运用。

（10）信息催化原则：充分利用信息刺激，强化知识技能的更新和提高。

（11）主观能动原则：为工作人员保留足够的弹性空间，为其主观能动作用留有余地。

（12）文化凝聚原则：文化从来就是凝聚团体、协调行为的重要手段。

（二）饭店人力资源管理的原则

通过对以上十二项人力资源管理基本原则的分析，经过整合与提炼，我们得出饭店人力资源管理所特有的三项原则。

1．建立"以人为本"的饭店企业文化

饭店员工从事的是服务性工作，服务性工作本身就要求员工具备良好的服务心理和业务素质。让每一位员工都有一颗竭尽所能为顾客提供最优质服务的心是饭店管理层所要解决的难题。饭店企业文化的塑造对于构筑这样的员工心理有很强的推动和渲染作用。企业文化是企业经过长期的发展被经验证明而积累起来的价值观、行为规范、心理需求等构成的有机整体。它像一双无形的手作用于饭店经营管理的各个层面。"以人为本"的企业文化营造的就是一种"员工是饭店的主人翁"的工作氛围：管理者应给员工更多的发言权自主权，让其在履行工作职责的同时感受到自身对饭店发展的牵动作用；管理者也应当给予员工更多的尊重和关怀，在硬化的规范准则下加入软化的人情温暖。

2．建立能级对应的培训模式

根据专业技术的熟练程度，分层次地对员工进行培训，让处于不同工作阶段的员工找到最适合自己的培训模式，进行学习。同时，在培训过程中观察不同员工的学习能力和发展潜力，挑选出有更大上升空间的员工，提前让他进入下一阶段的学习，这样不仅节约了培训人才的成本，同时也为饭店留住优秀人才提供了契机。

3．建立弹性的工作标准

人在一成不变的规范模式下容易形成机械式的工作状态，即停滞不前按照既定标准不

断地重复一个工作过程。这在竞争激烈的饭店行业是行不通的。我国的饭店行业要在不断借鉴和学习中提升自己的服务水准。而这一借鉴过程需要有一个弹性化的工作体系与其相适应，因为技能的进步同时也在影响着标准的尺度。另外，弹性的标准能让员工有创新的意识，给饭店的发展带来新思路、新理念。

三、饭店人力资源管理的热点问题

现今中国的饭店业在国外饭店集团的冲击下进入了体制改革和经营模式改革的新阶段，这一变化导致了许多关于人力资源管理的新问题，主要有以下几个方面：

（一）优秀高层管理人员的匮乏

中国传统的饭店经营模式走的是经验主义的道路，谁的资格老谁就往上升，这样的晋升模式往往导致饭店的整个管理水平停滞不前，管理思想个人化、陈旧化。同时，饭店人员的学历水平虽然较往年有所提高，但还是缺乏高学历且高能力的管理人才。虽然有些饭店开始向国际饭店集团"挖人才""引进人才"，但是和整个饭店的组织体系还是不能完全协调，存在意识上的差距。

（二）缺乏科学有效的人才培养机制

现阶段，饭店业务培训多以短期、简单、分散为主，更多着重眼前，本着实用实效的原则，即"缺什么就补什么"的思想。饭店没有根据长远发展目标，制订对那些学院毕业生、有潜质的经理人或业务骨干的培养计划，而只是强调不断地完成工作任务，承担工作职责。职业规划、梯队建设不过是一种空洞的概念。用人制度的不健全使岗位的安排难做到人事相宜。因人设岗、以人划线的现象很普遍。许多饭店的业务骨干觉得无论如何努力也没出头之日，一些饭店仅从降低人力成本出发，大量使用在校学生做实习员工，没有个人成长的感觉导致许多科班出身的学生在还没真正踏进饭店行业时，就心生厌倦。上述各种原因导致饭店高素质人才越来越少。因此我们认为饭店人才的培养不能仅从饭店缺什么的角度考虑，更应该结合饭店长远发展，结合员工的职业生涯来考虑。

（三）人力资源流动过于频繁，人才流失现象严重

饭店人力资源流动过大是饭店普遍存在的弊端，社会上流传着"饭店业是青春饭"的说法，这种说法不无道理。据统计，国外饭店员工的流动一般控制在8%，而当前我国饭店员工的流动率一般都在25%以上，高流动率是目前许多饭店存在的普遍现象，个别饭店甚至在半年内，员工因各种因素离开的占饭店总人数的50%多。这种大范围的经常性流动已不是一种人员流动，而是一种人才流失，这种流动整体上并没有提升饭店从业人员的素质，而是在无序的流动中加大了饭店经营管理的难度，致使饭店业管理和服务水平的下滑。当然，影响员工流失的因素还很多，例如员工的工资、福利待遇、饭店企业本身的发展状况和前景、饭店内部的人事改革等。

（四）饭店人力资源管理外包风险问题

从2007年《劳动合同法》第一次用法律条款来规范劳务派遣业务到2016年《劳务派遣暂行条例》两年过渡期结束，中国的人力资源外包服务走过了不断变动的十年。越来越多的企业对人力资源管理外包充满兴趣，尤其是饭店行业。据有关机构对北京、上海、广州、深圳四个地区数百家企业的调查显示：59.2%的企业认为，人力资源管理外包可以给企业提供高质量的人力资源管理服务；55.1%的企业高层领导认为人力资源管理外包是一种很好的人力资源管理方式。但是由于饭店行业的特殊性，人力资源管理外包工作的开展尚不十分成熟，特别是涉及饭店人力资源管理外包风险与规避的问题还需要好好地研究。

第二节 饭店人力资源开发的过程

从狭义的角度看，饭店人力资源的开发从员工进饭店那一刻起，由时间链串联起来，主要分为招聘录用、培训和绩效评估三个部分。我们把这三个环节称为饭店人力资源管理的过程。

一、饭店员工的招聘

饭店员工的招聘分为内部招聘和外部招聘，二者在招聘的程序和考核录用上各有不同的特点和要求。

（一）饭店内部招聘

饭店内部招聘的途径主要有两条：饭店内部员工的提升和内部职位的调动。

1. 饭店内部员工的提升与考核

提升不仅可以填补饭店内部职位的空缺，更重要的是还能够对员工的工作积极性产生激励作用。提升过程主要由以下三个方面组成：

（1）确定候选人。这是搞好提升工作的基础，考察一个员工是否具有提升的资格，必须按照"才职相称"的原则。具体来说有以下四项观察要素：

①个人品德。考察候选人是否能达到德才兼备的标准。因为管理人员在其管理范围内是一个领袖人物，他的行为品德时时刻刻受到员工们的关注和效仿。俗话说"己不正不能正人"，如果作为管理者不能起到表率作用，其所管部门将缺乏凝聚力和向心力，不能形成一个有活力的组织。

②个人才能。作为一名管理者必须具备饭店管理人员的基本素质。具体体现在知识素质和能力素质两个方面。知识素质主要包括专业知识、管理知识、外语水平等方面，管理人员是否具有较高的受教育程度，是否掌握与其职位相当的知识素质，将影响其能否很快的适应并开展工作。能力素质主要包括候选人的专业技能和管理能力等方面。管理能力主要体现在计划决策能力、组织协调能力、激励沟通能力、分析解决问题的能力等方面，对不同的管

理层次又有不同的侧重。管理能力是候选人能否胜任新的管理工作的决定性因素。

③个人的工作表现。考察候选人的工作表现是对提升候选人原担任职位的考核和评价。工作表现是决定员工能否得以提升的重要因素。

④工作年限。工作年限是指候选人在饭店职位上的工作时间。如果候选人的工作时间太短，则很难积累起任职所需要的工作经验，在工作中会感到极大的压力，而且有可能会引起其他员工的不满情绪，不容易开展工作。

（2）考核候选人。对于候选人的考核主要是对其潜在能力、发展能力、分析问题和解决问题能力、处理人际关系能力等方面的考核。在这里，我们引用人才测评技术对候选人进行考核。

人才测评技术始于20世纪初的西方职业心理指导，经过近一个世纪的发展成为包涵了众多学科领域的综合性科学。在我国，人才测评于20世纪80年代兴起于教育领域。近年来，该技术被饭店业广泛运用。上海的波特曼丽嘉酒店的"质量选拔程序"（Quality Select Process，QSP）就是一个吸纳、配置、选拔、开发和培育人才的综合人力资源管理工具。人才测试的方法和测量技术对于饭店企业来说，主要有以下三大类：

①心理测试。所谓心理测试，是指通过一系列的心理学方法来测量被测试者的智力水平和人格方面差异的一种科学方法。通过心理测试，饭店可以较客观地了解一个人的人格与能力，判断和预测是否符合某一岗位的需要。心理测试的主要内容包括智力测试、能力测试和人格测试。

②知识考试。知识考试即常见的笔试，是通过纸笔测验的形式对被试者的知识广度、深度和知识结构进行了解的一种方法。通过知识考试衡量应聘者是否具备完成职位职责所需要的知识。饭店招聘员工的知识考试主要包括综合知识、专业知识、相关知识等内容的考试。综合知识考试内容广泛，重在了解被试者的基本知识结构和知识水平。专业知识考试又称深度考试，考察内容与被试者应聘职位有直接关系。相关知识考试又称结构性考试，主要是了解应试者对相应职位有关知识的了解和掌握程度。

③面试。面试是事先经过精心设计通过双方面对面地观察和直接交谈使招聘者对应试者的知识、工作能力工作经验、性格态度和待人接物的方式等综合素质进行测评的招聘方法。面试由五大要素构成，即应试者、主试者（招聘主管或评委）、测评内容（试题评分标准等）、实施程序、面试结果。

（3）确定人选。在确定最终人选的时候我们普遍采用综合测评的定量方法，运用这种方法来确定人选的关键是客观公平地评分，常用的定量测评方法有以下两种：

一是简单评分法。将各个候选人的各项得分相加，从中选出得分最高者确定为提升对象。表7-1表示用简单评分法挑选经理。

表7-1 部门经理候选人简单评分

候选人	分项得分					总分
	分析问题能力	知识结构	组织能力	工作年限	风度气质	
张某某	4	5	2	3	3	16
李某某	3	3	5	1	1	17
王某某	3	4	1	5	5	18

由表7-1可知，王某某是最合适的人选。

二是加权评分法。不同的工作岗位对提升候选人的具体要求各不相同，对其各方面的能力要求也应有所侧重。对于比较重要的评分项目的得分乘上一个比较大的权数（比例系数）以突出此项目的重要性，相应的对于相对次要的评分项目的得分则乘上一个较小的权数。评分项目和权数应该由该饭店的决策层共同讨论决定。其计算公式为：

$$总分 = \frac{\sum 权数 \times 项目得分}{\sum 权数}$$

权数必须是等差级数，如表7-2所示。

表7-2　部门经理候选人加权评分

候选人	分项得分					总分
	分析问题能力	知识结构	组织能力	工作年限	风度气质	
张某某	4	5	2	3	3	3.2
李某某	3	3	5	1	1	3.8
王某某	3	4	1	5	5	3.9
权数	4	3	5	2	1	

由表7-2可知，王某某是最佳人选。

2. 饭店内部员工的调动

饭店内部员工调动的原因只要有以下几个方面：

（1）饭店组织结构的调整。由于饭店经营条件的变化导致需要对原先设置的部门进行重新组合。例如饭店总台以前是按岗位定员，现在为了精简人员，提高效率，很多饭店往往把问询归到接待，收银与外币兑换合二为一，从而引起员工职位的变动。还有一种组织结构的调整是由于饭店管理者的变动或管理公司的变动，新的管理组织可能会根据自己成功的管理经验对组织结构进行调整。

（2）为了增强员工的适应能力或改变长期从事一种工作带来的枯燥感，饭店可能会采用轮流调配的方式来培训员工。这种方式一般是短暂的。

（3）有些员工经过培训投入工作后，经过一段时间发现他们掌握的技能与工作表现不相适应，或有些员工在原有部门与其他员工关系紧张，不利于他们积极性的发挥。这时应对这些员工进行调动，给他们创造新的工作环境。

（二）饭店外部招聘

1. 饭店外部招聘的渠道

饭店外部招聘的渠道有媒体广告、网络广告、校园招聘、人才中介机构招聘、临时雇员和海外招聘等形式。选择哪一种招聘方式是由当时对人才的需求、所需职位的类型、工作接替的紧急程度决定的。因此，在选择渠道时要充分考虑到这些因素。以下将介绍主要的四种招聘方式的特点：

（1）媒体招聘广告。媒体广告是最为普遍的一种招聘方式。主要的媒体渠道有报纸杂志、广播电视、其他印刷品等。该渠道的优点是广告效应强，涉及面广，可以获得最大数量的工作申请者。但是同时也给饭店选择员工造成了一定的难度，因为前来的应征者参差不齐，并且较多的人数也给招聘工作带来了一定的困难。

（2）网络招聘广告。网络招聘又称电子招聘（E-Recruiting），它是利用网络技术为平台进行招聘活动，在网络上发布招聘信息，同时应征者传输个人简历信息，通过网络相互交流最后确定用人的过程。网络招聘的优点是宣传范围广、信息量大、应征人员的素质较高等，但是也存在一定的弊端，比如信息的虚假性。现今的网络招聘市场上，不仅有各地在线的人才市场网站，还有一些专门化的招聘网站，例如中华英才网（www.china-hr.com）、无忧工作网（www.51job.com）、智联招聘（www.zhaopin.com）等。

（3）校园招聘会。校园招聘会是由用人单位和高校联合举办的人才交流会，专业和职位的针对性强，同时安全性和信息的可靠性也比较高。但是，大多数高校的毕业生缺乏工作经验和社会经验也给用人单位带来一定的困扰。尤其是饭店这类操作性较强的行业，更是需要一些经验丰富的员工，因此校园招聘也存在局限性。

（4）人才市场招聘会。人才市场招聘会是最为原始的招聘方式，这种面对面的交流有更加具体的真实性，而且面对的应征群体范围较广，是最直接的招聘、应聘渠道。现在的人才市场招聘会较以往有更多的改进。例如根据行业的性质召开特别的专职专场招聘会，或者根据学历的不同开展一些高层精英管理人员招聘会和海归招聘会等。然而，人才市场招聘会由于参会的人数众多，也造成了一定的安全隐患和秩序隐患。

2. 饭店外部招聘的程序

饭店根据其外部招聘计划所确定的所需员工数量和质量要求进行公开招聘。招聘和选择员工的规范程序一般包括以下6个步骤：

（1）发布招聘空缺职位的信息。

（2）同应聘者进行初步面谈，经过筛选后发给职位申请表。

（3）审核职位申请表及有关材料。

（4）正式面谈与测试。

（5）体格检查。

（6）议定工资、待遇，正式聘用。

这一招聘程序中也包含了与内部招聘相同的考核项目，即心理测试、知识考核和面试。

二、饭店员工的培训

饭店员工培训是指通过专业技能的训练和思想道德素质的教育使员工更好地完成现在承担的工作。培训通过一定的科学方法，使员工在知识、技能、能力和态度四个方面得到提高。

（一）饭店员工培训的意义

（1）对饭店来说，首先，员工的培训是保证和提升饭店整体服务质量的基础，在一定程度上，降低了客户的投诉率；其次，饭店员工的流动性较大，定期对员工进行培训，可以自如地应对员工流失或职位调动等突发状况；再次，培训是开发优质员工的前提，开发强调的是鉴于以后的工作对员工提出更高的要求，而培训为员工适应更高的要求做了前提准备；最后，培训也是一种有利于上下级沟通的途径，在培训过程中，各级员工可以互相交流意见，增强企业内部的凝聚力。

（2）对员工本身来说，培训是自我价值升值的关键力量，通过培训增强对专业技能的掌握能力，从而获得更大的竞争优势；培训也是企业激励员工更好完成工作的途径，员工在培训过程中获得了对工作的信心，加强了对工作的理解；培训对于工作的灵活性也有一定的促进作用，员工掌握的技能越多范围越广，饭店内部工作的调动也就越容易越灵活。

由此可见，培训是饭店和员工双方受益的过程。

（二）饭店员工培训的方法

1. 确定培训对象

因为培训的成本是有限的，所以饭店不可能在同一时间对所有员工进行培训，这也是维持饭店日常经营所不允许的。因此，正确选择最需要被培训的员工是实现整个培训计划成功的前提。一般来讲，需要被培训的饭店员工主要有以下三类：一是饭店的新进员工；二是有潜力可以被提升的优秀员工；三是饭店要求掌握更多技能的员工。我们借助培训对象分析维度来辨别饭店中哪些员工需要培训（表7-3[①]）。

表7-3 借助培训对象争析维度来辨别需要培训的员工

区间	员工特点			是否投入培训	培训重点或人力资源管理对策
	态度	技能差距	学习能力		
A	差	小	强	是	了解员工真实想法，加强对其敬业精神的培训，增强对企业的认同感
B	好	小	强	是	对其进行进一步的能力开发培训，作为企业重要的后备力量培养
C	差	大	强	不确定	视情况而定，如是新员工则可以对其进行培训；若是老员工则没有培训价值，可以放弃
D	好	大	强	是	主要对其进行技能方面的培训，这部分人是培训的重点
E	差	小	弱	否	其技能能满足工作要求，对该员工投入过多的培训，费时、费力，还得不到好收益
F	好	小	弱	否	由于其学习能力差，而且已能很好地完成工作，所以不用过多地投入培训
G	差	大	弱	是	经考察确认后可以淘汰这部分人员
H	好	大	弱	否	可以采用师带徒的方式对员工进行最简单的培训

2. 设计培训课程

企业广泛使用的培训内容包括五个方面：知识培训、技能培训、思维培训、观念培训和心理培训。饭店员工的培训也围绕这五个方面开展，但是有不同的侧重点。由于饭店是直接对客服务的行业，因此技能培训尤其重要，可以根据不同部门不同岗位开展相应的

---

① 谌新民. 人力资源管理概论. 北京：清华大学出版社，2005.

培训；饭店员工要接触形形色色的客人，掌握一定的人际交往能力也很必要，针对这一点可开展相应的交际和心理方面的培训；饭店文化的灌输也可看成是培训的一个重要组成部分，企业文化对成员的激励和鼓舞作用是不可忽视的。

3. 培训形式的选择

根据培训时机的不同，培训的形式包括在职培训、岗前培训和脱产培训等。饭店应该根据被培训者的特征、工作性质和具体的培训内容选择适合的培训方式。例如刚进饭店的新员工需要进行岗前培训；专业技能要求较高的员工要定期地进行在职培训；有潜力晋升员工的最佳培训方式是脱产培训。

▌ 三、饭店员工的绩效评估

绩效评估（Performance Appraisal）又称绩效考评、绩效评价、员工考核，是一种正式的员工评估制度，也是人力资源开发与管理中一项重要的基础性工作，旨在通过科学的方法、原理来评定和测量员工在职务上的工作行为与工作效果。饭店人员的高流动性给员工的绩效评估带来一定的难度，但是饭店又必须实施绩效评估。

（一）绩效评估的目的

饭店员工的绩效评估是经营管理过程中必不可少的一个环节，它与组织开展其他工作有着密切的联系，对员工的工作行为进行评测的主要目的有三个：

1. 人事调动的需要

饭店的薪资管理、晋升决策、保留和解雇决策都需要以绩效评估的结果为指标。因此，员工的考评不仅仅是获得员工工作能力的信息，更重要的是考评结果对饭店的人事管理起着很重要的作用。

2. 员工潜能的开发

绩效评估有利于员工自身潜能的开发，使他们更有效地完成工作。员工可以通过评估察觉自身的优势与不足，能及时有效地进行改进。饭店也可以通过评估结果了解员工的能力偏重，从而重新设计岗位以及重新安排胜任者。

3. 构建胜任特征模型的基础

胜任力是指在企业中绩效优异的员工所具备的能够胜任工作岗位要求的知识、技能、能力和特质。胜任特征模型则是由特定职位要求的优异表现组合起来的、包含多种胜任特征的结构。饭店也可通过胜任特征模型挑选合适的晋升人选，而模型建立的第一步就是对员工胜任力的考核，也就是所谓的绩效评估。因此，我们在进行绩效评估时，一定要本着公平公正的原则，运用科学的评测方法，给予每个员工客观的评价，最后通过评价结果和胜任特征模型的匹配程度来选择最优秀的员工进行更高层次的开发。

（二）绩效评估的方法

1. 360°考评法

360°考评法是一个可以用于员工全面考评和绩效评价的综合性方法，是被考评员工的上级、同事、下属、被考评员工本人以及客户，从各方面，用多种评价技术一起对被考评员工进行综合考评的方法。这种方法的优点是可以避免一方考核的主观武断，同时可以增强绩效考核的可信度和有效度。缺点是这种方法比较复杂，考评起来费时、费力，容易出现相互帮忙或有意报复的不良现象。

2．情境模拟法

情境模拟法就是让员工置身于一个模拟的工作环境中，运用仿真的评价技术，对其处理问题的各种能力进行模拟现场考评。这是饭店普遍应用的评估方法，因为饭店员工提供劳务产品的环境就是饭店内部，因此有现成的原料和劳动工具可以较为真实地创造一个工作环境。考评官可以比较直接地观察到员工技能的熟练程度和精练程度。但是我们必须认识到，情境模拟法对考官的要求比较高，必须是对被考核工作非常精通的专家或学者，因此饭店在举行这类评估项目时，需要花较大成本去外面（例如一些高校）邀请一些职业专家参与评测。

3．配对比较法

配对比较法是饭店管理者将每一位员工与工作群体中的所有其他每一位员工进行一对一的两两比较，如果一位员工在与另外一位员工的比较中被认为是绩效更为优秀者，那么此人将得到1分。在全部的配对比较都完成之后，管理者再统计一下每一位员工获得较好评价的次数（也就是对所得分数进行加总），这便是员工的绩效评估分数，然后根据员工所获分数将员工进行排序。

配对比较法对于饭店管理者来说是一项很花时间的绩效评价方法，并且随着组织变得越来越扁平化，控制幅度越来越大，这种方法会变得更加耗费时间。例如，一个楼层有10个客房服务员，就必须进行45次（即10×9/2）比较。然而，如果这一工作群体的人数上升到15人，则这位管理者所必须进行的比较次数就上升到了105次（即15×14/2）。如果需对n个员工进行评估就需进行$n(n-1)/2$次的比较。例如管理人员如需对5个员工进行绩效评估则需进行10（5×4/2）次比较，具体比较如表7-4和表7-5所示。

表7-4　配对比较

员工姓名	A	B	C	D	E
A	——	1	1	1	1
B	0	——	1	1	1
C	0	0	——	1	1
D	0	0	0	——	1
E	0	0	0	0	——

表7-5　配对比较法的评估结果

员工姓名	配对比较胜出次数	名次
E	4	1
D	3	2
C	2	3
B	1	4
A	0	5

第三节　饭店人力资源管理的方式

一、饭店员工的激励管理

所谓激励（motivate），就是组织通过设计适当的外部奖酬形式和工作环境，以一定的行为规范和惩罚性措施，借助信息沟通，来激发、引导、保持和规范组织成员的行为，以有效地实现组织及其成员个人目标的系统活动。简单地说，激励就是对员工工作能力和热情的激发与扩大化过程。由于饭店行业的特殊性，员工的工作状态和热情显得尤其重要，因为是直接的对客服务，员工的一个表情或一个动作都是一种无形的饭店服务产品，甚至一些简单的肢体语言就能对顾客的消费心情和消费结果产生很大的影响。因此，如何正确有效地激发员工的工作热情是饭店管理者必须深入研究的一大课题。

（一）饭店员工的激励因素

美国心理学家赫茨伯格提出的"双因素理论"分别指的是保健因素和激励因素。激励因素就是那些能真正对员工的工作效果起到推动作用的物质因素和精神因素的总和。他认为只有激励因素才能真正起到对员工的激励作用，赫茨伯格劝告老板们：如果能在这些与工作本身紧密联系在一起的"激励因素"上谋求改善，就能够使员工的行为得到切实的激励。当然不提供这些"激励因素"，员工也不会即刻产生不满的情绪。但有眼光的老板，是不会仅限于在只有保健作用的因素上做文章的，因为消除了不满本身并不能够起到激发人奋力工作的激励作用。结合饭店工作的特点，我们将影响饭店员工的激励因素进行如下分类：

1. 工作表现机会和工作带来的愉悦

每个人的工作潜力是不可低估的，人内在的主观追求促使其自觉地向更高、更有难度的方向靠拢。饭店员工通过自己的劳动直接向顾客提供产品，他能在第一时间看到劳务购买者对其产品的认可程度。因此，饭店员工比其他行业的员工更希望能有展现自己工作魅力的机会。就这一点，饭店管理者应制定更有弹性的工作准则，让员工有更多施展自己专业才能的机会，让员工通过顾客满意反馈信息获得工作上的成就感，从而激发他进一步自觉地提升自己的工作水准。

2. 由于良好的工作成绩而得到的奖励

只求付出不求回报的精神境界在现今的物质世界几乎销声匿迹了，人们在每一份耕耘之后都期待着一份可喜的收获。原有的平均分配原则下的计划经济体制已不复存在，按劳分配原则带来了更大的竞争效应。一般的生产或制造业采用的计件工资制激发了员工的工作热情，而饭店员工所生产的大多数是劳务产品而不是实物产品，不能用计件的方式来测算他工作完成数量的大小和质量的高低。尽管如此，我们同样可以通过绩效评估的方法以及顾客的反馈意见对每一位饭店员工的工作成绩做出统计，根据不同的成绩来划定薪酬标准，这也是目前饭店企业正努力改革的内容。

3. 对职位晋升的需求

人生规划中的一项重要内容就是职业生涯的设计，虽然这一理念在中国普及的时间并不长，但是人们在选择工作时或多或少会考虑到这个工作会有多大的发展和晋升空间，这其实就是职业生涯设计的最终目的。饭店的组织结构是扁平化的金字塔结构，同级别的部门较多，员工也较多，因此要想晋升必须与众多的同级员工相互竞争，升职的空间较小、难度较大。正因如此，饭店员工一般缺乏升职的积极性，再加上饭店不同层级员工的学历差异较大，这无疑又给员工晋升造成了无形的障碍。因此，饭店管理层需要通过一系列的培训来提升底层员工的文化素质和职业技能，让他们对未来的发展前景充满希望。同时，饭店也可以提供更多的以工作经验和熟练技能为晋升条件的管理岗位，以此激发员工不断提升自己的专业能力朝更高层次的职位发展。

（二）饭店员工的激励原则

激励作为人力资源管理的一种方式或手段有一定的原则束缚，只有适度和合理的激励才能达到激发员工工作积极性的最佳效果，针对饭店员工的工作特性和个体特征，主要有以下四项激励原则。

1. 物质激励与精神激励相结合的原则

根据马斯洛需求理论，物质需要是人们最基本的需要，因此物质激励永远需要摆在首要的位置。但物质激励始终只能停留在表象层次，它的激励效果有限且成本较高。随着社会经济的发展，人们本身的需求已经上升到自我价值实现的层次，这就意味着激励的重心渐渐地向社交、自尊、自我实现的层次偏移。因此，在物质激励的基础上给予精神激励的补充，让员工以实物为目标，以精神为动力，对工作投入更多的热情。

2. 因人而异的差别激励原则

由于不同员工的需求不同，相同的激励措施起到的激励效果也不尽相同。即便是同一位员工，在不同的时间或环境下，也会有不同的需求。由于激励取决于内因，是员工的主观感受，所以激励要因人而异。在制定和实施激励措施时，首先要调查清楚每个员工真正需要的是什么，将这些需要整理、归类，然后再制定相应的激励措施。

3. 公平公正原则

公平性是员工管理中一个很重要的原则，任何不公平的待遇都会影响员工的工作效率和工作情绪，影响激励效果。取得同等成绩的员工，一定要获得同等层次的奖励；同理，犯同等错误的员工，也应受到同等层次的处罚。如果做不到这一点，管理者宁可不奖励或者不处罚。

管理者在处理员工问题时，一定要有一种公平的心态，不应有任何的偏见和喜好，不能有任何不公的言语和行为。这是激励必须遵循的基本原则，也是充分发挥激励作用的重要保证。

4. 正反激励相结合的原则

正面激励即对员工符合组织预定目标的工作结果进行奖励，负面激励就是对员工违背组织预定目标的工作行为进行惩罚。如何评判员工的工作行为是否正确是各阶层监督管理人员所要履行的职责。饭店的每个部门都有负责的监督人员，他们应本着公平公正的原则，按照规定的工作章程和标准对员工的工作进行监督和审视。正反两面的激励都是必要的，正激励树立正面的榜样，形成一定的向导作用；负激励显现出反面的类型，对其他员工产生一种无形的压力。正反激励的结合应以正激励为主，负激励为辅，使员工外有压力，内有动力，发挥更大的劳动积极性。

（三）员工的激励方法

1. 奖励激励和惩罚激励

奖惩激励是遵循饭店具体奖励和惩罚的规定执行的。奖励的方式包括加薪、晋升、授权等方面；惩罚的方式包括减薪、降职、开除等方面。奖励激励和惩罚激励应综合起来应用，坚持"奖励为主，惩罚为辅，奖惩适度"的原则。奖励要选择适合的时机，要有层次性和结合性；惩罚激励要注意和被惩罚员工的沟通和协调，关注他的心理压力和感受，进行适当的安慰与鼓舞。总之，在奖惩激励过程中，要尽力找到两者的最佳结合点。

2. 情感激励

情感激励是激励方法和人性化管理方法的有机结合。饭店是一个情感密集型的企业，组织结构构成一张很大的人际关系网络。饭店要成为"顾客之家"，首先要成为"员工之家"，把员工视为"内部顾客"，用真情、真爱去关心员工。把企业建设成可以信赖和依靠的家园。企业要采取各种方式和方法，凝聚员工和企业、员工和管理人员、员工和员工之间的亲和力。有些饭店的人力资源部，将员工的生日列出清晰的表格，每个月给当月生日的员工集体举办温馨浪漫的生日会；还有的饭店建立员工救援基金会，当某些员工遇到难以逾越的困难时，就会得到基金会的帮助等。这些都是情感激励很好的方法。

3. 环境激励

所谓环境激励，其实指的是工作环境激励。工作环境是一种工作的氛围和条件，置身于这个环境的员工在该氛围的影响下无意识地调整着自己的工作状态。工作环境的营造并不是管理者所能控制的，良好的工作氛围是基于员工和谐相处的前提下自然而然产生的，管理者对环境只有一定的渲染和调整作用。饭店可以通过制定人性化的工作规章制度，设计人性化的工作硬件环境，营造一种轻松不紧张的工作气氛，从而让我们的员工喜欢这种环境氛围，让我们的员工可以最大限度地发挥工作潜力。

4. 文化激励

文化激励即企业文化带来的激励作用，是指企业文化本身所具有的通过各组成要素来激发员工动机与潜在能力的作用，它属于精神激励的范畴。具体来说，企业文化能够满足员工的精神需要，调动员工的精神力量，使他们产生归属感、自尊感和成就感，从而充分发挥他们的巨大潜力。文化激励作用的关键是员工对企业文化的理解和认同程度，一旦员工对企业文化产生了强烈的共鸣，那么企业文化的激励功能就具有了持久性、整体性与全员性的特点和优势。

▌二、饭店员工的薪酬管理

饭店薪酬管理是指针对饭店所有员工所提供的服务来确定他们应当得到的报酬总额以及报酬结构和报酬形式的一个过程。在这个过程中，饭店管理层就薪酬水平、薪酬体系、薪酬结构作出决策。同时，饭店还要持续不断地制订薪酬计划，拟定薪酬预算，就薪酬管理问题与饭店员工进行沟通，对薪酬系统的有效性作出评价并不断予以完善。

在饭店人力资源管理过程中，薪酬管理是最困难的管理任务。它的困难性在于两个方面：①员工对薪酬的极大关注和挑剔；②薪酬管理根据实际情况的不同，没有一个统一的模式。对多数员工而言，他们会非常关心自己的薪酬水平，因为这直接关系到他们的生存质量。薪酬管理不仅要求薪酬管理人员具备全面的人力资源管理知识和开阔的眼界，了解企业的经营业务和流程，而且要求薪酬管理人员具有敏锐的成本意识以及对各种薪酬方案的成本有效性进行分析的能力。此外，在薪酬的设计和执行过程中，薪酬管理人员与决策层、其他管理人员以及普通员工之间的沟通能力也至关重要。

（一）饭店员工的薪酬设计

根据薪酬体系的分类，饭店薪酬设计有三个方面的内容，包括职位薪酬设计、技能薪酬设计、绩效薪酬设计。

1. 职位薪酬设计

职位薪酬设计是对职位本身的价值作出客观的评价，根据评价的结果赋予承担这一职位工作的人相当薪酬的过程。它的特点是员工从事什么样的职务就得到什么样的报酬。一般都以饭店的组织结构作为参考标准，根据员工处于不同的层级划分不同的薪酬档次。这是传统的薪酬设计方法，优点是操作简单，管理成本较低；缺点是薪酬与职位挂钩后趋于稳定，不利于激发员工的工作积极性，而且只考虑岗位本身的因素，缺乏考虑人的因素。

2. 技能薪酬设计

技能薪酬设计是根据员工所掌握的工作技能、专业知识的广度和深度来确定薪酬额度的过程。技能薪酬制度原先只应用于技能相对较易测量的操作人员或技术人员，现在已被广泛地应用到服务行业中，尤其是饭店。处于基层的员工所从事工作的操作性最强，饭店可以针对一线基层员工采取技能薪酬的分配方法，不仅可以激励员工不断改进操作技能，而且也让每一位员工享受到公平公正的待遇。但是，技能薪酬设计必须有一个可以准确测量员工工作水准的标尺，根据标尺来评定员工的技能，这样才能客观地根据能力给出相应的报酬。

3. 绩效薪酬设计

绩效薪酬设计是职位薪酬设计与技能薪酬设计的具体化和细分化，它运用经济资源将员工薪酬的不同构成部分与他们的实际贡献联系起来，然后将每一部分相加就构成了员工的总报酬。饭店绩效薪酬的设计主要有以下几个方案：

（1）计时工资制。这项薪酬制度是根据员工的工作时间按小时发放工资的方法。这一分配方式适应于各类企业雇用临时工作人员的情况。饭店在其接待旺季也会出现人手不足，这时人事部就需要向外界临时招聘一些工作人员来辅助完成饭店的日常工作。不过，计时工资制在饭店的运用往往以临时性的形式出现。

（2）业绩工资制。业绩工资制是对员工完成业务指标而进行的奖励，即根据各类员工的工作业绩和贡献大小实施奖励工资分配。绩效工资可以是短期的，如销售奖金、项目奖、年度奖、课题工资、效益工资等。绩效工资也可以是长期的，如期权等。把他们员工的利益分配与其最终工作成果、工作绩效联系起来，并与企业效益密切挂钩，加大业绩工资在工资总额中的份额，对关键专业技术人员实行业绩工资分配形式，做到一流人才，一流业绩，一流报酬。业绩工资制在饭店中被采用的部门主要是销售部，如表7-6所示，我们通过某饭店销售部的工资标准来进一步了解业绩工资制的含义。

表7-6　　××饭店销售部的提成方案

①销售部每月整体销售额完成基数为15万元，整体完成此基数时按2%计提成。
②销售部每月整体销售额完成超出此基数，原基数的提成仍然按照2%提成，超出部分按照3%计提。
③销售部每月整体销售额完成此基数的50%，全体销售人员没有提成。
④销售部每月整体销售额完成此基数的50%，提成按1%计提。

（3）员工持股计划。中国加入WTO后，许多国有酒店改组为有限责任公司，实行内部员工持股。其具体的运作方式为，以股权为纽带，通过控股、参股的方式，拥有酒店财产的所有权，享有所有者的权益，即资产受益、重大决策和选择经营管理者的权益。国有酒店的员工不再是原来意义上的国家职工，而是现代市场经济条件下的酒店员工。根据《中华人民共和国公司法》的规定，公司有赢利除向国家交税和视企业的具体情况提取法定公积金、公益金之外，利润余额都可以用于股东分红。公司经营不善，出现亏损，必须用今后的盈利弥补亏损。否则，不能进行分红。这就是说，酒店一旦出现亏损，不仅员工的工资、奖金以及各种福利没有保障，各位股东的分红也无从谈起。如酒店持续亏损下去，甚至资不抵债，按照有关法律，酒店将只能宣告破产。在酒店出现破产的时候，国家作为出资者，只以其出资额对酒店的债务负有限责任。由于酒店员工已不再是原来意义上的国家职工，因此在酒店破产的时候，员工下岗后就不再是依赖国家直接安置再就业，而只能重新学习转向其他新岗位。如此一来，酒店的发展和前途就成了员工们最为关心的问题。换言之，通过改制，酒店的员工已经将自己的命运与酒店的命运紧紧地联系在一起。

（二）员工满意度与饭店薪酬策略

员工满意度是指员工对企业的实际感受与他期望值比较的程度。根据期望理论的解释：

$$员工满意度 = \frac{实际感受}{期望值}$$

对于员工，最关心的就是薪酬制度，因此饭店薪酬制度的定位对于员工满意度的大小有着至关重要的作用。员工满意度是员工对其工作中所包含的各项因素进行评估的一种态度的反映。毋庸置疑，员工满意度在饭店管理问题的诊断上具有较大的作用，而且也越来越受到重视。各类饭店多项关于满意度的研究结果显示：只有员工满意，才能带来顾客满意，才能使饭店产生持续的利润增长。

考虑到员工的满意度，可以将饭店的薪酬总体定位为以下三种策略：

（1）市场领先策略，即饭店的薪酬水平在地区同行业中处于领先地位，其主要目的是为了吸引高素质人才，满足饭店自身高速发展的要求。

（2）市场跟随策略，即饭店找准自己的标杆企业，薪酬水平跟随标杆企业的变化而变化，始终紧跟市场的主流薪酬水平。

（3）成本导向策略，即饭店制定的薪酬水平主要根据饭店自身的成本预算决定，以尽可能地节约企业成本为目的，不考虑市场和竞争对手的薪酬水平。

（三）饭店薪酬管理的意义

1. 薪酬管理有利于人力资源的合理配置

薪酬作为实现人力资源合理配置的基本手段，在人力资源开发与管理中起着十分重要的作用。薪酬一方面代表着劳动者可以提供的不同劳动能力的数量与质量，反映着劳动力供给方面的基本特征；另一方面代表着用人单位对人力资源需要的种类、数量和程度，反映着劳动力需求方面的特征。薪酬管理也就是要运用薪酬这个人力资源中最重要的经济参数，来引导人力资源向合理的方向运动，从而实现组织目标的最大化。

2. 薪酬管理是激励员工的一种有效方式

可观的报酬是员工最在意的一项工作因素，为了满足基本的生存消费需要，员工会为了能够赚取更多的酬劳而发挥更大的工作动力。因此，科学的薪酬管理是间接激励员工的一种方式。现代的薪酬管理区别于传统的薪酬管理，更注重对以下三种机制的综合运用：一是物质机制，它通过按劳付酬来刺激劳动者具备更多、更精的劳动技巧，来提高劳动效率，获得更多的劳动报酬和更好的工作岗位；二是精神机制，它通过个人贡献奖励来肯定劳动者在劳动中的自我实现，从而体现人本主义观念，并使劳动者意识到只有好的敬业精神，才能实现个人的价值；三是团队机制，它通过劳动者个人业绩与组织目标的关系，来鼓励劳动者参与组织的利润分享，并从组织受益的角度酬谢劳动者所作的努力，使劳动者增强团队意识和合作精神。

3. 薪酬管理直接关系到社会的稳定

在我国现阶段，薪酬是劳动者个人消费资料的主要来源，从经济学角度看，薪酬一经向劳动者付出即退出生产领域，进入消费领域。作为消费性的薪酬，保障了劳动者的生活需要，实现了劳动者劳动力的再生产。因此，在薪酬管理中，如果薪酬标准定得过低，劳动者的基本生活就会受到影响，劳动力的耗费就不能得到完全的补偿；如果薪酬标准定得过高，又会对产品成本构成较大影响，特别是当薪酬的增长普遍超过劳动生产率的增长时，还会导致成本推动型的通货膨胀。这种通胀一旦出现，从国内来说，一方面，会给人民生活直接产生严重影响；另一方面，通胀造成的虚假需求，还会促发"泡沫经济"，加剧经济结构的非合理化。从国际上看，通胀会导致一国出口产品价格上升，降低其产品的出口竞争能力。此外，薪酬标准定得过高，还会导致劳动力需求的收缩，失业队伍的扩大。因此，在现代薪酬管理中，通常要特别注意考虑以下三个问题：①适应现代社会以提高劳动力质量为标志的劳动力扩大再生产的要求，使薪酬的确定能满足现有生产力水平下劳动力扩大再生产的这一需要，避免造成社会问题；②在薪酬管理中要防止"工资—物价"的螺旋上升给社会生活造成的动荡；③薪酬水平必须兼顾就业水平，防止失业队伍的过度扩大给社会造成的不安。

▌三、工作角色的分析与再设计

以面对面服务为主的饭店业与制造业等其他行业在工作设计和分析上存在较大差异，因此学者们针对饭店业的行业特点开展了大量的研究。目前的研究主要涉及如下两方面的内容：

（一）工作角色的分析

饭店以提供无形服务为主，满足顾客需求是评价服务质量的重要准则，因此调查顾客需求和满意，分析管理者和员工的工作角色一直是饭店人力资源管理的主要的研究内容之一。

（二）工作的再设计

伴随着技术革命，工作本身的变化以及生活观念的变革，饭店的工作也需重新设计。我们需要调查员工的工作感受、工作态度和工作满意度，从而研究新的工作方案，以提高员工的工作效率。

第四节 相关案例与分析

▌一、案例内容：敬语缘何招致不悦

一天中午，一位住在某饭店的国外客人到饭店餐厅去吃中饭，走出电梯时，站在梯口的一位女服务员很有礼貌地向客人点头，并且用英语说："您好，先生。"客人微笑地回道："你好，小姐。"当客人走进餐厅后，引台员说出同样的一句话："您好，先生。"那位客人微笑地点了一下头，没有开口。客人吃好中饭，顺便到饭店的庭院中去溜溜，当走出内大门时，一位男服务员又是同样的一句："您好，先生。"这时客人下意识地只点了一下头了事。等到客人重新走进内大门时，劈头见面的仍然是那个服务员，"您好，先生"的声音又传入客人的耳中，此时这位客人已感到不耐烦了。默默无语地径直去乘电梯准备回客房休息。恰巧在电梯口又碰见了那位小姐，自然是一成不变的套路："您好，先生。"客人实在不高兴了，装做没有听见似地皱起眉头，而这位服务员小姐却丈二和尚摸不着头脑！

这位客人在离店时写给饭店总经理一封投诉信，内容写道："……我真不明白你们饭店是怎样培训员工的？在短短的中午时间内，我遇见的几位服务员竟千篇一律地简单重复着一句'您好，先生'，难道不会使用一些其他语句吗？……"

▌二、案例分析

在饭店培训员工的教材中规定有"您早，先生（夫人、小姐）""您好，先生……"的敬语使用范句。但是服务员们在短短时间内多次和一位客人照面，不会灵活地使用敬语，也不会流露不同的表情，结果使客人听了非但没有产生亲切感，反而产生厌恶感！

"一句话逗人笑，一句话惹人跳"，指的是语言表达技巧的不同，所产生的效果也就不一样。饭店对各个工种、各个岗位、各个层次的员工所使用的语言做出基本规定是必要的，然而在实际工作中，不论是一般的服务员、接待员，还是管理人员或者部门经理，往往容易因使用"模式语言"而欠灵活，接待客人或处理纠纷时，语言表达不够艺术，以至于惹得客人不愉快，甚至投诉。礼貌规范服务用语标志着一家饭店的服务水平，员工们不但要会讲，

而且还要会灵活运用。可见语言的交际能力是饭店服务人员应具备的第一工作要素。

【阅读专栏】

世界唯一的七星级酒店——伯瓷

　　迪拜是阿拉伯联合酋长国的第二大城市。在迪拜王储的提议之下，知名企业家Al-Maktoum投资兴建了美轮美奂的Burj Al-Arab酒店（burj音译伯瓷，又称阿拉伯塔）。

　　泊瓷是世界上唯一的七星级酒店（因为饭店设备实在太过高级，远远超过五星的标准，只好破例称它为七星级），开业于1999年12月，共有高级客房202间，建立在离海岸线280米处的人工岛Jumeirah Beach Resort上。伯瓷的工程花了5年的时间，2年半时间在阿拉伯海填出人造岛，2年半时间用在建筑本身，使用了9 000吨钢铁，并把250根基建桩柱打在40米深海下。饭店由英国设计师W.S.Atkins设计，外观如同一张鼓满了风的帆，一共有56层、321米高，是全球最高的饭店，比法国艾菲尔铁塔还高一截。由于伯瓷这家超级豪华酒店实在是太特别了，很多外来访客只想来参观一下，不过，踏进这家饭店可是要付参观费的。

【前沿资讯】

中瑞酒店业管理研讨会在京举行

　　本报讯（记者　陈静）　"中瑞旅游年"框架下的重要活动——中瑞酒店业管理研讨会2017年9月6日在京举行。本次研讨会由中国国家旅游局和瑞士国家旅游局主办，中国旅游饭店业协会和瑞士国家酒店协会承办，中国国家旅游局副局长杜江、瑞士驻华大使戴尚贤、瑞士国家旅游局副局长乌尔斯•艾伯哈德出席了开幕式。

　　杜江在致辞中指出，2017年1月，中国国家主席习近平与瑞士联邦主席洛伊特哈德在达沃斯共同启动了2017年中瑞旅游年。中瑞酒店业管理研讨会作为"中瑞旅游年"框架下的重要活动，以"共创酒店业发展新动力"为主题，旨在构建两国业界务实交流合作的平台，契合了当前酒店业的发展需要。中瑞两国在酒店领域的合作潜力巨大，前景广阔。希望中瑞酒店业界专家和企业代表充分利用中瑞酒店业管理研讨会这一平台，增进友谊、加深理解、分享经验、迈向共赢。

　　戴尚贤在致辞中表示，旅游业是瑞士第四大经济支柱。2017年中瑞旅游年的开启有着重要的意义，越来越多的瑞士民众希望通过旅游了解中国，瑞士旅游业也因日益增多的中国游客而更加繁荣。2015年瑞士酒店业总收入约80亿美元，提供了63 000个直接就业岗位，是瑞士旅游业的重要组成部分。瑞士酒店业经过150年的发展，向世界旅游业和酒店业提供了先进的服务理念、成熟的服务技能、丰富的服务经验和高水平的管理教育体系，瑞士愿意与中国同行开展务实合作、共享发展经验。

　　在开幕式上，杜江与戴尚贤、乌尔斯•艾伯哈德共同见证了中国旅游饭店业协会与瑞士国家酒店协会合作备忘录的签署。

　　国家旅游局旅游促进与国际合作司负责人、中国旅游饭店业协会负责人、中瑞两国酒店企业管理者、业内专家、知名学者和行业媒体300余人出席了会议。

（资源来源：http://news.cncn.com/255872.html）

□ 【自我检测】

1. 饭店的人力资源管理主要包括哪些内容？
2. 饭店员工的招聘分几个步骤进行？分别要注意什么问题？
3. 饭店前台员工的培训形式和方法有哪些？
4. 饭店员工激励管理的意义何在？
5. 为饭店餐饮部的各类员工设计一套薪酬标准。

□ 【思考与讨论】

1. 饭店人力资源管理的原则有哪些？
2. 饭店外部招聘的程序是怎样的？
3. 饭店员工的激励原则有哪些？

□ 【实践与应用】

设计一套饭店员工薪酬体系，要求合情合理。

【思考与讨论】

1. 饭店人力资源管理的原则有哪些？
（1）建立"以人为本"的饭店企业文化。
（2）建立能级对应的培训模式。
（3）建立弹性的工作标准。

2. 饭店外部招聘的程序是怎样的？
（1）发布招聘空缺职位的信息。
（2）同应聘者进行初步面谈，经过筛选后发给职位申请表。
（3）审核职位申请表及有关材料。
（4）正式面谈与测试。
（5）体格检查。
（6）议定工资、待遇，正式聘用。

3. 饭店员工的激励原则有哪些？
（1）物质激励与精神激励相结合的原则。
（2）因人而异的差别激励原则。
（3）公平公正原则。
（4）正反激励相结合的原则。

第八章　饭店市场营销管理

■ 【关键词】

　　饭店市场营销　关系营销　顾客满意理念　超值服务

■ 【学习要点】

　　了解饭店市场营销的含义；认识饭店市场营销策略；掌握饭店市场营销计划和饭店市场营销控制。

■ 【章前导读】

　　饭店市场营销是饭店经营活动的重要组成部分，它开始于饭店提供产品服务之前，贯穿于饭店的一切业务活动之中。综观中国饭店业的发展，1989年以前基本上处于卖方市场，饭店经营者对饭店市场营销售没有给予足够的重视。1989以后到目前，饭店业的环境发生了重大的变化，大批饭店相继出现，竞争越来越激烈，为了在竞争中取得有利的地位，饭店经营者必须树立现代市场营销管理观念，不断改进和提高饭店的市场竞争力，才能在市场竞争中拥有一席之地。

第一节　饭店市场营销管理概述

一、饭店市场营销的含义

（一）市场的含义

　　市场一词，最早是指买主和卖主聚集在一起进行交换的场所。经济学家把市场表述为卖主和买主的集合。但在市场营销学中，卖主构成行业，买主构成市场。因此，在市场营销中市场是指具有特定需要和欲望，而且愿意并能够通过交换来满足这种需要或欲望的全部潜在顾客。饭店市场，就是指那些对饭店产品有需要或欲望，并具有支付能力的人或组织。

　　从市场的含义，可以看出市场包括三个主要因素：有某种需要的人、为满足这种需要的购买能力和购买欲望。用公式表示就是：

$$市场＝人口＋购买力＋购买欲望$$

从这个公式可以看出，市场的大小取决于那些有某些需求，并拥有购买力和购买欲望的人。市场的这三个因素相互制约、缺一不可，只有三者结合才是一个有意义的市场，才能决定市场的规模和容量。例如，一个地区或国家人口多，但收入低，购买力低下，那购买欲望再强，也不是一个大的市场。但是，一个人口多、购买力强、购买欲望高的地区或国家就是一个真正意义上的大市场。因此，饭店在确认市场时，要以市场的这三个主要因素为考核标准来选择饭店目标市场。

（二）饭店市场营销的含义

正确理解饭店市场营销的内涵，是饭店开展有效的市场营销活动的前提。饭店市场营销只是营销体系中微观市场营销的一个分支，要弄清什么是饭店市场营销，首先要知道什么是市场营销。

市场营销的含义不是一成不变的，它是随着饭店市场营销实践的发展而发展的。美国市场营销协会（AMA）1985年曾给市场营销下了一个定义：市场营销是关于构思货物和服务的设计、定价、促销和分销的规划与实施过程，目的是创造能实现符合个人和组织目标的交换。在交换双方中，如果一方比另一方更主动、更积极地寻求交换，则前者称为市场营销者，后者称为潜在顾客。

从美国市场营销协会给市场营销下的定义，可以看出：

（1）市场营销不同于销售或促销，而是一系列的活动过程，包括市场营销研究、市场需求预测、新产品开发、定价、分销、广告、人员推销等一系列活动，而销售或促销只是考虑如何实现产品，只是市场营销中的一部分。著名管理学权威彼得·德鲁克曾指出："市场营销的目的就是使销售成为不必要。"

（2）市场营销的核心是交换。从市场营销的定义中可以看出，市场营销的核心是交换，即通过一系列的诸如构思、设计、定价、促销和分销的规划和实施，来实现个人或组织的目标。

（3）市场营销者可以是买主也可以是卖主。关键看谁在实现交换这一规则和实施过程中处于主动位置。

由于饭店市场营销包括一般市场营销的本质内容。即通过实现客人满足的交换来实现饭店经营的目标。因此，可以根据一般市场营销的概念来对饭店市场营销下个定义：

饭店市场营销是为了实现顾客满足，实现饭店组织目标而进行的一系列有计划、有步骤、有组织的活动，是一个根据顾客需要和欲望展开的产品、价格、销售渠道及促销的策划和实施的过程。这一过程包括以下活动：为了解市场及客户进行的调查活动；为促销进行的设计与策划活动；为让市场客户购买产品而展开的宣传促销工作；饭店针对销售渠道成员的沟通和培训活动；信息反馈，修改营销方案的活动等。

饭店市场营销理论源于市场营销学，但是又具有饭店服务业的无形性、不可分离性以及不可储藏性等特点，故不同于市场营销学，而是从属于服务营销学。20世纪60～70年代，随着服务业的兴起，西方国家兴起服务营销学。1966年，美国人拉斯摩（John

Rathmall）教授把无形产品与有形产品进行了区分，提出要以非传统的方法研究服务的营销问题，并在著作中明确指出仅把市场营销学的概念、模型、技巧应用于服务领域是行不通的，必须建立服务导向的理论架构。到了20世纪80年代末，西方服务营销学理论逐渐成熟，成为一个脱胎于市场营销学的理论体系，一门专门研究服务行业的行为和产品营销中的服务环节的科学。因此，作为服务业的组成部分，饭店进行市场营销管理时应从服务营销学的视点来进行。

二、饭店市场营销理念

（一）关系营销理念

关系营销（Relationship Marketing）是美国营销学者巴巴拉·杰克逊于1985年首先提出的，也称咨询推销、关系管理、人际管理，是服务组织与顾客、分销商、经销商、供应商等建立、保持并加强关系，通过互利交换和共同履行诺言，使各方都实现营销目的的营销行为的总称。饭店关系营销理念就是饭店以关系营销的理论指导自己的行动所形成的指导思想及经营哲学。

1. 饭店关系营销的目标和途径

（1）饭店关系营销的目标。饭店关系营销的目标就是饭店与顾客结成长期的相互依赖关系，发展饭店与客人之间连续性的交往，以提高顾客对饭店的忠诚度和巩固饭店市场，促进销售。例如，国外很多管理水平较高的饭店，都把顾客当伙伴，给每位住店的客人建立数据库。这样一来只要客人再次住店，饭店员工就可以通过计算机查询客人的个人爱好、消费习惯，在客人开口前提供满足客人需要的服务。同时，积极与客人沟通，让客人参与设计服务过程，为客人提供真正符合其个性需求的饭店产品。

（2）饭店建立关系营销的途径。饭店和顾客、供应商、分销商等建立良好关系的过程就是建立饭店关系营销的过程。饭店、顾客、供应商和分销商等共同构成关系营销的成员，成员的良好关系将有助于饭店实现经营管理的总目标。建成饭店关系营销的途径主要有四种：

①饭店在向客人提供饭店产品的基础上提供附加的经济利益。饭店向经常使用或购买饭店产品的客人提供额外的利益。如有的饭店给经常使用本饭店设施设备的客人提供超值服务，以鼓励他们再次到饭店消费，从而使饭店和客人建立起某种关系。

②饭店在提供附加经济利益的基础上给客人提供附加的社会利益。饭店在向客人提供饭店产品时，还要承担起相应的社会责任。如勇于承认饭店服务过程中的不足或失误，并及时有效地加以处理；向客人建议如何更好地使用饭店的设施设备；向客人介绍饭店的环保措施、节约能源措施以及所开展的社会公益事业活动等，让客人感受到饭店不仅追求自身经济利益，同时也承担相应的社会责任，是一个可以引以为荣、值得尊重的饭店。

③饭店在向客人提供饭店产品的基础上，减少购买成本。饭店在向客人追加各类利益的同时，还可以通过减少客人总成本的方法来增进与客人的关系。这些减少的成本包括货币成本、时间成本、体力成本、精力成本、信息成本等。

④饭店在提供附加的经济利益和社会利益的同时，建立起饭店与客人的结构性纽带。饭店可以通过向客人提供更多的服务来建立结构性的关系。如有的饭店定期不定期地向住过店的客人介绍饭店的新发展、新促销活动等内容，以加强与客人的联系；有的饭店帮助与饭店有联系的组织开展相关活动，如租用饭店设施设备进行开会，协助新闻发布会的活动设计，建议消费的产品组合等。

（3）饭店保证关系营销健康发展的措施。

①保证饭店产品的质量。饭店要保证关系营销网络的巩固和发展，必须要保证饭店的产品质量。没有质量保证的饭店产品将会损害到营销网络其他成员的利益，所建立起来的营销网络将不能长久。因此，要保证饭店关系营销网络的巩固和发展，饭店就要保证饭店产品的服务质量，并随着市场的要求不断提高饭店产品的质量。

②制定合理的价格。饭店在经营过程中，不能只顾自己的利益最大化，还要兼顾其他网络成员的利益。不能够因经营环境好，就抛弃或损害其他网络成员的利益，要时刻和其他网络成员保持互惠互利的关系。这样建立的营销网络才能巩固，才能发展，才能拥有持久的生命力。

③保证饭店关系营销网络信息通畅。饭店建成了关系营销网络，并不意味着饭店就拥有了稳固的客源。饭店还需与网络的其他成员保持密切的信息沟通，让其他网络成员了解饭店的近况，了解饭店推出的新产品。同时，饭店要积极获取网络成员的信息，密切注意网络成员的需求动态，以便及时调整饭店的产品结构，推出适合网络成员需要的饭店产品。

2. 饭店关系营销的市场领域

饭店的关系营销市场领域涉及饭店现有的和潜在的顾客市场、中介市场、供应商市场、劳动力市场、影响市场和内部市场。

（1）顾客市场。饭店的顾客市场有开发出来的和潜在的两种。在饭店业日益激烈的市场竞争中，饭店一方面要开发潜在的顾客市场，以增加饭店的客源，另一方面要更加注重已开发出来的现有顾客市场，设法通过全面质量控制、加强客人参与、增加客人满意度等方式加强客人对饭店的忠诚度。只有这样，才能获得越来越多的客源。

（2）中介市场。饭店市场营销的优劣具体体现在饭店所拥有的客人数量。饭店要增加客人数量，就要对中介市场特别关注，因为中介市场会给饭店带来丰厚的客源。饭店的中介市场包括顾客、旅行商、广告商和政府等。饭店通过中介组织的各种活动，如顾客的口头宣传、旅行商的推销活动、广告商的广告，可以有效地巩固和扩大饭店的客源量。

（3）供应商市场。饭店不但要和顾客建立良好的关系，还要和供应商建立良好的合作关系。在美国，企业与供应商的关系被称为"反向营销"；在欧洲，被称为"共同制造关系"或"卖主伙伴关系"，供应商可以为企业的发展作出重大贡献。因此，饭店要和供应商建立良好的关系。通过和供应商长期的业务合作，饭店可以降低经营成本，提高经营效率，甚至开辟新的客源市场。

（4）劳动力市场。饭店作为一个综合性企业，要做好饭店服务工作，需要拥有大量不同专业技术知识的专业人才。因此，饭店要关注劳动力市场，了解劳动力市场的供给状况，为饭店的发展寻找合适的人才，做好饭店人力资源的开发和管理工作。

（5）影响市场。在饭店业的经营中，很多组织会对饭店的经营管理活动产生影响，如政府对旅游行业的管理，报社记者对饭店的报道，饭店或旅游行业协会对饭店的评价，以及金融机构、消费者权益协会、一般顾客等。同时，各种标准化或非标准化机构对饭店的评价也会对饭店的客源市场产生影响。因此，饭店要关注这些对饭店经营产生影响的机构。协调好与他们的各种关系，使他们能对饭店的经营发展产生积极的促进作用。

（6）内部市场。饭店的内部市场主要是指饭店组织内的所有员工，饭店要做好饭店服务，就需要全体员工的积极参与。饭店要关注饭店内部成员，做好内部营销工作。开发和管理好饭店的人力资源，让饭店的每一个员工都对饭店有一个全面的了解，并采取各种手段调动员工的参与性。

饭店关系营销所涉及的六个市场，对于饭店的经营发展都有很大的营销作用，具体影响程度根据饭店所处的具体环境来决定。饭店在进行市场营销管理时，对这六个市场一定要给予足够的关注与重视。

3. 饭店关系营销的实施步骤

饭店在实施关系营销时可以采取以下步骤：

（1）筛选并找出值得和必须建立关系的顾客。所有顾客对饭店而言都是重要的，但是有些客人的影响力会更大，对饭店的经营发展会起到更好的作用。因此，饭店在进行关系营销时，要特别关注那些可产生很大影响的关键顾客。这样，饭店所建成的关系营销网络所发挥的作用将更强。

（2）指派专人负责，明确职责范围。关系营销对饭店的战略实施会产生很大影响。因此，在关系营销的实施过程中，饭店可设置专门的工作岗位，并根据饭店的经营战略总目标确定这些工作岗位的工作目标、工作内容以及相应的权、责、利等内容。

（3）制订长期、中期和短期关系营销计划。列入计划期的目标、策略、方案和所需资源，要针对不同市场的特点进行设计。饭店要把关系营销纳入到饭店的正常经营管理活动中，根据饭店的总目标制订不同发展时期的关系营销计划，并配置相应的资源来保障关系营销计划的实施。

（4）信息反馈和计划修正。要对整个关系营销过程进行信息反馈，及时了解顾客消费需求，及时发现营销过程中的不当或失误，及时总结、及时修正，使关系营销开展得更加有效。

（二）顾客满意理念

1. 顾客满意理念的概念

顾客满意理念也称CS，是英文Customer Satisfaction的缩写，是指企业的全部经营活动都要从满足顾客的需要出发，以提供满足顾客需要的产品或服务为企业的责任和义务，以满足顾客需要，使顾客满意作为企业的经营目的。

顾客满意理念是对20世纪50年代形成的市场营销学"以消费者为中心"理念的发展。"以消费者为中心"的理念把企业生产由"以生产者为中心"转到了"以消费者为中心"。顾客满意营销在"以消费者为中心"的基础上要求企业把顾客的现实需求与潜在需求作为企业开发产品和服务项目的源头，并在市场营销全过程及其各个环节中都要以最大可能满足消费者需求为目标和方向。同时，企业要及时跟踪研究顾客的满意度，根据顾客满意度改进项目和目标，调整企业经营环节，以稳定老顾客，增加新顾客。

顾客满意理念也是对20世纪70年代流行的CI理念的补充。CI是企业形象理念的英文缩写（Corporate Identity），是指企业凭借系统地设计或改变企业形象，形成和其他企业不同的标志和特长，使企业对内形成凝聚力，对外产生吸引力，从而达到提高企业经营业绩的目的。企业形象系统由理念识别（MI）、行动识别（BI）和视觉识别（VI）3个子系统构成，主要体现识别、促销和凝聚三大功能。通过企业形象系统，企业力图将企业的经营理念和企业文化通过视觉传达设计，渗透到企业的一切经营服务活动中去，从而达到在企业内形成统一和共识，在企业外建立独特形象识别，得到社会认可的目的。企业形象理念强调了企业自身建设，CS理念则强调了企业营销对象——顾客的满意，两者形成了互补。

2. 饭店顾客满意服务的内涵

饭店顾客满意服务是一个系统，它包括3个纵向的递进层次和5个横向的并列层次。

（1）纵向递进层次。

①物质满意层次，即顾客对饭店服务产品的核心层，如饭店服务产品的功能、品质、品种和效用感到满意。

②精神满意层次，即顾客对服务方式、环境、服务人员的态度、提供服务的过程感到满意。

③社会满意层次，即顾客对饭店产品和服务的消费过程中所体验的社会利益维护程度感到满意。顾客在消费产品和服务的过程中，充分感受到饭店在维护社会整体利益方面所反映出的道德价值、政治价值和生态价值。

（2）横向并列层次。

①饭店的经营理念满意，即饭店经营理念带给顾客的满意程度。经营理念包括饭店经营宗旨、经营方针、经营哲学和经营价值观等方面。

②饭店的营销功能满意，即饭店的运行状态带给顾客的满意程度。饭店营销功能包括饭店的行为机制、行为规则、行为模式和行为实施程序等。

③饭店的外在视觉形象满意，即饭店具有可视性的外在形象带给顾客的满意程度。包括饭店的视觉形象标志、标准字、标准色、饭店外观设计、饭店的环境以及饭店的设施设备等。

④有形产品满意，即饭店的有形产品或服务产品载体带给顾客的满足程度。有形产品包括饭店实物产品的质量、功能、设计、价格等。

⑤无形服务满意，即饭店无形服务带给顾客的满足程度。

3. 饭店顾客满意理念的目标

饭店顾客满意理念的目标是培养和提高饭店顾客对饭店的忠诚度。顾客忠诚是指顾客对饭店和他的产品与服务形成偏爱并长期持续重复购买的行为。

在一般情况下，顾客对饭店和饭店产品与服务的忠诚状态有以下四种情况：

①忠诚型，表现为A、A、A、A（忠于A状态）。

②交替型，表现为A、B、A、B（A、B交替状态）。

③排斥型，表现为B、C、D、E（排斥A状态）。

④不定型，表现为B、C、A、D（无序状态）。

推行顾客满意理念就是要把交替型、排斥型和不定型的顾客向忠诚型顾客转变。培养忠诚型顾客对饭店的积极影响如下：

- 重复购买饭店产品和服务，提高饭店的销售额。
- 饭店招揽顾客费用降低，节省经营成本。
- 产生口碑效应，有助于吸引更多客人。
- 有助于提高饭店服务的有效性。
- 形成饭店经营管理良性循环：忠诚度高—饭店效益好—员工条件改善—员工忠诚度提高—员工工作效率提高—饭店信誉提高—顾客忠诚度提高。

饭店顾客忠诚度的高低可以从以下几个方面衡量：

- 重购数量。重购数量越多，顾客的忠诚度越高，反之则低。
- 挑选时间。挑选时间短，顾客忠诚度高，反之则低。
- 对价格敏感程度。对价格敏感程度低，顾客的忠诚度高，反之则低。
- 对竞争对手的态度。对饭店竞争对手态度冷淡，顾客的忠诚度高，反之则低。

4. 顾客满意理念指导下的饭店营销策略

饭店实施顾客满意的营销战略，主要是为了提高饭店顾客的满意度、忠诚度，以增加饭店的收益，进而实现饭店总目标。要真正做到提高顾客对饭店的满意度、忠诚度，就需要切实做好以下几个营销策略。

（1）树立"以客为尊"的经营理念。"以客为尊"的饭店服务经营理念，是饭店员工做好服务工作最基本的要求，同时也是指引饭店所有部门、所有员工共同为客人提供优质服务的奋斗方向。如饭店业的格言"客人永远是对的"，就是让客人感到受欢迎，受尊重，给客人以满足感，从而提高客人对饭店的满意度。

（2）开发客人满意的饭店产品。不同的饭店客人因各人喜好不同，对饭店产品的要求也不一样。因此，饭店在顾客满意理念的指导下，在给客人提供饭店产品时，要不断了解客人的需求信息，不断地扩大顾客的参与程度，让客人参与饭店产品的设计，生产出更符合客人个性特征的饭店产品，从而增加客人的满意度，增强客人对饭店的忠诚度。

（3）建立科学的顾客满意分析系统。饭店要实施顾客满意战略，就要在顾客满意的服务调查和顾客消费心理分析的基础上，建立一套顾客满意分析处理系统，以保障这一战略的实施。这一系统包括饭店服务理念满意系统、行为满意系统、视听满意系统、有形产品满意系统和无形服务满意系统五个子系统。

（三）超值服务理念

1. 超值服务的概念

超值服务就是用爱心、诚心和耐心为客人提供超越其心理期待（期望值）的服务。通过超值服务，可以使顾客在对饭店服务感到满意的基础上，对饭店的服务感到意外，超越顾客对饭店产品的期望，让顾客真正地认可、接受饭店，从而实现饭店组织的总目标。

2. 顾客期望与饭店超值服务

饭店实施超值服务，在很大程度上取决于饭店提供的服务与顾客对饭店服务的期望，期望和感觉的不一致决定了顾客对饭店服务质量的评估。因此，饭店所提供的服务只有超出了顾客对饭店的服务期望，对顾客而言才是超值的。饭店要提供超出顾客期望的服务产品，就需要针对顾客对饭店的期望进行有效的管理，以奠定为顾客提供超值服务的基础。

（1）要保证承诺落实。饭店对顾客的服务承诺有明确的服务承诺和暗示的服务承诺两种。明确的服务承诺和暗示的服务承诺都是饭店所能控制的。对饭店的服务承诺进行有效的管理，是饭店管理顾客期望的有效办法。饭店对顾客的过分承诺，将会影响客人对饭店服务的满意度，损害客人对饭店的信任。例如，很多饭店打出"三星的价格，四星的服务"这样的口号来吸引客人，但三星级饭店的设施设备标准与四星级的标准是不同的，饭店不可能提供同样质量的服务产品，这样的承诺是无法实现的。因此，饭店应该用明确的描述（如广告和推销人员）和暗示性的方法（如服务设施的外观、服务价格）向客人反映饭店的真实服务水平，从而保证自己的承诺可以完成，而不是让客人空欢喜一场甚至感到上当受骗。

（2）要重视服务的可靠性。饭店为顾客提供的服务，要重视按照给顾客的服务承诺进行服务。这样既可以维护饭店的声誉，也可以限制顾客对饭店服务的过分要求。

（3）要与顾客进行沟通。与顾客经常进行沟通，了解顾客对饭店产品的期望，可以有助于饭店为顾客提供个性化的服务。同时，通过沟通，向客人说明所提供的服务，和客人建立合作的关系，可以增强客人对饭店的信任和容忍度，有助于在出现服务问题时减少或避免客人对饭店的负面感受。

3. 饭店为顾客提供超值服务的途径

饭店可利用服务传递和服务重现所提供的机会来提供超出顾客期望的服务。

（1）进行优质的服务传递。在服务的传递过程中，顾客亲身经历了饭店所提供的服务技能和服务态度。这一过程给饭店提供了为客人提供超值服务的机会。每一次接触都是一次潜在的机会，都可以使客人感觉得到了比过去的经验期望更好的服务。因此，饭店可以通过优质的服务传递来创造超值服务的机会。

（2）利用服务重现。服务重现也是一个给顾客提供超值服务的机会。在服务重现的过程中，顾客对饭店服务的结果和过程的期望会比以前要高一些，但整个重现过程却为饭店提供了更多的提供超出顾客期望的服务机会。因此，饭店服务中的重现服务过程将为饭店带来提供超值服务的机会。

4. 饭店超值服务系统

饭店超值服务贯穿饭店产品生产的全过程，饭店超值服务系统包含售前超值服务、售中超值服务和售后超值服务三个子系统，这三个子系统紧密相连，共同实现饭店的超值服务。

售前超值服务就是要求饭店做好售前培训、售前调研、售前准备等工作，为饭店吸引顾客、接待顾客做好准备。如员工的岗前培训、销售部的市场调研、市场促销等工作。

售中超值服务就是要求饭店做好客人到饭店后的各种服务工作，包括各种服务规范，如语言规范、姿态规范等。

售后超值服务是饭店在客人离开饭店后提供给客人的一系列服务。如给客户电话问候，给客人邮寄饭店最新宣传品等。

（四）绿色营销理念

1. 绿色营销的含义

1998年英国作家出版了《绿色消费指南》一书。该书呼唤绿色消费意识的崛起，推介了一系列绿色标准，倡导开展绿色消费运动。随之，绿色消费成了一种环保浪潮。这种绿色消费意识给市场带来了巨大的商机，很快绿色营销成为市场营销中的一个新亮点。绿色营销是在绿色消费的驱动下产生的。"绿色消费"的概念是广义的，主要是指在社会消费中，不仅要满足我们这一代人的消费需求和安全、健康，还要满足子孙万代的消费需求和安全、健康。它有三层含义：一是倡导消费者在消费时选择未被污染或有助于公众健康的绿色产品；二是在消费过程中注重对垃圾的处置，不造成环境污染；三是引导消费者转变消费观念，崇尚自然，追求健康，在追求生活舒适的同时，注重环保，节约资源和能源，实现可持续消费。所谓绿色营销，是指企业以环境保护观念作为其经营哲学思想，以绿色文化为其价值观念，以消费者的绿色消费为中心和出发点，力求满足消费者绿色消费需求的营销策略。

2. 饭店绿色营销实施措施

（1）树立绿色形象。饭店业在实施绿色营销的过程中，首先要做到树立良好的绿色形象。企业形象是社会公众对企业的综合评价。良好的企业形象是企业的一笔巨大的无形资产，对企业的生存发展有着至关重要的作用。随着社会进步和经济发展，企业之间的竞争不仅取决于硬件和推销力，也取决于形象力。企业形象是由一系列指标构成的，企业绿色形象包括绿色产品形象、绿色服务形象、绿色员工形象和绿色环境形象等。饭店应对员工进行绿色环保的教育，培养员工的"绿色服务意识"。

（2）开发绿色产品。开发绿色产品应以环境和环境保护为核心。绿色产品的开发必须遵循以下原则：①节省原料和能源；②减少非再生资源的消耗；③容易回收分解；④低污染或者没有污染；⑤不对消费者身心造成损害。目前，饭店的绿色产品包括绿色客房、绿色餐厅、绿色服务三大类。绿色客房：首先，饭店应设置无烟楼层和无烟客房，在客房中布置绿色环境，在客房中放置绿色告示卡，使饭店创建绿色客房的行动取得宾客的理解和支持。其次，用绿色物品替换客房原有的有害物品，如用棉制洗衣袋替换塑料洗衣袋，用棉布等自然纤维制品替换化纤制品。最后，节约客房消耗，如用节能灯代替一般照明；在保证水压的情况下，减少抽水马桶的每次用水量和水龙头的出水量；在满足客人要求和保持清洁卫生的前提下，减少床单等洗涤次数。绿色餐厅：创建绿色餐厅的核心是使用推广绿色食品。绿色食品是指无公害、无污染、安全、新鲜、优质的食品，它包括蔬菜、肉类和其他食品。饭店餐饮部要求选购绿色食品，在烧菜及制作点心时使用天然的色素，不用化学合成添加剂；不用珍稀动物和野生动物制作菜肴；尽量多使用具有"绿色标志"的原材料。绿色服务：饭店在餐饮服务中适当提示客人点菜不要过量，提倡"消费不浪费"；客人需带走剩菜时，积极提供"打包"服务；餐饮部、客房部开设无烟客房和无烟餐桌，以满足不吸烟绿色消费者的需要；酒店专门设立收集旧电池等有害物品的废物箱；在酒店外围摆放分类回收的垃圾箱等。

（3）加强绿色沟通。绿色沟通就是把环保理念纳入产品和企业广告活动中，通过强调企业在环保方面的行动来改善和加强企业的绿色形象，更多地推销绿色产品。其具体内容包括：主动为媒体提供企业绿色产品和绿色服务的信息；引导顾客购买绿色产品，如在宾客订房时宣传饭店无烟客房的特点及优越性；通过各种形式如灯箱广告、内部广告及在客房前厅的宣传手册等来传递绿色信息等。另外，饭店还应该开展绿色公关，主要工作包括与各新闻媒体保持良好关系，利用"无冕之王"为企业的绿色表现作宣传；安排著名环保人士参观访问酒店，指导酒店"创绿"工作；积极参与有关部门组织的重大绿色活动，主动进行绿色赞助等。绿色沟通是树立酒店绿色形象的重要途径，它帮助饭店把绿色信息更广泛、更直接地传递给社会公众，给饭店带来更多的影响和竞争优势。

（4）设计绿色组织结构。设计绿色组织是饭店业实施绿色营销战略的制度保障。加强绿色营销管理，饭店可以在董事会设置环保董事，具体负责有关环保方面的一些事务，定期进行环保分析，监督绿色营销战略与目标的落实，为公司雇员和管理人员提供环保培训；设立"绿色经理"或可持续发展小组，以负责饭店绿色营销的实践。

3. 饭店实施绿色营销应注意的问题

尽管我国饭店绿色营销已取得良好开端，但从整体而言，大多数饭店尚不具备绿色营销意识。传统的、非持续性的销售观念和营销手段在大多数饭店仍居主导地位，从而影响了我国饭店营销绿色化的进展，并对我国饭店可持续发展战略的有效实施产生了不利影响。

（1）饭店营销目标尚停留在刺激消费、追求消费数量增加的阶段。绿色营销与传统营销的分水岭之一是对待消费的态度。绿色营销追求可持续消费模式。近几年旅游饭店数量增长过快，不仅造成了资财的浪费，也使资源得不到合理的配置。目前，我国饭店尤其是高档饭店普遍过剩，旅游淡季客房出租率不高，饭店之间恶性削价竞争激烈，饭店服务质量下降，这与绿色营销的观念是背道而驰的。在一般老百姓的心目中，旅游饭店是一个高消费的场所，往往会将它与挥霍浪费和过度地追求物质享受联系在一起。然而，严重的环境问题正在改变着人们传统的思想观念。那种靠过度地消耗自然资源、讲究排场、追求奢华的物质享受的消费模式逐渐遭到否定。挥霍和浪费自然资源，只能加剧环境的恶化，阻碍人类文明的进程。饭店是一个较高档次的消费场所，由饭店推出绿色客房，开展绿色服务，提供绿色食品，引导客人进行绿色消费，这对树立公众的环保意识，具有十分重要的意义。

（2）节约材料耗费，保护地球资源，节约能源。除了教育员工应养成节水、节电的良好习惯并制定奖励办法外，更主要的是尽量采用先进的节能设备，安装节能照明装置、节水设备、能源控制设施，如节能灯、感应水阀、限能系统等。饭店节能的潜力相当大，只要加强管理，提高操作技能，采用一些节能设备，饭店的能耗量下降15%～25%是完全有可能的。

（3）绿色产品应成为饭店的首选产品。在许多国家，绿色产品已成为最好销售的产品，成为消费者的首选产品。但在我国却远非如此，有些饭店甚至为获取蝇头小利而追求污染产品。例如，尽管上海市政府再三要求餐饮业取消泡沫塑料饭盒，改用可降解材料制作的饭盒，然而却难以推行，原因仅仅是因为使用可降解材料制作的饭盒成本要比泡沫塑料饭盒略高。

（4）环境标志制度应引起重视。当前，一些发达国家已普遍实行环境标志制度。在经济全球化的背景下，环境标志已经成为开启国际市场的绿色钥匙。随着越来越多的国家实行环境标志制度，越来越多的产品被纳入环境标志范围。我国环境标志自1994年起实行，但由于国内市场较大，且消费者对环境标志产品并无强烈要求，因而大多数饭店对获取环境标志兴趣不大，这显然不利于饭店落实绿色营销。

4. 饭店绿色营销的发展趋势

（1）绿色营销发展为新世纪世界市场营销发展中的新动向（包括信息营销、绿色营销、政治营销、关系营销、网络营销、整合营销等）。据经济学家预言，环保问题将成为影响市场供求关系的重要因素，成为21世纪市场营销中一项重要议题。而以环保为主题的绿色营销在未来市场营销中的地位将日益突出，并为饭店带来许多机会利益。

（2）绿色营销日益为政府和社会各界所拥护及支持。绿色营销对于政府和社会公众有多方面益处，包括有利于政府环保工作负担的减轻，有利于政府环保政策的实施和可持续发展战略目标的实现，以及有利于社会公众生存环境质量及生活品质的提升等。

（3）绿色营销不仅是饭店营销这一运作领域的事情，还将是饭店长远发展的一种发展战略。对实施绿色营销的饭店而言，绿色营销是其饭店具体发展战略的一部分。饭店视绿色营销为一种新的发展机遇，希望通过绿色营销开拓市场，吸引消费者，打败竞争对手，从而获得饭店的长足发展。总之，绿色营销是饭店全体的"绿色整体大行动"，包括饭店理念、饭店组织设置等，都将为配合绿色营销而作相应的调整。

（4）绿色营销与消费者互动作用增强。绿色营销不是独自努力就能成功的，它也依赖于与消费者的互动作用。首先，绿色营销要以消费者的绿色意识转化为绿色消费行为为前提。否则，绿色营销只能是一种说法，没有市场前景。其次，绿色营销因其大量的绿色投入而使绿色价格偏高，这也需要消费者的理解与接受。总之，一方面消费者促进了绿色营销，另一方面绿色营销也促进了消费者消费模式的改变，这二者一直处于互动过程中。

（5）绿色营销将受到越来越多的管制。绿色营销作为一种新的市场行为，在其初发阶段，各方面的立法和监管尚未成熟，市场秩序尚未建立。许多饭店趁机利用"绿色"烟幕来做动作，为自己树立一种所谓的绿色形象，而事实上换汤不换药，营销的本身运作仍未"绿化"。现在有些国家已对绿色标志制定了各种规定，包括饭店必须有实际行动，否则不能在公众面前鼓吹自己的绿色形象，在做绿色形象宣传时必须用具体的事例，而不能用"绿色"、"环保"或"生态"泛泛而指等。

总之，经营理念是饭店的行为指南，只有新的理念才会有新的行动。饭店进行市场营销活动时，只有以关系营销理念、顾客满意理念、超值服务和绿色营销理念为行动指南，才能有助于饭店生产出符合顾客需求的高品质的饭店产品，才能有助于饭店在激烈的市场竞争中获取顾客的货币选票，才能有助于饭店的经营发展，有助于饭店总目标的实现。因此，在饭店的营销活动中，要不断地吸取新型的经营思想、经营理念，只有这样才能使饭店的营销活动取得较好的效果。

三、饭店市场营销环境分析

饭店市场营销环境分析主要是对饭店的内外经营环境信息进行分析，为饭店的营销计划提供科学的依据。主要包括饭店一般外部环境分析、行业环境分析、竞争对手分析、自身分析和顾客分析五个部分。

（一）一般外部环境分析

一般外部环境也称总体环境，是在一定时空内所有组织共同面对的环境，大致包括政治、社会、经济、技术、自然五个方面。

政治环境包括一个国家的社会制度，执政党的性质，政府的方针、政策、法令等。不同的国家有不同的社会性质，不同的社会制度对饭店活动会有不同的限制要求。即使社会制度不变的同一个国家，在不同时期，由于政府政策不同，也会对饭店经营活动产生很大的影响。

社会文化环境包括一个国家或地区的居民教育程度和文化水平、宗教信仰、风俗习惯、审美观点、价值观念等。文化水平会影响对饭店的需求类型，宗教信仰和风俗习惯会禁止或抵制某些活动，价值观念会影响人们对饭店组织目标、组织活动和饭店本身的认可，审美观点会影响人们对饭店活动的内容、方式和活动成果的态度。

经济环境包括宏观和微观两个方面。宏观经济环境主要是指一个国家的人口数量及其增长趋势、国民收入、国民生产总值及其变化情况以及通过这些指标能够反映的国民经济发展水平和发展速度。微观经济环境主要是指饭店所在地区和所在服务地区的消费者收入水平、消费偏好、储蓄情况、就业程度等。这些因素直接决定了饭店当前和未来的市场大小。

技术环境主要分析饭店所处业务领域直接相关的技术手段的发展变化情况。

自然环境主要分析饭店所处地理位置、气候条件和资源禀赋状况等自然因素。

（二）行业环境分析

行业环境分析主要包括行业竞争结构分析和行业内战略群分析。

1. 行业竞争结构分析

行业竞争结构分析包括行业内现有竞争对手研究、入侵者研究、替代品生产商研究、顾客讨价还价能力研究、供应商讨价还价能力研究五个方面。

（1）行业内现有竞争对手研究。行业内现有竞争对手研究主要研究竞争对手基本情况、主要竞争对手情况以及主要竞争对手发展动向。

竞争对手基本情况主要研究竞争对手数量、分布区域、有哪些活动以及规模、资金等基本情况，从中确定饭店的主要竞争对手，并明确主要竞争对手的竞争实力和变化情况。

主要竞争对手情况主要研究比较不同竞争对手的竞争实力，研究他们对本饭店构成威胁的主要原因，是规模大、知名度高，还是其他原因，以帮助饭店制定相应的竞争策略。

主要竞争对手发展动向主要研究主要竞争对手的市场发展和产品发展动向，以帮助饭店在竞争中争取主动地位。

（2）入侵者研究。潜在竞争者进入饭店行业，将加剧饭店业竞争，会导致饭店产品价格被压低或经营成本上升，整个行业利润率下降。因此，饭店在分析行业环境时，要研究入侵者的情况，这样才有助于饭店的市场竞争。

饭店入侵者研究主要研究行业进入障碍、行业产品价格水平、行业对入侵者的报复能力以及入侵者对报复的估计等。

影响行业进入障碍的主要因素有规模经济、产品差别化、转移成本、资本需求、在位优势和政府政策。

影响行业对入侵者的报复能力的因素主要有行业所处的发展阶段、行业的集中程度以及行业的退出障碍。

影响入侵者对报复估计的因素主要有行业过去对入侵者的行为反应以及入侵者对自身能力的估计。

另外，我们还需要了解"行业进入扼制价格"这一概念。影响入侵者进入的行业进入扼制价格是指入侵者设想的克服进入壁垒及其遭到报复的风险与入侵带来的潜在报酬平衡时的价格水平。行业进入扼制价格依赖于入侵者对未来的而不是对现在条件的预期。如果行业现行价格水平高于进入扼制价格，则入侵者预计入侵将有利可图；如果行业现行价格水平低于行业扼制价格，入侵者将预计进入将无利可图，从而不再进入。所以说，行业的定价水平是影响入侵威胁的重要因素之一。

（3）替代品生产商研究。饭店产品的基本的功能只是满足人们的食宿要求。因此，饭店的替代品较多，只要能提供食宿的饭店都是饭店的替代品生产商。不同的饭店尽管在等级、类型、目标市场上有所差别，但仍会形成潜在的威胁。

（4）顾客讨价还价能力研究。顾客在两个方面会影响饭店的经营，一是对饭店产品的总需求，二是讨价还价能力。顾客讨价还价的能力将直接诱发饭店之间的价格竞争，从而影响饭店的收益。影响顾客讨价还价能力的因素主要有：顾客购买转移成本的大小；饭店产品是否具有价格合理的替代品；顾客对饭店行业是否有充分的信息；顾客所在行业的获利状况等。

（5）供应商讨价还价能力研究。饭店的产品，有很多资源来源于外部，如能源、食品和各种耗用品等。因而，向饭店提供这些资源要素的供应商也会限制饭店的经营。饭店在分析行业环境时，要对饭店供应商的讨价还价能力进行研究。影响饭店供应商讨价还价能力的主要因素有：要素供应商行业的集中化程度；要素替代品行业的发展状况；要素是否存在差别化或转移成本较低；饭店业是否为要素供应商的主要客户；要素供应商是否采取"前向一体化"（指要素供应商在向顾客提供要素的同时，自己也生产耗用这种要素的产品或服务）等。

2. 行业内战略群分析

行业内战略群（Strategic Group），又译为战略集团，属于次行业（Sub-Industry）范畴。在一个给定的行业内，公司的战略选择可以由以下几个方面表现出来：①专业化程度；②品牌；③促销方式；④分销渠道选择；⑤产品质量；⑥技术领先程度；⑦纵向一体化；⑧成本结构；⑨销售服务；⑩价格政策；⑪财务杠杆；⑫与母公司的关系；⑬与母国及东道国政府的关系。行业内战略群正是依据这些战略特征来划分的。一个战略群是指某一行业内某些战略特征相同或相似公司的集合。行业内战略群分析主要是分析饭店行业中的战略群体。饭店战略群的形成原因多种多样，主要表现在专业化程度、品牌、分销渠道选择、纵向一体化等方面，饭店通过分析它们形成战略群的原因和变化趋势，有助于确定饭店在行业竞争中选择什么样的竞争战略。

（三）竞争对手分析

竞争对手分析主要是研究行业竞争结构中竞争对手的未来目标、发展战略以及服务质量、经营能力等内容。竞争对手分析的范围要比行业竞争分析中现有竞争对手研究的范围广。

通过竞争对手分析，饭店要在前面认识行业竞争对手和潜在竞争对手的基础上，进一步认识行业竞争中可能成功的战略，竞争对手对各种不同战略可能做出的反应，竞争对手对行业变迁以及更广泛的环境变化可能做出的反应。竞争对手分析必须回答："在行业中，我们与谁展开竞争，我们应采取何种行动""竞争对手的战略行动意味着什么，我们应如何应付""我们应该规避哪些领域，在这些领域里竞争对手将采取什么样的情绪化和拼死的行动"。

（四）自身分析

自身分析主要是研究饭店自身的资源条件、优势与劣势以及饭店的目标与经营战略、市场定位、服务质量、营销组合等。通过自身分析，饭店可以了解自己与对手的差距和不足，为饭店制定营销策略提供依据。

（五）顾客分析

顾客分析就是分析饭店的目标市场，主要包括总体市场分析、市场细分、目标市场确定和产品定位四个方面。

总体市场分析包括市场容量分析和市场交易便利程度分析。影响市场容量的主要因素有区域国民经济发展状况、居民收入水平、居民储蓄和消费偏好、人口数量等。影响市场交易便利程度的因素主要有基础设施建设、法规建设等。

市场细分包括确定细分变量并细分市场和细分结果描述。典型的饭店市场细分变量有四类：第一，地理因素，主要包括地区、区域大小、城市规模、人口密度、气候等；第二，人口统计因素，主要包括年龄、性别、家庭规模、家庭生命周期阶段、收入、职业、教育水平、宗教信仰、种族等；第三，心理特征因素，主要包括社会分层、生活方式、个性特征等；第四，行为因素，是与顾客的知识、态度以及顾客对产品的反应有关的因素，主要包括消费场合、礼仪、使用率、使用状态、忠诚度等。饭店可从这四个方面对客源市场进行细分。

目标市场确定是指饭店在市场细分，评价并确定各细分市场的可能机会后，确定饭店所服务的具体细分市场。饭店评价细分市场，主要可从细分市场规模及存在状况、细分市场的吸引力和饭店的目标与资源三个方面来确定所评价的细分市场是否适合作为饭店的目标市场。一个好的目标市场应符合四大要求：①可测量性，即市场规模、容量和购买力可以测量；②丰富性，即市场规模足够大且有利可图；③可接近性，即市场可以有效地接近且能为顾客服务；④可实现性，即企业有能力满足该市场的需求。如果细分市场对企业具有吸引力，但市场容量过大，企业能力过小，从而无法满足该市场需求，则应该对该市场进行进一步的细分。

产品定位是饭店为了满足目标市场，确定饭店产品的功能、质量、价格和销售渠道等。饭店产品定位策略主要有初次定位、抢先定位、领导定位、重新定位、空隙定位、对峙定位和回避定位等。

四、饭店市场营销管理及其内容

饭店市场营销管理是指对饭店的经营项目、市场及营销活动进行计划、组织、执行和控制，以便能创造、建立和维持与目标市场的良好交换关系，实现饭店经营的总目标。

饭店市场营销管理的内容包括饭店市场营销计划、组织、执行及控制四个方面的内容。

饭店市场营销计划是指饭店在研究当前市场营销状况，分析饭店面临的主要机会与威胁、优势与劣势以及存在的问题基础上，对饭店的财务目标、市场营销目标、市场营销战略、市场营销方案以及预计损益表进行有效的控制。

饭店市场营销组织是指饭店内部涉及市场营销的各个职位及其结构。

饭店市场营销执行是指将饭店市场营销计划转化为行动方案的过程，并保证行动方案的完成，以实现计划的既定目标。

饭店市场营销控制是指管理者要经常检查市场营销的执行情况，检查营销实效与计划是否一致，如果不一致就要找出原因所在，并采取适当措施使营销实绩与计划目标相一致。

五、饭店市场营销管理的任务及其过程

（一）饭店市场营销管理的任务

饭店市场营销管理的任务就是分析需求、引导需求、满足需求，从消费者需求的满足中获得企业的经济效益。

根据需求水平、时间和性质的不同，市场上常出现八种需求形态。针对不同的需求状态，饭店市场营销管理的任务也不尽相同。

1. 负需求的管理

负需求是指全部或大部分顾客对某种饭店产品或劳务不仅不喜欢，没有需求，甚至还有厌恶情绪。在此情况下，饭店市场营销的任务是分析客人不喜欢这种产品的原因，研究如何经由产品再设计、改变产品的性能或功能、降低价格和正面促销的市场营销方案来改变客人对该产品的看法和态度，即扭转人们的抵制态度，实行扭转性营销措施，使负需求变为正需求。这种需求管理可以称为扭转性市场营销管理。

2. 无需求的管理

无需求是指市场对某种产品或劳务既无负需求又无正需求，表现为漠不关心，没有兴趣。这种需求状态表现为客人对饭店的产品不感兴趣，没有人购买饭店的产品。在这种情况下，饭店要设法把产品能带来的利益和价值与人们的自然需要和兴趣结合起来，以引起消费者的关注和兴趣，刺激需求，使无需求变为正需求，这种需求管理称为刺激性营销管理。

3. 潜在需求的管理

潜在需求是指多数消费者对市场上现实不存在的某种产品或劳动的强烈需求。这种情况在饭店中表现为客人是具有需求的，但客人的需求目前在饭店里没有任何一种产品可以满足。在这种情况下，饭店要了解这一潜在市场的规模和需求类型，有选择地开发出满足客人需要的服务产品。这种需求管理称为开发性营销管理。

4. 下降需求的管理

人们对饭店服务产品和劳务的兴趣和需求，总会有发生动摇或下降的时候，在这种情况下，饭店的市场营销者必须分析市场衰退的原因，决定是否通过开辟新的目标市场，改变产品特色，或者采取更有效的营销组合来刺激需求。这种需求管理称为恢复性营销。

5. 不规则需求的管理

客人对饭店产品的需求是不规则的，即在不同时间、不同季节需求量不同。这就让饭店出现了两大问题：一是高峰时，客人过分拥挤，服务人员人手不足；二是淡季的时候，房间、设备大量闲置，服务人员无事可做。因此，饭店市场营销的任务是设法调节需求与供给的矛盾，通过灵活定价、促销和其他激励措施，并寻找改变需求时间模式的方法，使供求趋于协调同步。这种需求管理称为同步性营销管理。

6. 饱和需求的管理

饱和需求是指当前市场对饭店产品的需求在数量和时间上同预期的最大需求已达到一致，出现饭店经营的最佳状态。但是，这种饱和需求状态不会静止不变，而是动态的，它常常由于两种因素的影响而变化：一是消费者偏好和兴趣的改变；二是同行业饭店之间的竞争。因此，饭店市场营销任务是设法保持现有的需求水平和销售水平，防止出现下降趋势。这就要求企业必须保持或改进产品质量，努力做好营销工作，这种需求管理称为维护性营销管理。

7. 过度需求的管理

过度需求是指市场对饭店产品的需求量超过了饭店所能供给和所愿供给的水平。在这种情况下，饭店设施全部出租，客房出租率达到100%，服务人员疲惫、服务质量下降，饭店处于破坏性经营状态。此时，饭店应当实行限制性营销，采取措施减少需求。这种需求管理称为降低性营销管理。

8. 有害需求的管理

有些产品或劳务对消费者、社会公众或供应者有害无益，对这种产品或劳务的需求，就是有害需求。这种需求表现在饭店业就是：按照政府法规或社会道德不能满足客人的某些需求，如客人的色情需求等。在这种情况下，饭店要反对和制止有害需求，同时不影响大多数客人进行正常享受的消费环境和氛围。这种需求管理称为抵制性营销管理。

（二）饭店市场营销管理的过程

饭店市场营销管理过程就是企业识别、分析、选择和利用市场营销机会制定饭店营销战略与策略，实现饭店任务和目标的过程。饭店市场营销管理主要包括如下步骤：分析市场机会，选择目标市场，制定市场营销策略，编制市场营销计划，组织、执行和控制市场营销工作。

第二节　饭店市场营销计划

饭店市场营销计划是饭店管理者在充分了解饭店营销形势的基础上，在饭店总目标的指引下，按照饭店的实际情况对饭店的经营行为进行谋划，以明确饭店的努力方向。饭店市场营销计划主要包括通过分析饭店经营环境、经营态势，指定饭店营销使命、饭店营销目标、饭店营销策略、饭店营销行动计划、营销政策等内容。

■ 一、饭店市场营销使命

饭店市场营销使命主要是根据饭店市场营销分析情况，对饭店的市场、产品、竞争以及消费者行为的过去、现在和将来做一个高度概括与总结，以作为饭店市场营销的指导性纲要，例如：

阿勒马纳饭店市场营销使命陈述

阿勒马纳是世界一流饭店，在本地区还没有与之匹敌的一流饭店。为了能取得成功，本饭店在以下几个市场以市场领导者的形象出现。这些市场分别是火奴鲁鲁的商务旅游者、航空班机乘务员、日本特殊活动客人及克玛阿纳散客和团队客人。这些市场必须以日本商务包价客人、政府雇员、其他特殊活动客人及短住商务团队客人为补充。

本饭店必须提供正宗的夏威夷气氛（如装潢、服装、日常用品等都要体现这种气氛），并应以夏威夷式服务著称于世。

当日本及美国客人的旅游需求下降时，本饭店易受竞争的威胁，并失去许多客人。在这些时期，本饭店必须依靠别的目标市场，并争取短住团队客人。本饭店的产品必须根据四个主要目标市场的顾客的需要和要求来设计，并保证满足他们。饭店还有一个未开发的潜在市场，即常来夏威夷访问参观的散客和过夜客人。

由于饭店在观光度假旅游市场中的竞争力还不强，易受旅游市场需求下降的影响。因此，本饭店只有靠餐饮单位来提高饭店收入。本饭店各餐饮单位必须吸引当地客人，同时还必须采取灵活多变的策略来满足当地客人对客房的需求。

主要设想：

（1）目标市场。

本饭店的营销和促销工作主要针对如下市场进行：

①航空班机乘务员；

②日本特殊活动客人；

③政府官员；

④克玛阿纳客人。

（2）饭店客房重新装修。

（3）餐饮部。

为了能适应和吸引已确定的主要目标市场，饭店餐饮部应设计新的餐饮经营项目并形成一份餐饮开发计划。这一设想应与饭店营销和销售工作联系在一起，这将会增加餐饮部门的收入。

二、饭店市场营销目标

饭店市场营销目标是饭店在一定时期内所要实现的一种理想目标。这种理想目标既可以用定性方法来表述，也可以用定量的方法来表述。

1. 饭店市场地位

①饭店服务产品的销售量；

②饭店所占的市场份额；

③饭店服务质量应达到的水平；

④饭店服务拓展的可能性。

2. 饭店创新目标

①在服务营销方式上的创新；

②在服务营销手段上的创新；

③在服务营销理念上的创新。

3. 饭店生产率水平

①全员劳动生产率；

②人均实现利润；

③百元固定资产创营业收入。

4. 资源开发利用

①饭店设施设备利用率；

②饭店资源成本的控制。

5. 利润率

①利润及利润率预期；

②利润是否用于扩大投入；

③风险奖励。

6. 管理者的业绩和发展

①管理者业绩的目标与具体指标；

②管理者培训、学习和晋升。

7. 员工的业绩和态度

①员工业绩的目标和指标；

②员工服务规范。

8. 公共责任

①对社会发展和公益事业的贡献；

②对社会生态环境保护的贡献。

饭店市场营销目标的制定，既要考虑到饭店的经济利益，也要兼顾社会利益。此外，在制定过程中，一方面要根据饭店的不同等级、不同类型来确定；另一方面要遵循国家的相关规定，如国家旅游局为反映和比较不同饭店的经营规模、经营水平和经济效益，把饭店的收入、费用、利润、创汇、资产负债、税收、接待人数、营业收入、外汇收入以及客房出租率、人均停留天数、人均消费额、平均房价、平均每间客房收入、全员劳动生产率、人均实现利税、人均创汇额、百元固定资产创营业收入、宾客满意率、宾客投诉率以及财务指标等数量指标和质量指标列为饭店统一考核目标。

三、饭店态势考察

态势考察是对饭店所处的环境、自身条件和发展态势进行分析评价，主要包括营销评审、SWOT分析和关键假设条件。

（一）营销评审

营销评审主要是对饭店的内外经营环境信息进行分析，为饭店的营销计划提供科学的依据，主要包括饭店一般外部环境分析、行业环境分析、竞争对手分析、自身分析和顾客分析。

（二）SWOT分析

SWOT分析就是把营销评审中有价值的资料提取出来，从而对饭店的经营优势、劣势、机会和威胁进行更细致的分析。

（三）关键假设条件

关键假设条件是从态势考察的角度辨别对饭店营销战略起重要作用的因素。如国内生产总值变化形式、经济发展形式、需求变化趋势、通货膨胀率和利率变化等。

四、饭店市场营销策略

饭店营销策略是为了实现饭店市场营销目标，根据饭店的市场营销环境而制定的各种策略，包括市场策略和市场营销组合策略。其中市场策略包括市场主导者策略、市场挑战者策略、市场跟随者策略和市场补缺者策略，市场营销组合策略包括产品策略、产品生命周期与新产品开发策略、价格策略、销售渠道策略和促销策略等。

五、饭店市场营销行动计划及市场营销政策

饭店在制定了市场营销目标、市场营销策略后，要为实现这些计划采取相应的具体步

骤和进行详细的部署。同时，确定指导饭店开展市场营销活动的正式规定和指示。这就是市场营销行动计划和营销政策。市场营销行动计划和营销政策主要包括设置市场营销组织、日程安排、价格政策、优惠政策、会员政策、评估方法，如表8-1所示。

表8-1　市场营销行动计划和营销政策示例

饭店市场营销行动日程表：饭店特殊促销与现场推荐 ××××年													
营销行动	负责单位	1月	2月	3月	4月	5月	6月	7月	8月	9月	10月	11月	12月

行动名称＼计划内容	负责人或单位	行动地点	开始日期	计划结束日期	实际结束日期	预算费用	实际费用	行动评估和控制方法

第三节　饭店市场营销组织

饭店市场营销组织是指饭店内部设计市场营销活动的各个职位及其组织结构。饭店制定了市场营销计划后，要有相应的组织机构和职务来保障营销计划的实施，这就需要设置相应的饭店市场营销组织来实现这一任务。

一、饭店市场营销组织的目标

（一）对市场需求作出快速反应

饭店的市场营销组合不仅要适应饭店外部经营环境的要求，还要能够对市场变化作出及时反应，使饭店能及时调整产品，适应市场变化。

（二）使市场营销效率最大化

饭店内部存在的专业部门都从事着各个不同的专业技术工作，饭店市场营销组织在充分了解市场需求的前提下，要发挥协调和控制的职能，让这些专业部门在生产不同特色的饭店产品过程中起到应有的作用。

（三）代表并维护消费者利益

饭店进行市场营销，需遵循关系营销、顾客满意、超值服务、绿色营销等营销理念，这些理念仅凭宣传是远远不够的，需要饭店市场营销组织提供组织和制度保障。

二、饭店市场营销组织

饭店市场营销组织是指饭店内部设计市场营销活动的各个职务及其组织结构。在理解饭店市场营销组织时，主要从下面几个方面来思考。

（一）饭店的市场营销活动不是都发生在营销部门

饭店的市场营销活动是由饭店各部门的所有员工共同参与、共同进行的，而不仅仅是饭店营销部门的事情。例如，当一位客人到达饭店后，饭店前台的任何一个服务员都应当抓住适当的时机向客人介绍饭店的服务设施、服务项目以及价格水平等情况，积极向客人推销饭店产品。饭店的营销活动不是局限在市场营销部门，而是要求饭店员工全员参与。

（二）饭店市场营销组织的基本形式

饭店市场营销组织类型和饭店组织一样，可以多种多样，既可以按客源地区分工（如国内客源、国外客源等），也可按产品（如商务客、团队客）和地区（如日本市场、欧美市场、亚太市场）来分工。总之，饭店市场营销组织的结构应该依据饭店的经营环境、自身特点等来进行设置。

1. 大型饭店

大型饭店是指客房达600间以上的饭店，往往设有销售总监来统管饭店营销工作，其下设有销售部、广告部、公关部、餐饮推销部等。其中，销售部负责推销；广告部负责广告宣传和策划，印制饭店内部各种宣传小册；公关部负责饭店与大众传媒和社会团体的联络；餐饮推销部负责推销宴会、酒水、食品等。此外，大型饭店还会依据销售地区的不同按地域进行营销部门的设置，如图8-1、8-2所示。

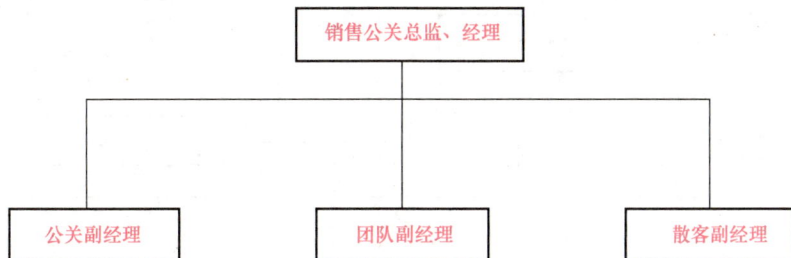

```
            销售公关总监、经理
        ┌────────┼────────┐
   公关副经理    团队副经理    散客副经理
```

图8-1　中国香港利园酒店销售公关部组织结构

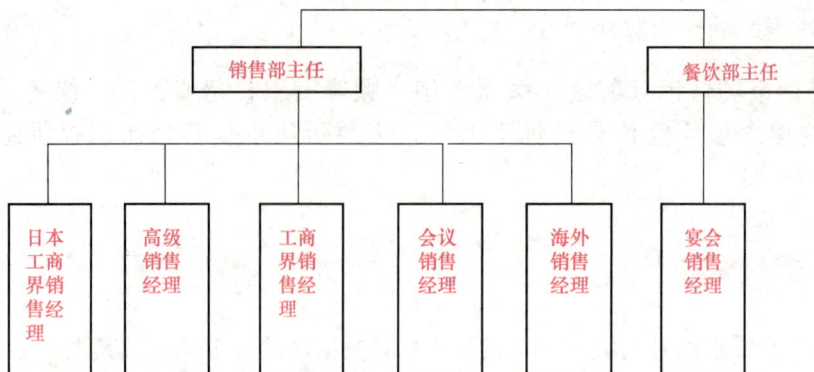

图8-2　新加坡文华酒店销售部组织结构

2. 中型饭店

中型饭店客房数一般在300～600间，往往把销售、公关合并在一个部门，设有内勤、预订员、销售员等职位。内勤负责客人档案管理和秘书工作；总预订员负责团队、散客、海外旅行社自订团体、零星散客预订，并与总台预订部联系排房。中型饭店销售部组织结构如图8-3所示。

3. 小型饭店

小型饭店客房数一般在300间以下，销售部经理以下设公关员、团队销售、散客销售和预订员等。公关人员监管广告、接待、小册子印制等；预订员监管内勤；人力不足时可增设经理助理1人。小型饭店销售部组织结构如图8-4所示。

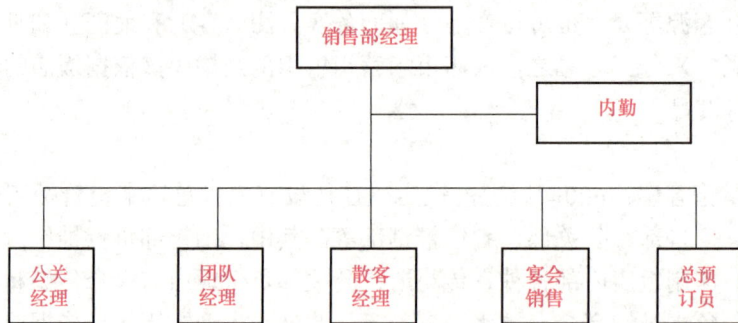

图8-3　中型饭店销售部组织结构

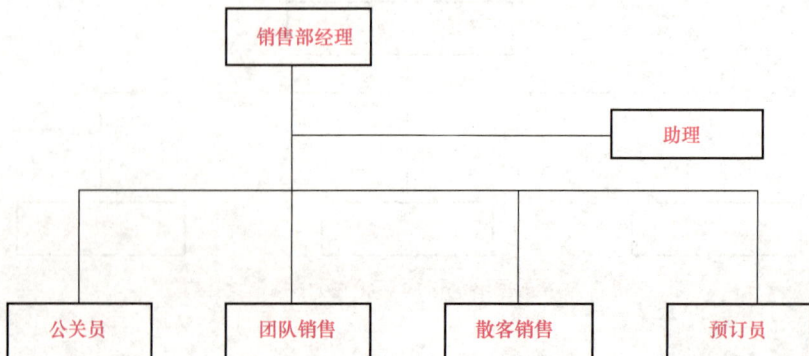

图8-4　小型饭店销售部组织结构

■ 三、饭店市场营销部门的主要业务活动

饭店市场营销部门要在市场调研的基础上，结合饭店的组织目标，制订饭店长期、中期、短期的销售计划，以此来指导饭店的销售工作。为了做好这一工作，饭店市场营销部门主要负责的业务工作如下：

①与有关旅游中间商沟通、洽谈、签订预订合同。

②拜访旅游中间商和新闻媒体部门，组织推销联谊活动，以宣传和扩大饭店知名度。

③制订饭店销售计划。

④制订广告、宣传、特殊促销及公关活动的各项计划，包括具体的宣传小册子、电话使用指南、服务指南等。

⑤制定客房价格、确定组合包价、长包房价格、淡旺季价格、特殊促销价格、折扣、预订金标准和支付方法等。

⑥进行人员推销活动。

⑦安排团队食宿等事宜。

⑧参加有关国内外旅游博览会、展销会，以扩大饭店影响和增加预订量。

⑨建立饭店的有效销售渠道。

⑩建立国内外销售、预订机票网络。

⑪选择加入有关集团、联营、国际预订组织，安排产品推销活动。

⑫开展游击推销。

⑬发送业务往来函电、回答询问、报价。

⑭统计客户资料信息。

⑮收集与饭店营销有关的其他信息。

■ 四、饭店市场营销部门与其他部门的协调

（一）与前厅部的协调

1. 与前厅部的协调内容

饭店市场营销部门与前厅部的协调内容包括如下几方面：

①团队客人接待，零星散客委托接待。

②贵宾、代理人的接待。

③旅行社经理、同行业客人的接待。

④特殊客人的接待。

⑤客房销售折扣的调整。

2. 与前厅部联系的方式

饭店市场营销部门与前厅部联系的方式有如下几种：

①中小型饭店运转中的普通团体和零星散客接待，常用"宾客接待通知单"（表8-2）一式多份送交前厅部。如有特别要求要注明。

表8-2　宾客接待通知单

```
领队（来宾）姓名_____ 国籍_____ 人数_____

旅行社_____

抵达日期_____

离开日期_____

单人_____房租_____ 双人_____房租_____

三人_____房租_____ 双人_____房租_____

三餐：

早餐_____

午餐_____

晚餐_____

备注：_____

送往：

前台：      旅行社：      餐饮部：      客房部：
```

②团队或零星散客在房间人数、到达时间上有变化，要填写"团体、散客接待变更通知单"（表8-3）送交前厅部。

表8-3　团体、散客接待变更通知单

团名　□ 散客名□			通知单编号：
			房号：
变更内容：	原来情况 时间（到达）_____ （离店）_____ 房号_____ 房价_____ 用餐标准_____ 人数_____ 房数_____		变更情况 （到达）_____ （离店）_____ _____ _____ _____ _____ _____

备注：	以上变更内容请总台通知有关部门	分送				
			总台	餐厅	结帐收银	客房
	部门_____经手人_____					

③接待各类贵宾，要填写"贵宾接待通知单"（表8-4）送交前厅部和其他相关部门。

表8-4 贵宾接待通知单

VIP贵宾姓名：	
职务：	
公司：	
到店日期：	时间：
离店日期：	时间：
访问目的：	
到店接待： 1）董事长： 总经理： 副总经理： 2）摄影师： 3）其他要求： 4）礼节：	
离店：	
要求部门：	日期：
备注：	

④每月初将掌握的团队流量表及时通报前厅部，并填写"团队预订月流量表"（表8-5）。

表8-5 团队预订月流量表

星期日	星期一	星期二	星期三	星期四	星期五	星期六
双床房间 单床房间	双床房间 单床房间	双床房间 单床房间	双床房间 单床房间	双床房间 单床房间	双床房间 单床房间	双床房间 单床房间
双床房间 单床房间	双床房间 单床房间	双床房间 单床房间	双床房间 单床房间	双床房间 单床房间	双床房间 单床房间	双床房间 单床房间
双床房间 单床房间	双床房间 单床房间	双床房间 单床房间	双床房间 单床房间	双床房间 单床房间	双床房间 单床房间	双床房间 单床房间
双床房间 单床房间	双床房间 单床房间	双床房间 单床房间	双床房间 单床房间	双床房间 单床房间	双床房间 单床房间	双床房间 单床房间
双床房间 单床房间	双床房间 单床房间	双床房间 单床房间	双床房间 单床房间	双床房间 单床房间	双床房间 单床房间	双床房间 单床房间

销售部经理： 团队预订员： 年 月 日

⑤每月月底要将各旅行社当月团体流量分析填入"团队月分析表"（表8-6）通报前厅部和总经理室。

表8-6 团队月分析表

单位	位数	数量	人数	房数		备注
海鸥旅行社						
新华旅行社						
国旅合肥分社						
……						

销售部经理： 制表人：

⑥市场营销部经理和前厅部经理、财务部经理共同研究确定前台折扣价的调整，或有营销部提议报总经理办公室，经确认后由前厅部执行。

（二）与客房部的协调

饭店市场营销部门与客房部的协调内容如下：
①特殊客人的接待，按客人具体要求向客房部发出通知单。
②根据市场需求状况和需求预测，对饭店内宾楼层进行确定。
③及时在饭店会议上提出客人对饭店客房类型的要求，按具体要求送交客房部。
④及时把客人对客房部的意见书面反馈给客房部，以利于客房部改进服务。

（三）与餐饮部的协调

饭店市场营销部门与餐饮部的协调内容如下：
①填写"宾客接待通知单"与餐饮部联系，要求餐饮部按通知单要求接待团队、散客等的用餐。
②营销部推销的团队风味餐，应根据客人的口味要求填写"宴会通知单"（表8-7），注明宴会的布置和菜肴要求以及其他特殊要求。

表8-7　宴会通知单

宴会名称：	宴会场所：
联系人：	电话：
宴会人数：	会场布景项目：
宴会时间：	

宴会场所略图：	单价： 菜单：

通知单位：

□ 副总经理	□ 西餐厅	□ 风味厨房
□ 餐饮部经理室	□ 宴会厅	□ 广东厨房
□ 收银处	□ 风味厅	□ 西餐厨房
□ 团体餐厅	□ 公共关系室	

③营销部接待的大中型国际、国内会议，通常在6个月至1年前就应预订。营销部和会务代表洽谈后，应按会务代表的要求，将会场、宴会规模、日期、会场布置、使用设施设备及其他要求填写"宴会合约书"（表8-8）。经会务代表认可后通知餐饮部和总台结账处。
④营销部在营销活动中，为长住客人、特殊客人等举办鸡尾酒会、生日晚会等活动时，需要餐饮部门的协助。
⑤营销部要及时把客人对饭店餐饮的意见以书面形式送交餐饮部。

表8-8　宴会合约书

宴会名称					宴会场所
宴会形式					宴会时间
通讯处					电话
会场布置					
NO.	项目	数量	单价	金额	
1	餐食				备改
2	设备租金				
3	饮料				
4	开瓶费				
5	服务费				注意事项：
6	房租				
7	布景（寿、喜灯、烛台）				1．宴会所用饮料和酒类须向本饭店购买。
8	鲜花				2．宴会账单请于宴会结束后一次付清，如果要签账，须先经餐饮部同意。
9	香烟				3．全部账款加一成服务费。
10	乐队				订席组：
11	麦克风				签订人：
12	定金				
13					
……					

（四）营销部与其他部门的协调

饭店营销部门在年末，年初要与财务部共同制定市场营销预算和每季度的营销费用预算表（表8-9）。营销部每天要从财务部门拿到"营业报表"，分析营业收入情况，定期检查和修订营销计划。

表8-9　饭店市场营销预算表

市场营销费用	一季度营销费用	二季度营销费用	三季度营销费用	四季度营销费用
广告 报纸 杂志 电台 电视 户外广告牌 直接邮寄 其他 销售促进 向中间商促销活动 交易费 特殊活动 其他销售促进费用 公共关系管理费 公共关系人工费 公共关系材料费用				

续表

市场营销费用	一季度营销费用	二季度营销费用	三季度营销费用	四季度营销费用
公共关系活动费用 销售访问 销售人员人工费 管理人员人工费 其他人员人工费 电话费 车旅费 办公用品费用 培训费用 其他费用				
总计				

此外，饭店营销部还要和商场部、康乐部等各部门加强协作和联系。只有这样才能更好地了解客人的需求，协调各部门的分工合作，使饭店生产出来的产品更好地适合客人的需求。

第四节　饭店市场营销执行

饭店市场营销执行是把饭店市场营销计划转化为行动方案的过程，并且要保证行动方案的完成，以实现营销计划的目标。市场营销执行是一个相当复杂的过程。根据美国的研究，90%的被调查计划人员认为，他们制定的战略和战术之所以没有成功，是因为没有有效地执行。因此，一个饭店如果营销战略战术没有问题，要实现计划目标，就要靠有效的执行来进行保证。

一、饭店市场营销执行的问题及其原因

作为企业，饭店在实施市场营销计划时主要存在以下几个方面的问题：

（一）计划脱离实际

饭店的市场营销战略和市场营销计划通常由饭店高层的专业管理人员来制订，而执行主要是市场营销部门的管理人员，这两类工作人员之间如果沟通协调不充分，就会导致市场营销计划脱离实际。比如，计划的设计往往注重饭店总体战略而忽略执行中的细节，这让执行人员在实际执行中遇到很多困难，从而引起计划制订者和执行者的矛盾。因此，在计划制订过程中，正确的做法是让计划执行人员协助营销人员制订计划，从而保证饭店营销计划在饭店总体营销战略的前提下，更有利于执行。

（二）长期目标和短期目标之间的矛盾

饭店市场营销战略通常注重饭店的长期目标，但具体执行的营销部门人员却往往注重短期的工作业绩，因为他们的绩效考评和奖励通常是根据他们的销售量、市场占有率等指标来进行的。因此，在执行过程中具体执行营销计划的员工常常会采取短期行为，从而有损饭店的长期利益。比如许多饭店所采用的低价竞争策略就会影响到饭店的长期正常经营。

（三）因循守旧的惰性

饭店在经营发展过程中，往往要根据外部环境的变化采取新的战略，如果所采用的新战略与饭店的传统习惯不符合，执行新战略就会碰到阻力。要想执行新战略，就必须改变饭店传统的组织结构和营销关系，如饭店为了执行开辟饭店产品新市场的战略，就有必要建立一个针对新目标市场的营销组织，以保证饭店新战略的执行。

（四）缺乏具体明确的执行方案

有些饭店的营销计划不能成功，是因为在计划执行过程中，没有制定具体明确的执行计划。饭店在营销计划的执行过程中，经常会碰到饭店营销部门与其他各部门之间不协调、不统一、权责不清等问题，进而影响整个饭店营销计划的执行。因此，要有效地执行饭店的营销计划，饭店就需要有一个明确的执行计划，分清各部门的职责和权力。

■ 二、饭店市场营销执行的过程

饭店市场营销执行的过程主要包括以下几个步骤：

（一）制定行动方案

要有效地执行饭店的市场营销计划，饭店必须制订详细的营销行动方案。在饭店营销行动方案中，要明确饭店市场营销战略的关键性决策和任务，明确执行营销决策和任务的具体部门与员工，明确执行的具体时间、执行进度等内容。

（二）建立组织结构

饭店的正式组织在饭店市场营销执行过程中起着决定性的作用。要有效地执行饭店的营销计划，就要建立健全的饭店营销组织结构，把饭店营销战略实施的具体任务落实到具体的部门和个人，明确责任界限和信息沟通渠道，协调好饭店的各项市场营销决策和行动。

（三）涉及决策和报酬制度

要有效地实施饭店的市场营销计划，饭店必须设计科学的决策和报酬制度，这些制度的建设关系到饭店市场营销战略计划实施的成败。如饭店对营销人员的工作评估和报酬确定。如果以短期营销利润来评价营销人员的业绩，就很容易使饭店的营销人员在计划执行过程中采取短期行为，从而影响饭店长期战略的实施。

（四）开发人力资源

饭店要做好市场营销工作，就要有一支高素质、高水平的员工队伍。因此，为了做好市场营销工作，饭店就要做好人力资源的开发和管理工作，把最合适的员工安排到最合适的工作岗位上。同时，建立具有激励性的考核、选拔、培训、工资、奖励、福利等制度，使饭店所有的员工都积极参与到饭店营销战略的实施过程中。

（五）建设饭店组织文化

饭店组织文化是被饭店员工共同接受的价值观念、思维方式、工作作风、行为准则等群体意识的总称。通过建设饭店组织文化，饭店可用饭店的组织价值观、组织精神、伦理规范、组织素养来培训饭店员工，使饭店员工能正确地执行饭店的营销计划。

（六）处理好市场营销战略实施系统内各要素之间的关系

要有效地执行饭店的市场营销计划，饭店的行动方案、组织结构、决策和报酬制度、人力资源和组织文化这些要素就必须协调一致，只有这样才能达到饭店营销的目的。

三、饭店市场营销执行的技能

饭店市场营销执行的问题常常出现在三个层次上：第一，市场营销职能，即饭店市场营销的基本职能能否实现，比如饭店从哪家广告公司能获取最好的广告；第二，市场营销方案，即营销方案本身是否具有可行性；第三，市场营销政策，比如饭店在营销过程中对营销人员的各种要求。为了有效地执行饭店市场营销计划，要运用好以下几个技能：

（一）配置技能

配置技能是指饭店市场营销部门经理在营销职能、营销政策和营销方案三个层次上要有配置时间、资金和人员等资源要素的能力。如确定饭店网上营销的策划、资金、设计等。

（二）调控技能

调控技能是指建立和管理一套对饭店市场营销活动效果进行追踪的控制系统，包括年度计划控制、利润控制、效率控制和战略控制。

（三）组织技能

饭店的市场营销活动，不仅要由饭店的正式营销组织来进行，还要有其他员工的参与。只有这样，才能取得最好的效果。因此，要有效地组织饭店的所有员工参与饭店的市场营销活动。

（四）联动技能

联动技能是指市场营销部门拥有影响别人办好事情的能力。如饭店市场营销人员不仅要拥有推动饭店全体员工执行饭店营销计划的能力，还要有推动其他企业或个人执行饭店营销计划的能力，如广告公司、旅行商等，使他们也能积极参与到饭店的营销计划中来。

第五节　饭店市场营销控制

饭店市场营销控制是指饭店市场营销管理者对饭店市场营销计划的执行情况定期、不定期地进行检查，及时发现问题并及时解决问题的过程。饭店市场营销控制主要有四种类型：年度计划控制、盈利能力控制、效率控制和战略控制。

一、饭店市场营销年度计划控制

饭店市场营销年度计划控制是指饭店在计划年度内采取控制步骤，检查营销实际绩效与营销计划之间是否有偏差，并及时采取改进措施，从而保证饭店市场营销年度计划的实现。

（一）饭店市场营销年度计划控制的目的

饭店市场营销年度计划控制的主要目的是：第一，促进饭店市场年度计划产生连续不断的推动力；第二，控制的结果可以作为部门和员工年终绩效评估的依据；第三，发现饭店潜在的问题并及时妥善解决；第四，饭店高层管理者可以借此有效地监督各个部门的工作。

（二）饭店市场营销年度计划控制的主要步骤

1. 制定标准
即确定饭店市场营销年度中各个季度和月的数量目标和质量目标。如营业收入、人均实现利税、全员劳动生产率等。

2. 绩效测定
即将营销实际结果与预测结果相比较。

3. 因果分析
即研究营销实际与营销计划产生偏差的原因。

4. 修订行为
即采取有效措施，努力使营销实际成果与计划一致。

（三）饭店市场营销年度计划控制方法

在饭店市场营销年度计划控制中，可采用五种方法来核对营销年度目标的实现程度，即销售分析、市场占有率分析、市场营销费用对销售额比率分析、财务分析和顾客态度追踪分析。

1. 销售分析

销售分析主要用于衡量和评估计划销售目标与实际销售之间的关系。这种关系的衡量和评估有两种方法。

（1）销售差异分析。销售差异分析用于决定各个不同因素对销售绩效的不同作用。如某饭店营销年度计划要求第一季度销售5 000间客房，每间平均价格150元，即销售额为75万元。但在这一季度结束时只销售了4 000间客房，每间平均价格100元，总计销售额为40万元。此时，销售绩效差异为-35万元，或预期销售额的-53%。那么，出现的绩效差额有多少由价格引起，有多少由销售数量引起，这就属于销售差异要回答的问题。

因价格下降引起的差异=（原来的房间价格-降价后的房间价格）×降价后的销售客房数量=（150-100）×4 000=20万元。

因数量下降引起的差异=降价前的客房销售价格×（预计的销售房间数量-降价后的房间销售数量）=150×（5 000-4 000）=15万元。

可见，约有57%［即20/（20+15）］的销售差异是由于销售价格下降引起，约有43%的销售差异是由于销售数量下降引起。因此，饭店在分析为什么达不到营销年度计划目标时，要仔细分析是哪种因素造成的，造成的影响有多大，从而相应地采取解决措施。

（2）微观销售分析。微观销售分析可以确定饭店未能达到预期销售额的产品、部门等。如某饭店计划季度餐饮销售总额、康乐销售总额、客房销售总额，总共为340万元。但是实际季度销售额为160万元、45万元和135万元。就预期销售数总额而言，餐饮销售总额和康乐销售总额超出预期约4%和4%，客房销售额未达到预期的36%，主要问题在客房销售上。造成客房销售出现问题的原因多种多样，可能是销售人员工作不努力或有个人问题；有竞争者进入；地区经济不景气或旅游业萧条等。微观销售分析可以帮助饭店企业找到真正的原因所在。

2. 市场占有率分析

饭店的销售绩效无法反映出饭店相对于竞争对手的经营状况，如饭店销售额上升，可能是由于饭店所处地区经济的发展，也可能是由于饭店市场营销工作做得较好等原因造成的。饭店市场占有率剔除了一般环境的影响来考察饭店自身的经营状况。如果饭店的市场比率上升，则说明饭店经营状况比竞争对手好；如果下降，则说明经营状况比竞争对手差。

衡量饭店市场占有率的第一步骤就是明确市场占有率的度量方法。一般来说，饭店市场占有率的度量方法有四种：

（1）全部市场占有率，即以饭店的销售额占全行业销售额的百分比来表示的市场占有率。

（2）可达市场占有率，即以饭店的销售额占饭店所服务市场的百分比来表示的市场占有率。可达市场一是指本饭店产品最适合的市场；二是指饭店市场营销所涉及的市场。

（3）相对市场占有率（相对于三个最大竞争者），即以饭店销售额相对于最大的三个竞争对手的销售额总和的百分比来表示的市场占有率。如某饭店有30%的市场占有率，其最大的三个竞争对手的市场占于率分别为20%、15%、25%，那么这个饭店的相对市场占有率为30/60=50%。一般情况下，相对市场占有率高于33%即为强势。

（4）相对市场占有率（相对于市场领导竞争者），即以饭店销售额相对于市场领导竞争者的销售额的百分比来表示的市场占有率。相对市场占有率超过100%，表明饭店是市场领导者，相对市场占有率等于100%，表明饭店与市场领导竞争者同为市场领导者。

了解饭店市场占有率后，需要正确解释饭店市场占有率变化的原因。一种有效的分析方法就是用顾客渗透率C、顾客忠诚度C、顾客选择性C以及价格选择性p四个因素来分析。顾客渗透率是指从饭店购买某类饭店产品的顾客占此类饭店产品所有顾客的百分比；顾客忠诚度是指饭店一般顾客的购买量相对于其他饭店一般顾客的购买量的百分比；价格选择性是指饭店平均价格同所有其他饭店平均价格的百分比。这样，全部市场占有率T就可表述为$T = C \times C \times C \times P$。

3．市场营销费用对销售额比率分析

饭店市场营销年度计划控制也需要检查与销售有关的市场营销费用，以确定饭店在达到销售目标时的费用支出。市场营销费用对销售额比率是一种常用的检查营销费用的方法。在进行市场营销控制过程中，要密切注意这个比率，及时发现问题，查找原因。

4．财务分析

饭店市场营销管理人员要对不同的费用占销售额的比率和其他的比率进行全面的财务分析，以决定饭店如何以及在何处开展工作来获得盈利。尤其是用财务分析来判断影响饭店资本净值收益率的各种因素。

5．顾客态度追踪分析

上述饭店营销年度计划控制所采用的都是定量分析方法，定量分析能给饭店带来重要的依据，但是并不充分，因为它们没有对市场营销的发展变化进行定性的分析和描述。因此，饭店需要建立一套系统来追踪顾客、经销商和其他市场营销网络成员的态度，以便发现问题，改进工作，争取主动。

（1）抱怨和建议系统。饭店对顾客书面或口头的抱怨应该及时进行记录分析，并做出适当反映。饭店要提倡顾客参与，让顾客对饭店的服务提出意见或建议。这样，才能更好地获取顾客对饭店产品和服务的态度信息。

（2）固定顾客样本。饭店可建立具有代表性的顾客所组成的固定顾客样本，定期、不定期地通过电话或邮件问卷等方式了解顾客的态度，从而更广泛地了解顾客对饭店产品和服务的态度。

（3）顾客调查。饭店可定期让一组随机顾客回答一组标准化的调查问卷，包括员工态度、服务质量、产品质量等。通过这种随机调查，及时发现问题，及时纠正。

总之，通过上述分析，当发现饭店实际绩效与年度营销计划发生较大偏差时，可考虑采取以下措施：降低价格、对销售人员施加压力、削减杂项开支、裁减员工、业务租赁等，以改善饭店经营状况。

二、盈利能力控制

除了年度计划控制以外，饭店还需要运用盈利能力控制来测定不同饭店产品、不同销售区域、不同顾客群体、不同渠道以及不同预订规模的盈利能力。通过广泛得获取各种信息，决定市场营销活动是扩大、减少还是取消。

（一）市场营销成本

市场营销成本直接影响饭店的利润，它由以下几个项目构成：

（1）直接推销费用，包括直销人员的工资、奖金、差旅费、培训费、交际费等。

（2）促销费用，包括广告媒体成本、饭店宣传册印刷费用、展览会费用、促销人员津贴等。

（3）仓储费用，包括租金、保险费、包装费等。

（4）运输费用，包括托运费用等。如果是饭店自有的运输工具，还要计算折旧费、维护费、燃料费、保险费、司机工资、养路费等。

（5）其他市场营销费用，包括市场营销管理人员的工资、保险费用、培训费用、办公用品费等。

饭店市场营销成本是饭店总成本的一个组成部分，直接影响到饭店的经济效益。其中，与销售额直接相关的成本作为直接费用，与销售额没有直接关系的作为间接费用。

（二）饭店盈利能力的考察指标

饭店盈利是饭店市场营销的重要目标之一。在考察饭店盈利能力时，结合饭店的特点，主要考察以下几个指标：

（1）全员劳动生产率，是指饭店每一名员工在单位时间内实现的平均营业收入。

$$全员劳动生产率 = \frac{报告期内饭店营业收入总和}{报告期饭店平均职工人数}$$

（2）人均实现利税，是指饭店每一名员工平均实现的利润和上缴国家的税金（包括增值税、城建税等）总额。

$$人均实现利税 = \frac{（报告期饭店利润+税金总额）}{报告期饭店平均职工人数}$$

（3）人均创汇额，是指饭店每一名员工在报告期内实现的平均外汇收入。

$$人均创汇额 = \frac{报告期饭店外汇收入}{报告期饭店平均职工人数}$$

（4）利润率，是指报告期内饭店实现的利润总额占营业收入总额的比重。

$$利润率 = \frac{报告期内饭店利润总额}{报告期内饭店营业收入总额 \times 100\%}$$

（5）平均收入。

$$平均收入率 = \frac{报告期外汇收入总额}{报告期营业收入总额 \times 100\%}$$

（6）营业收入构成是指饭店营业收入中各部门（客房、餐饮、商品等）收入所占的比重。

三、效率控制

饭店要实现高盈利能力，就需要对饭店的销售人员、广告、促销以及分销进行效率控制。

（一）销售人员效率控制

饭店对销售人员进行效率控制时，主要考虑以下几个指标：

（1）每个销售人员每天平均的销售访问次数。

（2）每次会晤的平均时间。

（3）每次销售访问的平均收益。

（4）每次销售访问的平均成本。

（5）每次销售访问的招待成本。

（6）每期间的新顾客数。

（7）每期间丧失的顾客数。

（二）广告效率控制

饭店进行广告效率控制时，主要做好以下几点统计：

（1）每一媒体类型、每一媒体工具接触每千名购买者所花费的广告成本。

（2）顾客对每一媒体工具、联想和阅读的百分比。

（3）顾客对广告内容和效果的意见。

（4）顾客广告前后对饭店产品的态度。

（5）受广告刺激而引起的顾客咨询次数。

通过广告效率控制，可以测定饭店广告效果。饭店市场营销管理者可以据此提高饭店的广告效率，如更有效地进行产品定位、确定广告目标、寻找广告媒体等。

（三）促销效率控制

为了提高饭店促销效率，饭店需要对每项促销的成本和销售的影响进行记录：

（1）由于优惠而销售的百分比。

（2）每一笔销售额的促销成本。

（3）赠券收回的百分比。

（4）因宣传而引起的咨询次数。

此外，饭店还要观察不同销售促进手段的效果，争取采用最有效率的促销手段。

（四）分销效率控制

饭店要争取外地客源市场的顾客，大多通过旅游中介来进行。分销效率就是考察饭店产品经销商对饭店盈利的贡献能力，提升他们为饭店争取顾客的效率。如考察旅行商、饭店销售代表、饭店销售代理和饭店销售总代理等为饭店争取客源的效率。饭店在考察饭店产品经销商的工作效率时，主要注意如下问题：

（1）饭店产品经销商的信誉度。

（2）饭店产品经销商顾客群的品质。

（3）饭店产品经销商对饭店盈利的贡献能力。

（4）饭店用于经销商的成本支出（包括折扣、广告费用、奖励费用等）。

总之，通过效率控制，关注关键比率的数据，饭店市场营销管理者可以及时发现市场营销过程中存在的问题，并及时改进市场营销计划的执行情况。

四、饭店市场营销战略控制与市场营销审计

（一）饭店市场营销战略控制

在现实中，由于饭店市场环境变化较快，经常会使饭店制定的营销目标、战略、方案失去作用。因此，在饭店市场营销战略实施过程中必然会出现营销战略控制。饭店市场营销战略控制是指饭店市场营销管理者为使市场营销工作与计划尽可能保持一致，在营销战略控制过程中不断进行信息反馈和评审，并对营销战略进行修订的一系列活动。

饭店在进行市场营销战略控制时，可以运用市场营销审计这一工具来进行。每一个饭店都有财务会计审计，在一定期间客观地对审核的财务会计资料或事项进行考察、询问、检查、分析，最后根据所获得的数据按照专业化标准进行判断，做出结论，提出报告。这种财务会计的控制制度有一套标准的理论、做法。但是，大多数饭店在饭店市场营销审计中尚未建立一套规范的控制系统，尽管有些饭店在特殊情况下进行过营销审计，但目的也仅仅是局限于解决一些临时性的问题。因此，在进行饭店市场营销战略控制时，有必要全面应用这一工具来进行战略控制。

（二）饭店市场营销审计

饭店市场营销审计是对饭店市场营销环境、目标、战略、组织、方法、程序和业务等进行综合的、系统的、独立的定期核查，以便确定困难所在和各项机会，并提出相应的行动计划建议，改进饭店市场营销的管理效率。饭店市场营销审计是在一定时期对饭店全部市场营销业务的一个总体效果评价，其主要特点是对饭店一定时期内的全部营销活动进行总体评价。其主要内容包括以下六个方面：

1. 饭店市场营销环境审计

饭店市场营销计划的制订，是在饭店市场营销环境分析的基础上进行的，饭店市场营销环境分析的准确与否直接关系到饭店整个市场营销计划是否具有科学性。因此，要根据饭店市场营销环境的实际变化对营销环境分析进行修订，并相应调整饭店的整个市场营销计划。

2. 饭店市场营销战略审计

饭店市场营销战略审计主要评价饭店是否按照市场导向确定任务、目标和企业形象；是否选择了与饭店任务、目标相一致的竞争地位；是否制定了与饭店产品生命周期、竞争者战略相适应的市场营销战略；是否进行了科学的市场细分并选择了最佳的目标市场；是否恰当地分配了市场营销资源并确定了合适的市场营销组合以及饭店在市场定位、企业形象、公共关系等方面的战略是否卓有成效等涉及市场营销战略性方面的问题。

3. 饭店市场营销组织审计

饭店市场营销组织审计，主要是评价饭店的市场营销组织在执行市场营销战略方面的组织保证程度和对市场营销环境变化的应变能力。主要包括：饭店是否具有坚强有力的市场营销管理人员及其职责与权利是否明确；饭店能否按产品、用户、地区等有效地组织各项市场

营销活动；饭店是否有一支训练有素的销售队伍，对销售人员是否有健全的激励、监督机制和评价体系以及饭店营销部门与其他各个部门之间的沟通和合作情况是否和谐等。

4. 饭店市场营销系统审计

饭店市场营销系统包括市场营销信息系统、市场营销计划系统、市场营销控制系统、新产品开发系统。对市场营销信息系统的审计，主要是审计饭店是否有足够的市场信息来源；信息渠道是否畅通；是否进行了充分的市场营销研究；是否恰当地运用了市场营销信息进行科学的市场预测等。对市场营销计划系统的审计，主要是审计饭店是否有周密的市场营销计划；计划的可行性、有效性及执行情况；是否有长期的市场占有率增长计划；是否有恰当的销售定额及其完成情况等。对市场营销控制系统的审计，主要是审计饭店对年度计划目标、盈利能力、市场营销成本等是否进行了有效的控制和考核。对新产品开发系统的审计，主要是审计饭店开发新产品的系统是否健全；是否能根据市场要求及时开发新产品；新产品开发的成功率等。

5. 饭店市场营销盈利能力审计

饭店市场营销盈利能力的审计，是在饭店盈利能力分析和成本效益分析的基础上，审核饭店的不同产品、不同市场、不同地区以及不同分销渠道的盈利能力；审核进入或退出、扩大或缩小某一具体业务对饭店盈利能力的影响；审核饭店市场营销费用支出情况及其效益；进行市场营销费用/销售分析，包括销售队伍对销售额之比、广告费用对销售额之比、市场营销研究费用对销售额之比、销售管理费用对销售额之比，以及进行资本净值报酬率分析和资产报酬率分析等。

6. 饭店市场营销能力审计

饭店市场营销能力审计，是对饭店的市场营销组合因素（产品、价格、地点、促销、人、有形展示、过程）的效率进行审计。主要是审计饭店的产品质量、特色以及品牌的顾客欢迎度；饭店定价目标与战略的有效性；饭店市场覆盖率；饭店经销商、代理商以及供应商等营销网络成员的效率；广告预算、媒体选择及广告效果；销售队伍的规模、素质、能动性和效率等。

【阅读专栏】

IHG洲际酒店集团

洲际集团（InterContinental Hotels Group）成立于1946年，是目前全球最大及网络分布最广的专业酒店管理集团。该集团拥有多个闻名遐尔的酒店品牌，其中包括洲际酒店及度假村、皇冠酒店及度假村、假日酒店及度假村、快捷假日酒店、Staybridge Suites 和 Candlewood Suites，并且拥有世界最大的酒店忠诚客户计划——优悦会。目前，优悦会在全球拥有超过1亿会员。同时洲际酒店集团也是世界上客房拥有量最大、跨国经营范围最广，分布将近100个国家，并且是在中国接管酒店最多的超级酒店集团。

2016年3月16日，中国饭店2015年年会暨第十六届中国饭店全球论坛在广州开幕，各行业内权威领袖聚首广州，探讨一场以"共享产业链生态经济"为主题的业内饕餮盛会。与此同时，作为本届盛会的重头戏，大会公布了第十六届中国饭店金马奖榜单。洲际酒店集团获得酒店集团奖（2015～2016年）最受消费者欢迎中国民族品牌酒店集团。

□【前沿资讯】

重庆华宇温德姆至尊豪廷大酒店举行"品珍泰"美食节

美通社重庆2017年9月5日电　位于重庆华宇温德姆至尊豪廷大酒店的"星璨"全日餐厅在2017年9月拉开"品珍泰"美食节的帷幕，掀起一股异域美食风。泰籍厨师和舞者，以及泰国原汁原味的食材和工艺将带来地道泰式风味，让宾客感受浪漫唯美风情。此次，酒店与在泰国为皇室成员提供优秀厨师的泰国爱雅娜泰国菜餐饮策划有限公司首度合作，其首席厨师Vanessa Wu及其泰籍厨师团队在2017年9月会于酒店二楼的"星璨"全日餐厅的每日午餐零点及自助晚餐时间为食客提供最原汁原味的泰餐。

"星璨"餐厅内的异域色彩浓厚，除了泰式音乐、线条简洁明快的泰式装饰以及身着泰服的专业服务人员外，更有泰籍舞者的现场舞蹈秀、泰籍厨师表演雕刻艺术，让食客仿佛置身于泰国当地的餐厅内。美食节期间，各种主题活动轮番登场，包括"泰"七夕主题自助晚餐、"萨瓦迪卡－你好"欢迎酒会、"Real Thai品珍泰"开幕式等。此外，酒店还准备了丰富有趣的现场互动活动，穿泰服、说泰语、做泰餐、跳泰舞一系列活动均由来自泰国的朋友们亲自指导。

进一步宣传泰国美食，加强中泰友好关系，是举办此次"品珍泰"美食节的初衷，活动还得到了泰国领事馆驻成都办事处的大力支持，泰国部分媒体也亲自来到重庆参与到整个活动的宣传推广之中，借美食的精髓更走近泰国，更了解泰国美食的魅力。

（资料来源：http://news.cncn.com/255890.html）

□【自我检测】

1. 饭店营销新理念的发展对饭店投资有什么指导价值？
2. 如何进行饭店市场营销控制？
3. 饭店市场营销管理的过程是怎样的？
4. 简述饭店市场营销组合策略。
5. 饭店关系营销对饭店经营有什么指导意义？
6. 现代饭店引进高度市场细分的主客观条件是什么？

□【思考与讨论】

1. 饭店市场营销的类型有哪些？

2．饭店绿色营销实施的措施有哪些？

3．饭店市场营销管理的任务是什么？

【实践与应用】

针对酒店中秋节月饼销售问题，提出自己的市场营销方案与策略。

【思考与讨论】

1．饭店市场营销的类型有哪些？

饭店市场营销控制主要有四种类型：年度计划控制、盈利能力控制、效率控制和战略控制。

2．饭店绿色营销实施的措施有哪些？

饭店绿色营销实施的措施有四种：①树立绿色形象；②开发绿色产品；③加强绿色沟通；④设计绿色组织结构。

3．饭店市场营销管理的任务是什么？

饭店市场营销管理的任务就是分析需求、引导需求、满足需求，从消费者需求的满足中获得企业的经济效益。

第九章 饭店财务管理

■【关键词】

现值 贴现 资本成本 资本结构

■【学习要点】

了解有关饭店财务管理的概念、目标、组织结构等基本内容，明白财务管理业务在饭店业务中的地位及重要作用；认识到在财务管理中饭店资金筹集管理的各种筹集方式，筹集的风险及应遵循的原则，以及饭店的资本成本的管理；了解饭店投资的各种评价方法；饭店流动及固定资金的管理以及财务管理中饭店成本费用的概念和分类，如何进行成本费用的控制等内容；熟悉营业收入及利润收入的管理要点及管理内容。

■【章前导读】

饭店财务管理是有关资金的筹集、投放和分配的管理工作。财务管理的对象是现金（或资金）循环和周转。饭店的活动像其他企业一样可以分为经营活动、筹资活动和投资活动这三个方面，本章就从饭店的这三项活动来论述饭店的财务管理。

第一节 饭店财务管理概述

一、饭店财务管理的概念

市场经济打破了传统计划经济体制下企业没有自主经营权，企业经营和管理总是围绕国家统一计划来进行的局面。在市场经济体制下，现代企业是依法设立以营利为目的，从事生产经营活动的独立核算的经济组织。企业一旦成立，便面临着激烈的竞争。饭店作为一个企业化运作的经济实体，是以营利为目的的组织，只有取得利润才能实现其存在的价值。如今，国际酒店管理集团纷纷进军中国市场，并不断扩大其在中国的集团规模，我国饭店业竞争加剧。在这样激烈的市场竞争中，饭店必须具有财务管理的观念。

财务管理是企业管理的一部分，是有关自己的获取和有效使用的管理工作。饭店财务管理简单地说是专门探讨饭店"生财、聚财、用财之道"，也就是根据客观经济规律和国家政策，通过对饭店的资金形成、分配、使用、回收过程的管理，利用货币价值形式对饭店业务活动进行综合性的管理。它涉及饭店财务预算、财务决策、财务控制、财务分析等内容，并贯穿于饭店经营活动的全过程。

二、现代财务管理价值观念

（一）货币时间价值

1. 货币时间价值的含义

货币时间价值是现代财务管理的重要基础理念，因其非常重要并且涉及所有理财活动，有人将其称之为理财的"第一原则"。

货币时间价值是指货币经历一定时间的投资和再投资所发生变化的价值，也称为资金的时间价值。货币投入生产经营后，其数额随着时间的持续不断地发生变化。这是一种客观的经济现象。企业资金循环和周转的起点是投入货币资金，企业用它来购买所需资源，然后生产出新的产品，产品出售时得到货币量。资金的循环和周转以及因此实现的货币增值或减少，需要或多或少的时间，每完成一次循环，货币就增加或减少一定的数额，周转的次数越多，增值额或减少额也越大。因此随着时间的延续，货币总量在循环和周转中按几何级数增长或减少，使货币具有时间价值。

2. 货币时间价值中的其他相关概念

（1）复利。复利是计算利息的一种方法。按照这种方法，每经过一个计息期，要将所生利息加入本金再计算利息，俗称"利滚利"。

（2）终值。终值指的是未来值，即若干期后所拥有的包括本金和利息在内的未来价值。

（3）现值和贴现。复利现值是复利终值的对称概念，是指未来一定时间的特定资金按复利计算的现在价值，或者说是为取得将来一定本利而现在所需要的本金。因此可以根据倒求复利终值的方法求现值，由终值求现值就称为贴现。在贴现时使用的利息率就称为贴现率。

（二）风险和报酬

风险是一个非常重要的财务概念，任何决策都有风险。时间价值和风险是财务管理中最重要的两个基本原则。"风险"一词在现代生活中使用得越来越频繁。财务管理中的风险定义与我们日常生活中的含义有所不同。但财务管理中对风险的认识也是随着人们认识的增长而不断演进的。财务管理中关于风险最初、最简单的定义就是："风险是发生财务损失的可能性。"发生损失的可能性越大，风险越大。它可以用不同结果出现的概率来描述。结构可能是好的也可能是坏的，坏结果出现的概率越大，风险就越大。这个定义主要强调风险可能带来的损失，与危险的含义类似。

对风险进行深入研究以后人们发现，风险不仅可以带来超出预期的损失，也可能带来超出预期的收益。于是出现了一个更正式、更全面的定义：风险是预期结构的不确定性。风险不仅包括负面效应的不确定性，还包括正面效应的不确定性。这个定义就区别了风险与危险。危险专指负面效应，是损失发生及其程度的不确定性。人们对于危险，需要识别、衡量、防范和控制，即对危险进行管理。保险活动就是方便人们针对危险进行防范的。风险的概念比危险广泛，它包括了危险，危险是风险的一部分。风险的另一部分即正面效应，可以称为"机会"。人们对于机会需要识别、衡量、选择和获取。企业财务管理不仅要管理危险还要识别、衡量、选择和获取增加企业价值的机会。

在投资组合理论出现之后，人们认识到投资多样化可以降低风险。当增加投资组合中的资产种类时，组合的风险将不断降低，而收益仍然是个别资产的加权平均值。当投资组合中的资产多样化到一定程度后，影响所有资产的风险将是整个经济系统影响所有公司经营的普遍因素。而这些风险是任何一个投资者所必须承担的风险并可以获得相应回报的风险。我们把这样的不能通过投资组合消除的风险称之为系统风险。在投资组合理论出现以后，风险是指投资组合的系统风险。

在资本资产定价理论出现以后，单项资产的系统风险计量问题得到解决。如果投资者选择一项资产以后并把它加入已有的投资组合中，那么该资产的风险完全取决于它如何影响投资组合收益的波动性。在这以后，投资风险被定义为资产对投资组合风险的贡献。

在财务管理中之所以要不断地推进"风险"这一概念，主要目的是为了明确风险和收益之间的权衡关系，并在此基础上给风险定价。因此风险概念的演进，实际上是逐步明确什么是与收益相关的风险。与收益相关的风险才是财务管理中所说的风险。

三、饭店财务管理的目标

（一）饭店财务管理的目标必须符合整个饭店发展的要求

饭店作为一个以营利为目的的经济实体，其出发点和归宿点都是获利。从饭店成立的那天起就处于生存和倒闭、发展和萎缩的矛盾之中。面对更加激烈的竞争，饭店首先必须生存下来才能谈发展。因此饭店作为企业性质的经济实体其目标可以概括为生存、发展和获利。这些目标要求饭店财务管理完成筹措资金并有效地投放和使用资金的任务。饭店的成功与否，在很大程度上取决于过去和现在的财务政策。

（二）企业财务管理目标的发展

关于企业财务管理的目标有以下三种观点：

1. 利润最大化

这种观点利润代表了企业新创造的财富，利润越多则说明企业的财富增加得越多，越接近企业的目标。这种观点在西方经济理论中是根深蒂固的，西方许多经济学家都是以利润最大化这一概念来分析和评价企业行为的。但是利润最大化的企业财务管理目标存在很明显的缺陷：首先，它没有考虑利润取得的时间。例如今年获利100万元和明年获利100万元，哪一个更符合企业的目标？忽略货币时间价值是很难作出正确判断的；其次，没有考虑所获利润和投入资本额的关系，这也影响着人们的正确判断；最后，它没有考虑获取利润和所承担的风险之间的关系。

2. 每股盈余最大化

这种观点认为：应当把企业的利润和股东投入的资本联系起来考察，用每股盈余（或权益资本净利率）来概括企业的财务目标，以避免"利润最大化目标"的缺点。但是这种观点只是避免了第一种观点的一个缺点，同样存在未考虑货币时间价值和未考虑每股盈余的风险性的缺点。

3. 股东财富最大化

这种观点认为股东财富最大化或企业价值最大化是财务管理的目标。股东创办企业的目的是扩大财富，他们是企业的所有者，企业价值最大化就是股东财富最大化。企业的价值，在于它能给所有者带来报酬，包括获得股利和出售其股权换取现金。公司股票的价格集中反映了公司的价值，因此，股东权益最大化又演变成为股票价格最大化。这种观点考虑了风险的因素，基本解决了前两种观点的不足，但是这种观点只是适用于上市公司，对未上市公司很难适用。而且这种观点只考虑了股东的利益，对其他关系人不够重视，比如说企业的债权人，他们也为企业的发展提供资金支持，但是股东权益最大化的目标并没有考虑债权人的利益。实际上，追求股东利益最大化的时候有时是会损害债权人的利益的。

（三）饭店财务目标的选择

通过以上分析，我们可以看出，饭店财务管理的目标应与饭店的各个相关者有关，是平衡饭店所有利益相关者利益的过程。因此饭店在进行财务管理的过程中要强调风险与报酬的均衡，把风险限定在饭店自身可以承担的范围之内。兼顾股东和债权人的利益，关心饭店员工，为员工创造良好的工作环境，减少员工流失率，树立饭店好的信誉，注意饭店的形象宣传。另外，在饭店发展过程中，追求饭店本身目标的同时，还要兼顾社会目标，特别是要考虑饭店的长远发展、集团化、国际化发展，饭店必须承担社会责任，树立良好的形象，这样才能在国际化竞争中获胜。

四、饭店财务管理的任务

饭店作为独立经营、自负盈亏的经济实体，要在激烈的市场竞争中生存和发展，就必须不断强化各方面的管理工作。饭店财务管理的基本任务是围绕饭店经营目标，保证饭店在经营活动所需资金的提供，制定财务决策，搞好财务控制和实施财务监督等。

（一）财务管理首先要组织和筹集资金

饭店财务管理应满足饭店经营的资金需要，并合理配置资金，降低成本，增加盈利，提高资金使用效果。组织和筹集资金满足饭店发展需要是第一位的，同时财务管理在对饭店资金运行的分析考核中，应揭露经营中存在的问题，提示经营中应予以重视的问题，引导饭店正常经营，取得良好的经济效益。

（二）健全财务会计系统和制度，组织好会计核算

财务管理是通过一套完整的财务制度、科学的会计核算、健全合理的财务会计系统来

完成的，所以财务管理必须组织好与财务会计有关的所有专业业务工作，使财务会计工作本身能正常运转。

（三）正确执行财务监督，发挥财务综合管理的作用

财务监督是饭店财务管理的一个重要方面，它是通过控制财务收支和分析检查财务指标来进行的。正确执行财务管理职能，能保证资金的完整性，保证饭店财产不受损失，并能准确掌握各个部门的经营状况。

五、饭店财务管理的组织机构

饭店财务管理组织机构受饭店管理体制、经营范围、营业项目、饭店规模、档次、员工素质等因素影响，其设置应能保证指挥协调员工进行协作劳动，保证财务目标的实现。不同饭店其财务管理的组织机构设置不尽相同。如图9-1所示为饭店较典型的财务部组织机构。

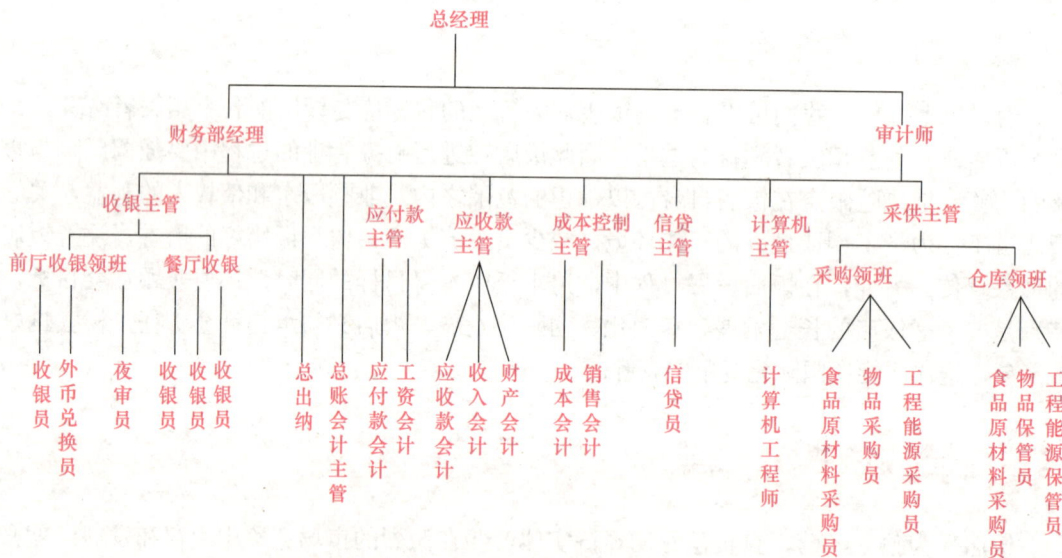

图9-1　××饭店财务部组织机构

第二节　饭店的资金筹集活动管理

饭店的经营活动，从价值上看是一种资金运动。饭店建立一定的接待设施和设备，选聘一定数量的员工，购买一定数量的原材料，这些费用支出都必然与饭店的资金相联系。因此，饭店要开展经营活动，必须先筹集足够的资金，资金筹集是饭店财务管理的首要任务。

一、饭店资金筹集的概念和形式

（一）资金筹集的概念

饭店资金筹集是指饭店根据对外投资和调整资金结构的需要，通过筹集渠道和资金市场，运用筹集方式，经济而有效地筹措资金的过程。

（二）饭店的筹资方式

会计中有一个会计恒等式，即"资产＝负债＋所有者权益"，从这个恒等式我们可以看出一个企业的所有资产有负债和所有者权益这两个资金来源，那么我们就从这两个方面来介绍饭店资金的筹集。

1. 饭店所有者权益部分资金的筹集

这部分是饭店的自有资金，它主要是由饭店投资人投入饭店的资本和饭店经营积累所形成的所有者权益。饭店的所有者权益可以供企业发展使用的资金包括饭店实收资本（股本）、资本公积和留存收益三个部分。

实收资本（股本）是指饭店在工商行政管理部门登记的注册资金，企业实际收到投资者投入企业的资金，称为实收资本或股本。资本金等于实收资本（股本）也等于注册资本，主要通过发行股票或集资的方式来筹措。随着我国市场经济体制的完善，我国的资本市场更加完善，发行股票这种筹资方式更为便捷了。目前我国已经有上海新亚（集团）股份有限公司、上海新锦江股份有限公司、海南罗顿发展有限公司、西藏明珠股份有限公司等近十家饭店类上市公司，公司股票上市以后饭店的资本大众化了，分散了风险，提高了股票的变现能力，方便了饭店对资金的筹集，同时也提高了饭店的知名度，有利于吸引更多的顾客，使饭店进入良好的发展轨道。

资本公积是指由投资人或其他人（或单位）投入，所有权归属于投资者，但是不构成实收资本的那部分资本或资产。资本公积从形成来源看，它是由投资者投入的资本金额中超过法定资本部分的资本，或者其他人（或单位）投入的不形成实收资本（股本）的资产的转化形式，它不是由企业实现的净利润转化而来的，从本质上讲属于投入资本的范畴。它作为饭店资金的一个重要来源，主要是由资本（股本）溢价、接受捐赠与所得资产重估增值和资本汇兑折算差额等形成，属于资本性质，是所有者权益的组成部分。

留存收益是指饭店经营所得利润的内部积累，是为了补充投资扩大经营或为以盈抵亏做准备，而将饭店本期或前期净收益中的一部分留存下来所形成的。企业的净利润一般按照下列顺序进行分配：首先，提取法定公积金和法定公益金；其次经股东大会批准提取任意公积金；最后是向投资者分配股利或利润。我们所说的留存收益包括上面所提取的法定公积金和公益金、任意公积金以及最后向投资者分配完股利或利润之后留存下来的未分配利润，这部分是饭店经营所获得的资金储备，可以用于饭店发展所需要资金。这部分资金越充裕，那么需要外部筹集资金就越少，也就是说饭店就需要越少的债务资本。

2. 饭店债务资金的筹集

负债筹资是指通过负债筹集资金。负债是企业的一项重要的资金来源，几乎没有一家企业只靠自有资本，而不运用负债就能满足资金需要的。特别是饭店这样的资本密集行业。与股票筹集方式相比，负债筹资的特点是：筹集的资金具有实用上的时间性，需要到期偿还；不论企业经营好坏，需固定支付债务利息，从而形成企业固定的负担；但其资本成本一般比股票筹资成本低，且不会分散投资者对企业的控制权。

按照所筹集资金可使用时间长短，负债筹资可以分为短期负债筹资和长期负债筹资两类。

（1）短期负债筹资。短期负债筹资所筹集的资金实用时间较短，一般不超过一年。但是短期筹资资金筹集速度较快，容易取得且富有弹性、筹资成本低。因此，这种筹资方式在饭店的日常经营中较为常用。

①银行信用。通过银行贷款的主要问题在于程序比较复杂，对于贷款规模与期限有较强的限制，一般包括短期贷款、长期借款、抵押贷款、票据贴现等。饭店在向银行贷款前应分析饭店对于贷款的承受能力、使用贷款的配套能力以及贷款的偿还能力；要求借款项目有可行性，能保证按期还本付息；要求对自身信誉、经营管理、发展潜力等进行评估，以判断是否符合银行贷款的有关要求。

②商业信用。商业信用在西方国家广为盛行，是指从饭店的供应商处以各种应付账款或票据方式筹措资金的方法，有应付账款、应付票据和商业承兑汇票等方式。用此方法作为短期筹资方式比较方便，限制较少，筹资及时且有弹性，不需要反复谈判或协商。但是商业信用要求饭店拥有良好的信用和声誉，在不影响信誉的前提下在信用期内还款，这样才能维持彼此的良好关系，促进饭店的发展。

（2）长期负债筹资。长期负债是指期限超过一年的负债。筹措长期负债资金，可以解决企业长期资金的不足，同时由于长期负债的归还期长，债务人可对债务的归还作长期安排，还债的压力或风险相对较小。但长期负债筹资一般成本较高，即长期负债的利率一般也会高于短期负债的利率；同时长期负债的限制较多，即债权人经常会向债务人提出一些限制性条款以保证其能够及时、足额回收债务本金和支付利息，从而形成对债务人的各种约束。

目前在我国长期债务筹资主要有长期借款和债券两种方式。

①长期借款。长期借款是饭店向银行或其他非银行金融机构借入的使用期超过1年的借款，主要用于购建固定资产和满足长期资金占用。长期借款的种类很多，按照用途可以分为固定资产投资借款、更新改造借款、科技开发借款等；按照提供贷款的机构可以分为政策性银行贷款、商业银行贷款等；按照有无担保可以分为信用贷款和抵押贷款。

②债券筹资。债券是经济主体为筹集资金而发行的，用以记载和反映债权债务关系的有价证券。我们这里所说的债券指的是期限超过1年的公司债券，其发行的目的通常是为建设大型项目筹集大笔长期资金。债券筹资与其他长期负债筹资方式相比，发行债券的突出优点在于筹资对象广、市场大。但是，这种筹资方式不利的一面是：成本高、风险大、限制条件多。

（3）租赁筹资。租赁筹资是另一种饭店融资方式。租赁是指有偿出让资产使用权的行为，其特点是租赁设施、设备，饭店不必支付大量的现金购买资产，仅支付租金就可以获得设备、设施的使用权，从而解决资金暂时短缺的问题。租赁的形式有经营租赁和融资租赁，其中融资租赁是饭店较常用的方式，又称为资本租赁。它事先不必投资，只需支付

10%～20%的保证金即可获得设备、设施的使用权。由于融资租赁的手续简便，引进设备速度快，并可以在纳税上获得好处，现已成为饭店筹集资金、更新设备、扩大经营规模的一种有效手段。

二、饭店筹资风险和原则

（一）饭店的筹资风险

在一定条件下，饭店通过举债筹资可以增加饭店投资者的收益，提高饭店的经济效益，这种作用通常被称为"财务杠杆作用"。但我们也要看到负债经营的实质是以饭店的未来收益作为现在筹资的补偿。如果饭店经营不善，或者筹集的资金使用不当就达不到预期收益，从而还会不仅不能偿还债务，反而还会给饭店造成严重影响，甚至导致饭店破产倒闭。因此饭店要在经营风险与预期收益两者之间进行权衡与抉择，并坚持一定的原则。

（二）饭店的筹资原则

1. 饭店筹资要坚持计划性原则

饭店的经营活动是在一定的时间范围内进行的，资金运动具有极强的时间性。要有计划地安排资金的投放数量、投放时间以及还本付息的时间及数量，从而尽可能加快资金的周转，充分提高资金的利用效果。

2. 考虑资金成本与资金效益的比例关系

资金的稀缺性决定了筹集资金必须付出代价，这一代价就是资金成本。饭店应该充分考虑从不同渠道筹集资金的成本，通过比较资金成本与资金效益，按照效益最大化原则来选择最有效的筹资渠道、筹资方式，力争以较低的资金成本筹集到饭店所需要的资金，并不断提高资金效益。

3. 控制好资产负债率，处理好筹资风险

按照资金使用计划，加强管理，并结合饭店经营状况及经营环境变化，及时调整资金结构，增强饭店抗风险能力，减少筹资风险，提高筹资效益。

三、饭店的资本结构管理

（一）资本成本的概念

资本成本是一种机会成本，是指公司可以从现有资产获得的，符合投资人期望的最小收益率。它也被称为最低可接受的收益率、投资项目的取舍收益率。在数量上它等于各项资本来源的成本加权计算的平均数。

资本成本是财务管理一个非常重要的概念。一方面，公司要达到股东财富最大化，必须使所有成本最小化，其中包括资本成本的最小化。因此，合理降低资本成本，是制定筹资决策的基础；另一方面，饭店的投资决策必需建立在资本成本的基础上，任何投资项目的投资收益率必须高于资本成本。

（二）影响资本成本高低的因素

在市场经济的环境中，多方面因素的总和制约着企业资金成本的高低。这其中主要的因素有经济环境、证券市场条件、饭店本身的经营状况和融资状况等。

1. 总体的宏观经济环境

总体经济环境对资本成本的影响主要体现在无风险报酬率上。无风险报酬率一般采用国库券报酬率或社会平均利润率。这是因为总体的宏观经济环境决定了整个经济中资本的供给和需求，以及预期通货膨胀的水平。显然，如果整个社会经济中的资金需求大于资金供给，那么就像我们日常消费一样供不应求的商品价格会上扬。同样的道理，资金需求小于资金供给的时候，投资人要求更高的投资回报率就很难，反之亦然。如果通货膨胀水平上升，即货币购买力水平下降，投资者会提高其收益率来补偿他预期的投资损失，从而导致饭店的筹资成本上升。

2. 证券市场条件

证券市场条件包括证券的市场流动难易程度和价格波动程度，它影响着证券投资的风险。例如，如果某种证券的市场流动性不好，投资者买进或卖出的交易难度就会增加，这就增加了投资者的变现风险，那么其必然要求更高的收益率，这样会导致饭店的资本成本加大；或者如果某证券的价格波动很大，那么就会增加投资者的投资风险，同样投资者在这种情况下就会要求更高的报酬率，投资者要求的报酬率就会使饭店的资本成本增加。

3. 饭店本身的经营状况和融资状况

这一条主要考虑饭店本身的经营风险和财务风险的大小对其资金成本的影响。其中经营风险是饭店投资决策的结果，比如饭店提供服务的市场需求量，如果饭店的品牌良好，有稳定的入住率，那么可以说这家饭店的经营风险较小；反之，饭店入住率波动较大，那么这家饭店的经营风险就较大。财务风险则是企业筹资决策的结果，如饭店拥有很大的资产负债率，那么这种负债经营的财务风险就较大，万一饭店现金流出现问题，不能偿还到期债务，那么将给投资者带来巨大损失，甚至是面临饭店的破产。因此当饭店经营风险和财务风险较大时，投资者也会要求更高的投资报酬率，从而加大饭店的资本成本。

（三）资本成本的分类

资本成本从不同的角度可以有不同的分类方法，可以帮助我们更好地理解资本成本。

1. 短期资本成本和长期资本成本

按所筹集的资金使用期限的不同，可以将资本成本分为短期资本成本和长期资本成本。

短期资本成本是指筹集各种短期资金所付出的代价，由于短期资金容易筹集，筹集费用发生较少。因此，财务决策中一般不计算短期资本成本；长期资本成本是指为筹集一定数量的长期借入资金或自有资金所付出的代价，长期资本成本是饭店进行投资决策的重要依据。

2. 权益性资金成本和债务性资金成三

按资金来源不同，可以将资本成本分为权益性资金成本和债务性资金成本。

前面已经说过，会计中有"资产=负债+所有者权益"这个恒等式，从这个恒等式我们可以看出等式的左边代表了饭店的资金用途，用于各项经营活动的资产购置等；等式的右边是饭店资金的来源，一部分是投资者投入的权益性资金，另一部分就是在经营过程中的举债资金。因此饭店经营使用的资金成本就包括权益性资金成本和债务性资金成本。

3. 个别资本成本、综合资本成本和边际资本成本

按资本成本用途不同，可以将资本成本分为个别资本成本、综合资本成本和边际资本成本。

个别资本成本是单种筹资方式的资本成本，比如有长期借款资本成本、长期债券成本、优先股成本、普通股成本和留存收益成本等。前两项属于债务资本成本，后三种属于权益性资本成本。个别资本成本一般用于比较和评价各种筹资方式。综合资本成本是筹措所有资金的加权平均资本成本，它反映了饭店整体资本成本的高低。综合资本成本越低，在同样的收益率下，饭店盈利越多，因此在资本成本的管理中，饭店要尽量降低综合资本成本。边际资本成本是指追加单位投资额度所付出的代价。边际资本成本主要用于选择各个不同追加筹资方案。

（四）饭店资本结构决策

资本结构是饭店筹资决策中的核心问题。饭店应综合考虑有关影响因素，运用适当方法确定最佳资本结构，并在以后追加投资时继续保持。

资本结构是指饭店各种长期资金筹集来源的构成和比例关系。短期资金的需要量和筹集是经常变化的，且在整个资金总量中所占比重不稳定，因此不列入资本结构管理范围，而作为营运资金管理。

企业在经营中一直追求一个最优资本结构。最优资本结构是指饭店在一定时期，在适宜的条件下，使其综合成本最低，同时企业价值最大时的资本结构。最优资本结构判断标准有三个：一是有利于最大限度地增加所有者财富，能使饭店价值最大化；二是加权平均资金成本最低；三是资产保持适宜流动，并使资本结构具有弹性。

从理论上讲，饭店的最优资本结构是存在的，但由于饭店内部条件和外部环境经常发生变化，寻找最优资金结构是十分困难的。即便如此，最优资本结构仍是任何一个理性者所追求的目标。

在饭店经营过程中，如果发现目前的资本结构不合理时，可以通过以下方法进行调整：

1. 债权和股权的相互转换

当饭店的资产负债率过高时，可以通过与现有的债权人和股东协商的办法来改善目前的资本结构。特别是饭店可以通过发行可转换公司债券来解决这一问题，可以通过设计赎回条款敦促债权人尽快行使转换权。

2. 从外部取得存量资本

饭店可以通过发行新债券、举借新贷款、进行融资租赁、发行新的股票等方法取得存量资本。

3. 调整权益资本结构

饭店可以通过优先股转换为普通股、股票回购减少公司股本等方法调整权益资本结构。

4. 公司的分立、兼并

饭店可以通过公司的分立或兼并、控制其他饭店来改善自己的资本结构。

第三节　饭店投资活动的管理

一、饭店投资概述

投资是指将资金投放在一定的对象，以期在未来获得收益的行为。饭店投资决策是一种经济决策，是饭店决策者对有关饭店投资活动的重大问题如投资方向、投资方式、投资规模、投资组合以及投资结构等所做的判断和选择，是指导饭店投资施行的行动纲领，也是饭店投资管理的核心内容。

从不同的角度，投资有不同的类型。但是在财务管理中，我们讨论的投资管理主要是对饭店进行资本性投资的管理。首先，投资的主体是饭店。我们在这一节讨论的投资主体是饭店，是企业而非个人、政府或专业机构的投资。饭店从金融市场筹集资金，然后投资于固定资产和流动资产，期望能运用这些资产赚取报酬，增加饭店的价值。在金融市场上，饭店是取得资金的一方。取得资金后所进行的投资，其报酬必须超过金融市场上提供资金者要求的报酬率，超过部分才可以增加饭店的价值。如果投资报酬率低于资金提供者要求的报酬率，将会减少饭店的价值。因此，投资项目的优劣评价标准应该以资本成本为基础。其次，资本投资的对象是生产性资本。投资按其对象可以分为生产性投资和金融性投资。生产性投资是指饭店经营活动所必须的资产性支出。这些资产是饭店进行日常经营活动的基础。生产性投资是一种直接投资，这种投资在饭店内部进行，投资后饭店并没有失去对资产的控制权，投资行为并不改变资金的控制归属，只是改变了饭店的资金用途。生产性投资又可以进一步分为营运资产和资本资产。资本资产是指饭店长期资产。资本资产投资对饭店影响时间长，又称为长期投资。营运资产是指饭店的流动资产。流动资产投资对企业的影响涉及时间短，又称为短期投资。短期投资也就是饭店日常经营的流动资金管理，我们在第四节中将进行讨论。

金融资产的典型表现形式是所有权凭证，例如股票和债券。正因如此，金融资产也被称为"证券"。证券投资是一种间接投资，投资人把现金交给别人支配并换取某种所有权凭证，他们已经失去了对资产的实际控制权。因此，在这里我们讨论资本资产投资。

二、饭店投资评价的方法

首先我们要明确资本项目评价的基本原理。其基本原理是：当投资项目的收益率超过资本成本时，企业的价值将增加；当投资项目的收益率小于资本成本时，企业的价值将减少。

对投资项目评价时使用的指标分为两类：一类是折现指标，即考虑了时间价值因素的指标，主要包括净现值、现值指数、内含报酬率等；另一类是非折现指标，即没有考虑时间价值因素的指标，主要包括回收期、会计收益率等。根据分析，饭店投资评价方法分为折现的分析评价方法和非折现的分析评价方法两种。

（一）折现的分析评价方法

折现的分析评价方法是考虑货币时间价值的分析评价方法，也被称为折现现金流量分析技术。

1. 净现值法

这种方法使用净现值作为评价方案的优劣指标。所谓净现值，是指特定方案未来现金流入的现值与未来现金流出的现值之间的差额。按照这种方法，所有未来现金流入和流出都要按预定折现率折算为它们的现值，然后再计算出它们的差额。如果净现值为正数，即折现后现金流入大于现金流出，该投资项目的报酬率大于预定的折现率；如果净现值为零，即折现后现金流入等于现金流出，该投资项目的报酬率相当于预定的折现率。如果净现值为负数，那么折现后现金流入小于现金流出，该项目的投资报酬率小于预定的折现率。

计算净现值的公式为：

$$净现值 = \sum_{k=0}^{n} \frac{I_k}{(1+i)^k} - \sum_{k=0}^{n} \frac{O_k}{(1+i)^k}$$

式中：n——投资涉及的年限；

$\quad I_k$——第k年的现金流入量；

$\quad O_k$——第k年的现金流出量；

$\quad i$——固定的折现率。

净现值法所依据的原理是：假设预计的现金流入在年末肯定可以实现，并把原始投资看成是按预定折现率借入的。当净现值为正数时，偿还本息后该项目仍有剩余的收益；当净现值为零时，偿还本息后一无所获；当净现值为负数时，该项目的收益不足以偿还本息。

净现值法具有广泛的适用性，在理论上也比其他方法更完善。净现值法应用的主要问题是如何确定折现率，一种办法是根据资金成本来确定；另一种办法是根据企业要求的最低资金利润率来确定。前一种办法由于计算资本成本比较困难，故限制了其应用范围；后一种办法根据资金的机会成本，即一般情况下可以获得的报酬来决定，比较容易解决。

2. 现值指数法

这种方法使用现值指数作为评价方案的指标。所谓现值指数，是未来现金流入现值与现金流出现值的比率，也称现值比率、获利指数、折现后收益——成本比率等。

其计算公式为：

$$现值指数 = \sum_{k=0}^{n} \frac{I_k}{(1+i)^k} \div \sum_{k=0}^{n} \frac{O_k}{(1+i)^k}$$

式中：n——投资涉及的年限；

$\quad I_k$——第k年的现金流入量；

O_k——第k年的现金流出量；

i——固定的折现率。

现值指数法的主要优点是，可以进行独立投资机会获利能力的比较。现值指数可以看成是1元原始投资可望获得的现值净收益，因此可以作为评价方案的一个指标。它是一个相对数指标，反映投资的效率；而净现值指标是绝对数指标，反映投资的效益。

3．内含报酬率法

内含报酬率法是根据方案本身内含报酬率来评价方案优劣的一种方法。所谓内含报酬率，是指能够使未来现金流入量现值等于未来现金流出量现值的折现率，或者说是使投资方案净现值为零的折现率。

净现值法和现值指数法虽然考虑了时间价值，可以说明投资方案高于或低于某一特定的投资报酬率，但没有揭示方案本身可以达到的具体的报酬率是多少。内含报酬率是根据方案的现金流量计算的，是方案本身的投资报酬率。

内含报酬率的计算，通常要用"逐步测试法"。首先估计一个折现率，用它来计算方案的净现值，如果净现值为正数，说明方案本身的报酬率超过估计的折现率，应提高折现率后进一步测试；如果净现值为负数，说明方案本身的报酬率低于估计的折现率，应降低折现率后进一步测试。经过多次测试，寻找出使净现值接近于零的折现率，即为方案本身的内含报酬率。

（二）非折现的分析评价方法

非折现的方法不考虑货币时间价值，把不同时期的货币收支看成是等效的。这些方法在选择方案时起辅助作用。

1．回收期法

回收期是指投资引起的现金流入累计到与投资额相等所需要的时间。它代表收回投资所需要的年限。回收期越短，方案越有利。

在原始投资一次支出，每年现金流入量相等时：

$$回收期＝\frac{原始投资额}{每年现金净流入量}$$

回收期法计算简便，并且容易为决策人所正确理解。它的缺点在于不仅忽视时间价值，而且没有考虑回收期以后的收益。事实上，有战略意义的长期投资往往早期收益较低，而中后期收益较高。回收期法优先考虑急功近利的项目，可能导致放弃长期成功的方案。它是过去评价投资方案最常用的方法，目前作为辅助方法使用，主要用来测定方案的流动性而非盈利性。

2．会计收益率法

这种方法计算简便，应用范围很广。它在计算时使用会计报表上的数据，以及普通会计的收益和成本观念。

$$会计收益率＝\frac{年平均净收益}{原始投资额}\times100\%$$

第四节　饭店成本费用的管理

一、饭店成本费用的概念和分类

（一）饭店成本费用的概念

饭店成本费用是指在一定时期内，接待经营过程中为客人提供劳务和产品所发生的各项费用的总和，包括物化劳动和活劳动。

（二）饭店成本费用的分类

1. 按照其用途划分

（1）营业成本。饭店的营业成本是指直接用于接待客人的费用。根据费用凭证可以直接进入各部门的"成本"账户。饭店营业成本包括餐饮成本即食品原材料及饮料成本；包括商品成本即已销售商品的进价成本等。

（2）营业费用。营业费用是指饭店为组织和管理经营活动而发生的各项费用。营业费用主要包括展览费、广告费、租赁费（不包括融资租赁费），以及为了营销饭店而设的销售机构的职工工资、福利费等经常性费用。

（3）管理费用。管理费用是指饭店的行政管理部门为组织和管理经营活动而发生的费用以及由饭店统一负担的费用。管理费用主要包括工会经费、职工教育经费、业务招待费、办公差旅费等。

（4）财务费用。财务费用是指饭店为筹集资金而发生的费用。财务费用包括饭店在经营期间发生的利息净支出、汇兑净损失、金融机构的手续费以及筹集生产经营资金发生的其他费用等。

2. 按照其与经营业务量的关系划分

（1）固定成本。固定成本是指其总额不随着业务量的增减而变动的成本。如工资和福利费、折旧费、保险等。一定期间的固定成本的稳定性是有条件的，即产量的变动范围是有限的。能够使固定成本保持稳定的特定的产量范围称为相关范围。一定期间的固定成本的稳定性是相对的，即对于产量来说是稳定的，但不意味着每月该项成本的实际发生额都完全一样。因此固定成本的稳定性是针对成本总额来说的，如果从单位产品分摊的固定成本来看则正好相反。当产量增加时，单位产品分摊的固定成本将会减少；当产量减少时，单位产品分摊的固定成本将增大。对于饭店来说，我们可以分摊到接待每一位客人所需的成本上，例如照明费的分摊。如果这一期间接待的客人增加，那么分摊到每一位客人的费用就会减少，反之则会增加单个客人的成本，这也是企业追求规模经济的重要原因。

（2）变动成本。变动成本是指其总额随着业务量的增减而变动的成本。例如食物的原材料、饮料、物料消耗及水电费等。这类成本直接受产量的影响，两者保持正比例关系，比例系数稳定。这个比例量系数就是饭店接待一位客人的变动成本。单位成本的稳定性是有条件的，即产量变动的范围是有限的。如原材料消耗通常与产量成正比，属于变动成本。如果产量很低，不能发挥下角料的节约潜力；或者产量过高，使废品率上升，单位产品的材料成本上升。这就是说变动成本和产量之间的关系是线性关系，通常只是在一定的相关范围内存在。在相关范围之外就可能表现为非线性的。

（3）混合成本。混合成本是指其总额中既包括变动成本部分也包括固定成本部分的成本项目。混合成本包括电话费、汽车租赁、行政报酬、维修保养费等。混合成本又可以再分类为半变动成本、阶梯式成本、延期变动成本和曲线成本。

半变动成本，是指在初始基数的基础上随产量正比例增长的成本。如电费和电话费等公用事业费、燃料、维护和修理费等多半属于半变动成本。

阶梯式成本，是指总额随产量呈阶梯式增长的成本，也称步增成本或半固定成本。例如，受开工班次影响的动力费等。

延期变动成本，是指在一定时间范围内总额保持稳定，超过特定时间则随产量比例增长的成本。例如，工人的加班费这种人工成本就属于延期变动成本。

曲线成本，是指总额随产量增长而曲线增长的成本。这种成本与产量有依存关系，但不是直线关系。

对混合成本要采用一定方式将其进行分解，使之分为固定成本部分和变动成本部分。

3. 按照其管理责任划分

（1）可控成本费用。可控成本费用是指在会计期间一个责任单位有权确定开支的成本费用。如餐饮部经理对售出食品的成本、工资费用等可以施加影响，因此这些费用对餐饮部经理来说是可控费用。

（2）不可控成本费用。在一定时期内责任单位对成本费用的发生无法控制的项目，如折旧费对餐饮部经理来说就是不可控费用。因此，可控与不可控费用是一个相对的概念，并不是一成不变的。

二、成本费用的预算

预算是饭店未来一定时期计划的货币数量的表现。预算成本是按标准成本计算的一定业务量下的成本开支额。这种控制方法是以预算指标作为控制成本费用的依据，通过分析对比，找出差异，采取相应的改进措施，来保证成本预算的顺利实现。

饭店预算是利用货币量度对饭店某个时期的全部经济活动正式计划的数量反映。财务预算是对饭店未来某个时期财务报表所列项目计划的一种数量反映。

（一）营业成本预算

1. 餐饮成本预算

$$餐饮成本=\sum[餐厅营业收入×（1-餐厅毛利率）]$$

2. 商品成本预算

$$商品成本=\sum[某类商品计划销售收入×（1-某类商品计划平均进销差价率）]$$

（二）毛利率预算

$$毛利率＝\frac{（营业收入-营业成本）}{营业收入}×100\%$$

（三）固定成本预算

（1）固定成本内容。饭店固定成本内容包括固定月工资、固定资产折旧费用、财产保险费、职工培训费、科研开发费、广告费等。

（2）根据上年的固定成本水平、当年的营业收入、利润计划等综合情况，编制出本年度固定成本费用总额，然后分解到每个营业部门及管理部门，以便进行考核。

（四）变动成本预算

（1）变动成本的内容。饭店的变动成本包括食品原材料及饮料成本、能源、物耗等。

（2）根据上年变动成本水平、本年营业收入、利润计划、接待业务量等综合情况，编制出本年度变动成本费用总额，然后分解到每个营业部门及管理部门，以便进行考核。

▌三、饭店成本费用的控制

（一）饭店成本费用控制的概念

成本费用控制是按照成本费用管理制度和预算的要求，对成本费用形成过程的每项具体活动进行审核和监督，以保证成本费用预算顺利实现所采取的行动总和。

饭店成本费用控制是按照成本管理的有关规定和成本预算要求，对形成整个过程的每项具体活动进行监督，使成本活动由事后算账转为事前预防性管理。具体地说，饭店成本控制是指饭店经营活动中采用一定控制标准，对产品形成的整个过程进行监督，并采取有效措施及时纠正偏离标准的偏差，使经营的耗费和支出限额在规定的标准范围内，以确保饭店实现降低成本的目标。

（二）饭店成本费用的控制程序

1. 制定饭店成本费用控制的标准
（1）目标成本（即计划成本）。
（2）各种消耗定额。
（3）费用开支限额。

2. 衡量成效
以实际执行结果和原定标准进行比较，根据发生的偏差判断成本控制的成效。实际耗费小于控制标准为顺差，表明成本控制取得良好成效；反之称为逆差。如果成本控制的成效不好，要找出原因为纠正偏差提供依据。

3. 纠正偏差
针对产生逆差的原因，采取措施，使实际耗费达到标准的要求。

（三）饭店成本费用的控制方法

1. 制度控制法

这种方法是利用国家及饭店内部各项成本费用管理制度来控制成本费用的开支。从财务管理的角度出发，国家规定了成本开支范围及费用开支标准，财政、税务及上级主管部门也都有各自的规定，这些都是饭店在进行成本控制时应该遵循的。作为饭店本身来讲，为有效地控制成本费用，必须建立健全各项成本费用控制制度和相应的组织机构。如各项开支消耗的审批制度，日常考勤考核制度、设备设施的维修保养制度，各种材料的采购、验收、保管、领发制度及程序等。成本费用控制制度中还包括相应的奖惩制度规定，对于努力降低成本费用有显著效果的要予以重奖，对成本费用控制不力造成超支的要给予惩罚。只有这样才能真正调动员工节约成本，降低消耗的积极性。

2. 预算控制法

预算控制法是以预算指标作为经营支出限额目标，预算控制即以分项目、分阶段的预算数据，实施成本控制。具体做法是把每个报告期实际发生的各项成本费用总额与预算指标相比，在接待业务不变的情况下，就要求成本不能超过预算。当然，这里首先要有科学的预算指标。一般编制滚动预算，使预算具有较大的灵活性，更加切合实际情况。

3. 主要消耗指标控制法

主要消耗指标是对饭店成本费用有着决定性影响的指标，主要消耗指标控制，也就是对这部分指标实施严格控制，以保证成本预算的完成。控制主要消耗指标关键还在于规定这些指标的定额，定额本身应当可行。一般饭店都制定原材料消耗定额、物料消耗定额、费用开支限额等。定额一旦确定，就需要严格执行。在对主要消耗指标进行控制的同时，还应随时注意主要消耗指标的变化，采取相关纠正措施，使成本费用控制在预算之内。

4. 标准成本控制法

标准成本实际上就是单位成本消耗定额。它是采用科学的方法，经过调查、分析和预算而制定的，在正常生产经营条件下应该实现的一种目标成本。它是控制成本开支、评价实际成本高低、衡量工作质量和效果的重要依据。如客房部出租单位客房的物料用品消耗定额；餐饮部制作单位餐食应消耗的原材料定额；提供单位产品服务所消耗的人工定额等，这些定额作为标准成本发挥着控制成本支出的作用。

第五节　相关案例与分析

▌一、案例内容

A饭店坐落在繁华的市区，是一家中外合资的现代化宾馆。饭店里装饰高雅、气势恢宏，给人带来了崭新的消费观念，甚至连为住店客人配备的一次性用品也成了人们竞相收集的精品。一次性用品通过非正当渠道大量流出饭店，一个月就损失了5万多元，而且屡禁不绝，形成了一个巨大的"黑洞"。

巨大的"黑洞"震动了A饭店的全体员工。

据调查，大量流失的一次性用品，除了少部分是由房客带走外，大部分是饭店服务员顺手牵羊，带出去送给亲戚朋友，个别胆大包天的还用提包偷走整盒香皂、牙具，然后在自家的小商店里兜售。对此，客房部管理煞费苦心，出台了一个又一个的规章制度，也重罚了几个违纪员工，但收效甚微。

分管客房的S副总对此非常重视。他放下手头所有工作，撇开所有以往的报告资料，亲自深入各个服务楼层，反复征询各方意见，最后制定了一个全新的管理方案。

他说"成也萧何，败也萧何"。流失现象主要是客房和仓管部的员工造成的，那么节约工作应由他们来完成。以前虽然也意识到了这一点，并采取了"总承包"、员工下班查包和突击检察员工衣柜等方法，有一些作用，但也只能治"标"而不能治"本"，因为流失现象已经不是个别现象了。

"要彻底有效地堵住这个漏洞，就必须充分调动起员工的积极性。以往用'堵'的办法，工作方法还是简单了一些。现在看来，必须改用'疏'的办法，将员工自身的经济效益和一次性用品的节约联系起来，使员工把节约当成自己的事。这样就不但不会流失，而且有些住店客人没有使用的用品还可以再次使用，真正达到了节约的目的。"

在S副总的支持下，客房部迅速制定了具体的实施办法。其中主要内容有如下几个方面：

（1）以每周实际住房实际人数为基础，每位客人每天一套为限额，统计实际需求量。

（2）由仓库、客房部共同统计核定每周实际使用量，分楼层分班次核算。

（3）在此基础上将实际使用量与实际需求量对照。使用量大于需求量较多时，为严重流失，扣除该组班全月奖金；使用量小于需求量时，则为节约有方；将客人未使用的用品回收使用，专设"节约奖"；各班组间展开竞赛，完成节约指标者奖，流失情况屡无起色者严肃处理……

以"疏"代"堵"的措施实行以后，立竿见影，用品的严重流失得到了基本控制，同时在员工中也开展了一场"爱店如家"的思想教育活动。

二、案例分析

一次性用品的成本监控宜"疏""堵"结合，与饭店其他设施设备的高昂造价相比，一次性用品确实显得微不足道，但倘若将一次性用品的费用放到客房的日常开支表中来看，便不难发现：一次性用品的开支是客房日常成本中的大头，直接影响到客房销售利润。从全年来看，购买一次性用品的投入是一笔颇有分量的资金。

下面提出一个问题：如果服务员有夹带香皂、洗头液出店的现象，怎么办？由此可知，一次性用品的流失是饭店行业非常普遍而又难以禁止的现象。除了给饭店带来经济上的损失外，还危及饭店在社会公众中的形象，至少人们会觉得这家饭店管理松懈，员工的敬业精神差，将饭店财产当作了自家物品。"黑洞"的长期存在将侵蚀管理工作的权威性，难免人们的手又伸向舞厅的唱碟、餐厅的银餐具……

许多管理者意识到了这一点，千方百计想堵住漏洞：有的在早班服务员下班前组织全体管理人员搞突袭式的检查，凡个人提包里装有一次性用品的都予以重罚。这种方式的缺点就是容易造成上下级之间的对立情绪，而且声势浩大。日子久了，次数多了，服务员也就和管理人员之间玩开了"官捉强盗"的游戏。有时管理人员刚准备出动，所有服务员就已严阵以待。也有的饭店图省事，干脆将用品数量总承包。具体到楼层来说，每个月领走2 000套，多不退，少不补。这种方法操作简单，问题也明显，另外，这种做法也表明了管理者的无能，降低了管理威信，增加了员工的不自觉性。

A饭店推行的"节约奖"也没有达到十全十美的程度，尤其是对于职业素质差的员工而言作用不显著，所以还应配套以强硬的"堵"的措施。但是他们抓住了一个关键因素，即充分重视并积极调动员工的主观能动性，将节约堵流变成员工自己的事情，以"疏"代"堵"，"疏""堵"结合，不失为一个好点子，只要能持之以恒，奖罚兑现，是完全有可能解决好这个难题的。

当然，比方法更重要的还是员工的敬业精神和职业素质以及管理者实事求是的作风和令人信服的威望。

□ 【阅读专栏】

法国雅高集团

法国雅高酒店集团（AccorHotels），旗下覆盖经济型酒店至奢华型酒店。拥有4 100多家酒店，超过57万个房间，遍及全球95个国家。旗下品牌包括索菲特、铂尔曼、美憬阁、诺富特、诗铂、美爵、美居、宜必思等。雅高名下五大品牌为索菲特（豪华型）、诺富特（高级）、美居酒店（多层中级市场品牌）、宜必思酒店（经济型）、Formule1（大众化）。ibis（宜必思）是一只水鸟的名字。

全球酒店行业权威媒体美国《HOTELS》杂志公布2016年度"全球酒店集团325强"的最新排名，万豪蝉联首位，前七名的顺序与2015年没有区别。中国排名最高的依旧是锦江酒店集团，名列第五位；首旅和如家合并后，升至第八位；华住排名升至第九位。

□ 【前沿资讯】

阿里巴巴集团与万豪国际集团联合宣布组建合资公司

美通社上海2017年8月7日电　阿里巴巴集团控股有限公司（阿里巴巴，纽交所股票代码：BABA）与万豪国际集团（万豪国际，纳斯达克股票代码：MAR）今日宣布成立合资公司，旨在助力中国旅行者日益增长的海内外旅行需求，重新定义旅行体验。

该合资公司将依托双方强强联手，将万豪国际全球品牌布局及其在酒店业无与伦比的专业经验与阿里巴巴在数字化零售领域的领先优势和对其5亿月活跃用户的深刻洞见相结合，激活创新旅行体验。通过合作双方各自领域的丰富资源，该合资公司将管理万豪国际在阿里巴巴旗下旅游出行服务平台飞猪上的万豪国际集团旗舰店。该旗舰店可直接面向阿里巴巴的用户进行市场推广，连接万豪国际忠诚计划与阿里巴巴忠诚计划，并为万豪国际旗下全球酒店提供针对中国旅行者定制的内容、项目和推广活动。

伴随中国国民收入的提高，中产阶级对优质旅行产品和体验的需求正在迅速增长。该合资公司将致力于满足中国消费者对于流畅、个性化且便捷的整合旅行解决方案的需求，并为其提供万豪国际集团旗下丰富的酒店选择。预计在未来五年内，中国消费者出境旅行将达7亿次，而这对于中国旅游业也是一次重大的增长契机。万豪国际全球酒店业主和特许经营商将通过合资公司的平台受益于不断增长的中国旅游市场份额，且有效降低酒店分销成本。

（资料来源：http：//news.cncn.com/253792.html）

【自我检测】

1. 什么是饭店财务管理？其主要任务是什么？
2. 饭店资金的筹集方式有哪几种？
3. 如何降低饭店资金的筹集风险？
4. 什么是饭店成本费用？饭店成本费用控制的方法有哪几种？
5. 谈谈你对几种饭店成本费用控制方法的理解，提出自己的看法。

【思考与讨论】

1. 饭店财务管理的任务是什么？
2. 饭店的筹资原则是什么？
3. 饭店成本费用的控制程序有哪些？

【实践与应用】

组织调研一家酒店，就该酒店的"成本费用"做出调研报告。

【思考与讨论】

1. 饭店财务管理的任务是什么？

饭店财务管理的任务包括：①财务管理首先要组织和筹集资金；②健全财务会计系统和制度，组织好会计核算；③正确执行财务监督，发挥财务综合管理的作用。

2. 饭店的筹资原则是什么？

饭店的筹资原则包括：①饭店筹资要坚持计划性原则；②考虑资金成本与资金效益的比例关系；③控制好资产负债率，处理好筹资风险。

3. 饭店成本费用的控制程序有哪些？

饭店成本费用的控制程序如下：①制定饭店成本费用控制的标准；②衡量成效；③纠正偏差。

第十章 饭店发展管理系统

■ 【关键词】

　　系统　饭店企业　产权

■ 【学习要点】

　　了解中国旅游饭店业的总体情况；掌握中国旅游饭店业的发展阶段与特点；了解饭店系统复杂的现状；理解饭店作为科学运作系统的产品特点；掌握饭店集团化发展的要点和未来饭店的发展趋势。

■ 【章前导读】

　　饭店本身就可以看作是一个系统。系统的概念是相对的。我们也可以把饭店发展所需要的内外部环境看成是一个完整的发展系统。研究饭店的发展管理系统实际上就是研究饭店系统内部各个子系统该如何组合和运行；研究饭店系统与其他饭店系统、饭店外部系统如何相处、竞争、合作的问题。特别是饭店集团化的问题将是未来饭店发展的一种趋势，值得我们好好探讨。

第一节 饭店发展系统概要

一、中国旅游饭店业的总体情况

　　在近三十年的发展过程中，旅游饭店业是国民经济各行各业中发展最快的行业之一，也是率先接近国际水准的行业之一。目前我国旅游饭店业的总体状况如下：

1. 旅游饭店业是个大产业

　　饭店业已经形成一个巨大的产业。《2015年度全国星级饭店统计公报》指出，截至2015年年底，星级饭店统计管理系统中共有12 327家星级饭店，其中11768家完成了填报，填报率为95.47%。

　　饭店业已经形成了一个规模巨大的产业，可以从以下几个因素进行考虑：

（1）大投入。大产业的形成是大投入的结果。我国的旅游业在改革开放后获得了长足的发展，其中有两个亮点：一是旅游投资规模急剧增大。近年来中国旅游投资总量年均增幅均介于10%～15%之间，2010年，中国旅游业投资总量累计在2万亿元左右，且仍以较高速度在不断增长，预计2020年将超过6万亿元，中国旅游投资正处于快速增长期。二是旅游投资主体基本实现了多元化。自1984年以来，国家对旅游业的开发形成了以政府投资为引导，社会投资为主体，外资为重要成分的投资结构。也就是说，在近三十年的发展中，中国旅游饭店业的快速增长主要是靠社会资金和外资投入。

（2）大市场。大投入形成大产业，大产业形成大市场，这个大市场主要体现在以下几个方面：

①从供给的角度来说，旅游饭店的发展满足了社会不断增长的需求，尤其是满足了国际旅游和国际商务往来不断增长的需求。同时旅游饭店也刺激了需求，培育了需求，从而形成了一个大的消费市场。

②在增长过程中，饭店业本身也拉动了需求市场。几千亿元资金的注入，一是大规模地拉动了建筑市场、建筑材料市场和技术市场。例如，国内玻璃幕墙技术的首次采用，就是在北京长城饭店的建设中，并以此为发端，逐步形成了一个材料和新技术的应用体系；二是在日常的经营改造过程中对装修市场的刺激，产生了又一轮的资金和技术需求浪潮。

③从更深的层次来说，这个市场不仅是供给和需求的市场，同时也意味着市场经济的意识和市场化体制的形成。从这个角度来说，旅游饭店业这个大市场比其他市场形成得更快一些，发展得更早一些，在方方面面起到了推动作用。

2. 旅游饭店业竞争异常激烈

目前，中国旅游饭店业的竞争已经形成了非常激烈的态势，但是竞争秩序尚好，还有规律可循。首先，基础性的竞争原因是由于旅游饭店的资金投入本身就是市场化竞争的结果，所以从发展初期阶段开始，饭店就自觉不自觉地走上了市场运行的道路，当然，在计划经济的总体框架之下，这种市场运行的轨迹是扭曲的。其次，由于饭店业推行了星级标准制度，使饭店在市场中找到了自己的位置，也树立了在市场上的形象。饭店的星级标准质量和价格基本衔接，在竞争中起到了好的作用。再次，饭店行业是外向型的，直接与国际市场接轨的。无论在人才的素质上、经营的观念上，各个方面都比较符合国际规则，也使这个行业的总体秩序令人满意。当然，目前也存在一系列严重的问题。竞争在总体有序的情况下也有一系列的无序情况，只是和其他行业相比相对好一些。有些人把饭店业的无序竞争看得很严重，实际上目前各行各业都处在计划经济向市场经济转轨的过渡之中，产生一些问题是难免的。也可以说，社会生活和经济生活中普遍存在着"乱"的情况，但治乱不能乱治，如果是从乱走向更乱，这就要引起高度重视。总体来看，有竞争是好事，没有竞争就不叫市场经济。现在饭店行业反映出来的高度竞争，从总体来看也是一件好事，而且在竞争之中涌现出一批新型的企业家，具有开放意识，能够适应市场经济，是具有现代企业素质的企业家，这在饭店行业是比较突出的。

3. 旅游饭店业结构不合理

2016年5月，全国星评委办公室对各省、自治区、直辖市星级饭店数量重新做了统计。统计结果显示，2016年上半年，高星级饭店持续增长，结构性矛盾愈发突出。与2009年相比，五星级饭店增长了9.6%，四星级饭店增长了4.4%，三星级饭店增长了1%，而一星级、二星级饭店分别有1%～5%的下降。国家旅游局副局长杜江在近期召开的全国旅游饭店业发展暨五星级饭店质量提升工作会议上讲话中指出："这种高星级饭店与低星级饭店的发展反差，一方面是市场因素的影响，另一方面也与各地只关注高星级饭店，而对中低星级饭店引导和支持不够有关。"正是由于一些地方政府推出了建造五星级饭店的优惠政策，甚至一些县市也提出建造五星级饭店的计划，为五星级饭店建造推波助澜。如广东省、江苏省分别表示2020年要增加100家五星级饭店。

■ 二、饭店系统复杂的现状分析

2016年是"十三五"规划开局之年，也是全面建成小康社会决胜阶段的开局之年。在世界经济持续深度调整、地区局势复杂多变的大环境下，我国正经历转变经济发展模式、调整产业结构的深刻变革。星级饭店行业乃至整个旅游业的发展也蕴含于这个大变革、大环境和大趋势之中。这一年，在习近平总书记"两个一百年"奋斗目标和"四个全面"战略布局的指导下，作为国家旅游局实施的"三步走"战略中必要的一环，星级饭店行业不忘初心，砥砺前行，为我国旅游业发展和供给侧改革贡献了力量。按照工作部署，国家旅游局于2017年公布了《2016年度全国星级饭店统计公报》，用严谨的语言、清晰的表格、详实的数据对过去一年我国星级饭店行业的经营发展状况进行了系统的展示。2016年星级饭店行业的新变化、新特点和新趋势也同时显现。

（一）营改增初见成效，企业税负普遍下降

2016年，我国有效实施积极财政政策，首当其冲的是实行大规模减税降费。自5月1日起，全面推开营改增试点，将试点范围扩大到建筑业、房地产业、金融业和生活服务业。营改增后星级饭店在整体营业收入与上年基本持平(2016年营业收入同比下降3.77%)的情况下，实现综合税负显著下降。2016年星级饭店实缴税金134.39亿元，较上年下降70.52亿元，降幅为34.41%。据2016年12月27日财政部、国家税务总局联合召开的营改增媒体吹风会数据，5～11月份，四大试点行业累计实现增值税应纳税额6 409亿元，与应缴纳营业税相比，减税1 105亿元，税负下降14.7%。其中，建筑业减税65亿元，税负下降3.75%；房地产业减税111亿元，税负下降7.9%；金融业减税367亿元，税负下降14.72%；生活服务业减税562亿元，税负下降29.85%。照此估算，营改增之后星级饭店业减税对生活服务业减税贡献度超过10%，减税幅度在各行业居前列。

值得注意的是，营改增减税的红包不是由少数几家大企业、大集团包办的，而是带有普惠性质的，超半数企业享受到了税制改革的红利。9 861家星级饭店中，有6 724家实现税负下降，占星级饭店总数的68.19%。其中，83.13%的五星级饭店税负下降，77.49%的四星级饭店税负下降，66.80%的三星级饭店税负下降，54.15%的二星级饭店税负下降，35.21%的一星级饭店税负下降。分星级看，2016年五星级饭店实缴税金42.60亿元，较2015年减少19.99亿元，降幅31.94%；四星级饭店实缴税金38.29亿元，较上年减少29.66亿元，降幅43.65%；三星级饭店实缴税金46.12亿元，较上年减少17.89亿元，降幅27.94%；二星级饭店

实缴税金6.97亿元，较上年减少2.79亿元，降幅28.55%；一星级饭店实缴税金0.41亿元，较上年减少0.19亿元，降幅31.56%。

有业者分析，此前，住宿业营业税税率为5%，营改增之后，增值税税率为6%，扣除销售额所含税款，相当于按5.66%征增值税。由于星级饭店经营有大量的燃气、水电、办公用品、房租、不动产购置等进项税抵扣项目，可以带来可观的降税效应，而且很多外购货物进项税率为17%和13%，企业可享受低征收高抵扣。尤其对于计划进行硬件改造和规模扩张的企业来说，其降税作用尤为明显，幅度甚至可达70%，大大超过行业平均水平。

我们还要看到，在营业税、增值税并行的时期，服务业采购货物无法抵扣，企业购买服务产品时也无法抵扣。抵扣链条不完整，导致生产型企业尽可能减少对服务业的购买需求，或者采取"大而全"的生产模式和组织架构，既对外生产货物，又对内提供服务，不利于社会分工细化与专业化。因此，营改增给包括星级饭店业在内的服务业带来的不仅仅是减税红包，更重要的是，随着营改增试点全面推开，货物和服务税制不统一和重复征税问题将从制度上得到缓解，有利于贯通服务业内部和二、三产业之间的抵扣链条，使之进一步融入社会化大分工的产业链中，是星级饭店行业进一步发展壮大的税制保障和战略契机。

（二）星级饭店总体扭亏为盈，五星级饭店地位稳固

从盈利能力看，星级饭店行业目前正处于一个始于2013年的下行周期之中。在2012年实现利润50.46亿元之后，2013年星级饭店行业出现超20亿元的亏损；2014年为下行周期的谷底，当年亏损扩大至59亿元，2015年盈利能力有所回升，但仍亏损14亿元；2016年星级饭店行业实现利润4.71亿元，实现扭亏为盈。账面上看，星级饭店盈利能力在2014年降至低谷后，逐年恢复，似乎已经进入一个温和的复苏通道。但是，2016年的盈利是在营改增减税70.52亿元的背景下得到的，4.71亿元的盈利之于70.52亿元的减税仍然相去甚远，与2011年61.43亿元的盈利相比也不在一个数量级上，因此，行业的企稳回升仍需要持续的结构调整，创新发展，提质增效。

如果分星级来看盈利能力，不同等级的星级饭店显示出不同的特点和趋势。以五星级饭店为例，2012年至2016年的盈利分别为54.78亿元、29.96亿元、5.68亿元、19.02亿元和45.35亿元。五星级饭店虽然也经历了2014年的盈利低谷，但这个周期内一直保持正盈利。而且2016年五星级饭店盈利较上年大幅增长138%，即使简单扣除营改增减税19.99亿元，仍然有6.34亿元、33%的净增长。在旅游住宿产品不断更新换代、星级饭店行业整体经营不甚理想的今天，五星级饭店仍然有充足的市场需求，经营情况相对较好，依旧保持很好的品牌优势。相比之下，三、四星级饭店则显示出明显的不景气，2012年至2016年三、四星级饭店每年利润总额合计均显示为亏损，分别为4.79亿元、54.04亿元、67.19亿元、37.29亿元和42.41亿元，五年间累计亏损205.72亿元。尤其是2016年，在营改增减税47.55亿元的情况下，三、四星级饭店亏损仍较上年扩大，经营状况不容乐观。本轮星级饭店行业经营周期对一、二星级饭店影响不明显，截至2016年，每年均保持正的盈利水平，但由于一、二星级饭店体量小，五年盈利合计11.76亿元。

（三）结构调整仍在继续，经营效率指标回暖

通过比对近年来星级饭店统计公报，自2014年以来，星级饭店数量有逐年缩减的趋势。2013年公报中数据通过审核的星级饭店有11 687家，2014年至2016年逐年减少507家、630家和689家，截至2016年，公报中数据通过审核的星级饭店为9861家。在星级饭店总数减少这一表层现象之下，蕴含着行业内结构不断调整的深刻变化。

2013年至2016年4年之间，在星级饭店数量减少的同时，五星级饭店数量却逐年递增，4年间累计增加61家，较2013年增长8.3%；四星级饭店数量则有起有落，总数与2013年基本持平，累计增加2家；相比之下，一至三星级饭店则大幅减少，4年间共减少1 889家，减少逾两成，其中二星级饭店数量减少最多，为1 060家，一星级饭店数量减少幅度最大，4年间共减少43.2%。

另一个重要指标——营业收入总额也可以印证星级饭店规模缩减的事实。同样是2013年至2016年，星级饭店营业收入累计下降16.6%，其中五星级饭店营业收入微增0.3%，其余星级饭店呈现出星级越低营业收入下降越多的状况，一星级至四星级饭店营业收入分别下降61.8%、37.7%、23.4%和9.4%。

结构调整还体现在从业人员上。2016年星级饭店从业人数为119.66万人，较上年下降11%。各星级从业人数均较上年下降，星级越高，下降幅度越少，一至五星级从业人数下降幅度分别为：39.79%、30.77%、17.44%、6.49%和1.59%。星级饭店从业人数下降应是饭店规模缩减和新技术使用带来的人力资源效率提升综合作用的结果，规模缩减在低星级饭店中占主因，人力资源效率提升在高星级饭店中占主因。从业人数下降的同时，星级饭店大专以上学历从业人员正在增加，2016年为25.90万人，较上年增长1.01%，占星级饭店从业人数的21.64%，较上年增加2.57个百分点，从业人员素质有一定程度提升。

在星级饭店规模结构不断调整的同时，星级饭店部分经营效率类指标开始出现回暖：2016年星级饭店"平均出租率"为54.73%，较上年提高0.54个百分点；"每间可供出租客房收入"为183.10元每间夜，较上年增长0.4%；"全员劳动生产率"为16.94万元，增长8.1%；"百元固定资产创营业收入"为39.18元，增加0.6元。

（四）区域发展不均衡，京粤琼及江浙沪地区优势明显

2016年星级饭店超过400家的地区(省、自治区、直辖市)总共有9个，分别是广东、浙江、山东、江苏、云南、湖南、北京、河南和广西，其中广东是唯一一个星级饭店超过700家的地区，达到723家。五星级饭店排名前五的地区为广东、江苏、浙江、上海和北京，从企业数量上看，各地区排名与上年变化不大。

营业收入总额方面，2016年超过100亿元的地区有6个，分别为北京、广东、上海、浙江、江苏和山东，营业收入总额合计为1 128.23亿元，份额占全国星级饭店营业总额的一半以上，为55.7%。其中北京、广东和上海营业收入总额超过200亿元。

除了在规模指标和总量指标上名列前茅外，上海在经营效率指标上的成绩也相当引人注目。2016年上海星级饭店在"平均房价""平均出租率""每间客房平摊营业收入"和"全员劳动生产率"4个指标上夺魁。平均房价前五的地区为上海、北京、海南、天津和广

东，其中上海为697.80元每间夜，是全国平均水平的两倍多。北京、上海、江苏、浙江、广东和海南等旅游发达地区的平均出租率均超过了全国平均水平，其中上海、北京平均出租率均超过60%。每间客房平摊营业收入前六名又一次被上海、北京、浙江、江苏、广东和海南包揽，其中上海每间客房平摊营业收入为34.77万元，又一次是全国平均水平的两倍多。全员劳动生产率排名前五的地区为上海、北京、海南、浙江和江苏，其中上海星级饭店全员劳动生产率达到37.7万元，再一次达到全国平均水平的两倍多。

从盈利水平看，上海、北京、广东、海南、广西、福建、贵州、甘肃、江西和云南等10个地区的星级饭店实现盈利，其中北京、上海、广东、海南四地星级饭店全年利润总额之和达73.71亿元，是全国星级饭店盈利总额的15.6倍。星级饭店亏损前五的区域依次为湖北、河南、辽宁、河北和宁夏，合计亏损46.52亿元。值得注意的是，营业收入、经营效率在全国排名前列的江苏和浙江却分别亏损1.70亿元和2.75亿元，与星级饭店体量相近、结构相似、地理区位相邻的上海相比仍有一定差距。

（五）把握好技术、消费和人口因素，让复苏信号持续加强

众所周知，2012、2013年是星级饭店行业的一个分水岭，星级饭店市场因产品同质化和过度供给开始进入下行周期，非市场化的需求急剧萎缩。面对市场外部环境的重大调整，星级饭店行业主动作为，勇于打破过去的经营套路，以新思维应对市场挑战。经过4年努力，星级饭店行业亏损逐年缩小，至2016年已经实现扭亏为盈，出现弱复苏信号。为了让这个复苏持续下去，行业还需要把握好以下几点：

一是走技术驱动的道路，以"互联网+"的思维助力行业转型发展。现在的中国已经全身心地投入到信息化时代，互联网，尤其是移动互联网在各行各业的发展变革中扮演了至关重要的角色。星级饭店行业能否从传统服务业中转型，能否跟上现代社会发展的步伐，关键在信息技术的应用。星级饭店行业要继续坚持线上线下融合，强化大数据和互联网思维，通过微博、微信、在线旅游平台、移动支付等互联网媒介和渠道的应用，大力发展线上预订、营销、团购活动，实现与上下游产业链的高效联通，实现企业与消费者的有效沟通。

二是走消费驱动的道路，积极满足市场需求的变化。走消费驱动有两个维度需要把握，一个是消费升级，另一个是大众化。随着我国消费结构升级提速，旅游业进入大众旅游新时代，消费者对旅游住宿的需求也由过去的标准化住宿转到个性化住宿，更加强调体验感和品质。星级饭店行业一定要从市场需求入手，在品牌定位、产品设计、营销策略、顾客体验、经营思维上开拓创新，为市场提供更多更好的个性化产品和服务，才能在未来的市场竞争中立足。

三是把握人口规模与结构变化趋势。人口规模与结构影响着一个国家经济发展的方方面面。旅游住宿业是劳动密集型产业，服务的对象又直接是人，其发展受人口规模与结构的影响尤其明显。未来几十年，我国人口变化的总趋势是：人口总量低速增长，老年人口比重逐渐增加，劳动力供给增长放缓。从供给方来说，由于人口红利逐渐消失，加上用工短缺现象的客观存在，劳动力成本的逐步上升不可避免。星级饭店还需继续提高管理水平，提高产品附加值，增强自主创新能力，通过提高企业竞争力来应对劳动力成本压力。在需求与消费方面，随着80后、90后、00后逐渐成为消费主力，新消费群体正在形成，他

们有着新的消费观念，更愿意为个人体验支付更高的价格，针对个人体验而挖掘更多消费附加值将是未来产品设计的重要原则。

从2016年星级饭店公报的数据来看，经过5年的主动调整，星级饭店行业所面临的这个寒冬下面正涌动着一股股暖流，或许已经到了"五九六九，隔河看柳"的阶段。希望星级饭店行业继续努力，撸起袖子加油干，以期春暖花开燕归来。

第二节　饭店业集团化发展

一、国际饭店业集团化经营的发展

最早的跨国饭店集团是1902年成立的"里兹发展公司"（Ritz Development Company），它是以欧洲著名的饭店管理大师里兹的名字命名的。它的出现使得国际饭店业逐渐用"托拉斯"来代替19世纪下半叶兴起的"卡特尔"垄断形式。"托拉斯"是经营关系密切的同类饭店，组成大垄断集团以扩大市场占有率，争夺投资市场，获取高额利润，"它是一种高级的垄断组织形式"；而"卡特尔"是一种松散的垄断形式，是饭店企业以协议的方式来协调市场分配、维持市场价格的一种垄断组织形式。里兹发展公司通过签订管理合同迅速在欧洲扩张，并于1907年以特许经营的方式获得了美国纽约"里兹——卡尔顿"饭店的经营权，随后又在蒙特利尔、里斯本、波士顿、开罗、约翰内斯堡等世界其他地方不断扩充其饭店集团规模，成为当时世界上最大的饭店集团之一。时至今日，"里兹"的名字仍是豪华和第一流服务的同义词。

美国人斯塔特勒（Statler）对饭店业的最大贡献莫过于塑造了美国饭店的模式，其中之一便是发展起来了第一个现代集团饭店经营模式。从1901年的第一家饭店开始，斯塔特勒集团发展到拥有10家大型饭店的集团，其中包括1928年在芝加哥落成的史蒂文斯饭店，这是一座耗资5 000万美元、拥有3 000间客房和10 000个餐位的当时世界上最大的饭店。斯塔特勒独创了许多后来影响整个饭店业的技术，如两套浴室共用的上下水系统、客房收音机、客房专用浴室、客房电话机、职工退休基金计划等；同时，他也是第一个指出集团经营方式在管理和资金上具有优势的人。由于集中采购、成本控制和集中营销，他的饭店大大提高了经营利润。美国饭店集团集团在20世纪三四十年代发展很快，但美国的饭店集团真正向世界饭店市场扩张是在第二次世界大战以后，这与当时美国市场本身还远未饱和，饭店业在本国发展还具有很大空间有关。

第二次世界大战以后，国际饭店业开始真正的大规模全球扩张。美国由于战争中积累起来的大量财富开始了全方位地向世界输出资本和产品，这也给了美国饭店业千载难逢的发展机会。当时美国最著名的国际航空公司泛美航空公司迅速对饭店业的国际化趋势作出了反应。它于1946年成立了全资子公司"洲际饭店公司"（Inter-Continental Hotel Corporation，IHC）。IHC有两个作用：一是为泛美航空公司所搭乘的国际旅客服务；二是为机组人员服务。到1982年，泛美航空公司把IHC卖给大都会集团（Grand Metropolitan）

时，洲际饭店集团在全球已拥有109家饭店。于1946年成立的"希尔顿饭店公司"（Hilton Hotels Corporation）在美国收购了多家饭店集团（包括斯塔特勒的所有集团饭店）后开始向美国以外扩张。在此后的二三十年的时间里，美国其他新崛起的饭店集团，如：喜来登饭店公司（Sheraton Hotels Corporation）、假日集团（Holiday Inn）、万豪（Marriott Hotels）等，也先后加入了饭店国际化的行列。与此同时，欧洲的饭店集团也在美国饭店集团的压力下，从20世纪50年代开始逐步加入了饭店业国际化竞争的行列。20世纪50年代初，总部设在巴黎的地中海俱乐部集团（Club Mediterranean）就开始在地中海沿岸建造度假圣地和饭店，而后又扩张到加勒比海地区。

美国的饭店集团一直垄断着饭店业的国际市场，这种竞争格局一直持续到20世纪80年代，由于欧洲和亚洲饭店集团的兴起才被打破。六七十年代的国际旅游市场主要集中在欧洲和美洲，同时国际饭店集团在进军国际市场的初期往往也选择那些重要的历史文化名城，如伦敦、巴黎、罗马作为自己打开欧洲市场的立足点，这些城市大量稳定的旅游者为这些饭店提供了充足的客源。而后，随着竞争的激烈，国际饭店集团就开始寻找那些新兴的旅游城市和商业城市作为自己下一轮的目标市场，如维也纳、塞维利亚、巴塞罗那、里斯本、米兰、布鲁塞尔等，这些城市的发展为国际饭店集团在这些地区的投资带来了丰厚的回报。石油美元的流入使中东地区在六七十年代成为增长极为迅速的地区，也吸引了国际饭店集团的投资，但由于这一地区的政治局势动荡不安，地区冲突不断发生，以及国际石油价格的下跌，让国际饭店集团的投资和经营遇到了挫折。但国际饭店集团却在其他地区——东亚和环太平洋地区看到了饭店业发展的新的契机，虽然在六七十年代，这还仅仅是一个潜在的购买市场。

进入20世纪80年代以后，国际饭店业发生了戏剧化的变化。随着欧洲经济共同体（EEC）朝着单一市场迈进步伐的加快，欧洲饭店集团也加快了联合与扩张的步伐，以抗衡美国饭店集团对欧洲市场的渗透，并在全球范围内与美国的饭店集团展开了竞争。英国的大都会集团于1981年接管了洲际饭店，雅高（Accor）集团通过良好的市场定位、国际化的战略成为了欧洲规模最大的饭店集团，希尔顿饭店集团于1987年被拉得布鲁克集团（Lad PLC）收购更意味着欧洲饭店集团全球化战略的决心。到90年代，欧洲饭店集团已迅速成为国际饭店业一支重要的力量。

经济迅速增长的亚太地区及该地区欣欣向荣的旅游业为国际饭店业提供了良好的投资场所和来自世界各地的源源不断的客源。在过去的20年中，不但西方的饭店集团纷纷投资该地区，而且以日本、中国香港和新加坡为首的亚洲本土饭店集团也迅速崛起。它们不但在亚洲市场上与欧美的饭店集团相抗衡，而且随着实力的增长，还制定了更加雄心勃勃的全球化战略。这些亚洲饭店集团在发展的初期得益于亚洲相对廉价的劳动力，但很快它们就将竞争重点转移到了提高饭店的声誉和服务质量上。如以中国香港为基地的亚洲四个主要的饭店集团——文华东方（Mandarin Oriental）、半岛（Peninsula）、丽晶（Regent）和香格里拉（Shangri-La），现已当之无愧地出现在世界第一流饭店集团的名单上，并且它们都在试图向亚洲以外的地区扩张。日本饭店集团的先锋东急集团（Tokyo Group）则致力于它的泛太平洋饭店网络，日航集团（Nikon）和新大谷饭店则将自己的市场扩展到了美国和欧洲。1988年12月，大都会集团将洲际饭店公司卖给了总部设在东京的Saison集团——一家从事零售业、饭店和房地产业的国际集团，从而使Saison集团控制了洲际饭店100%的股份。这在国际饭店业中掀起了轩然大波。亚洲财团的巨资注入改变了国际饭店的"游戏规则"，这标志着国际饭店业已不再是欧美人的一统天下。至90年代末，亚洲饭店集团已有了长足的发展，在一些地区市场上已能够与欧美相抗衡。随着21世纪即所谓"亚太世纪"的到来，亚洲饭店集团将显示出更强的活力和竞争力。

▋二、产权理论与现代企业制度

饭店集团化从本质上讲是产权交易的结果，因此要进一步理解集团化问题就必须从了解产权理论开始。

（一）产权的定义

产权（property rights）又称财产权利，是一个复杂的概念。学术界对于产权的定义有各式各样的理解。显然，作出统一的、全面的、能为所有人接受的产权定义是很困难的。这是因为，人们总是根据特定的研究需要和特殊的理解来定义产权。尽管如此，我们认为从推动或促进产权交易的角度，对产权定义作以下概括是比较科学和可行的：首先，产权是与财产有关的、具有排他性的权利。产权的排他性意味着特定的权利主体只能是一个，是甲就不能是乙，即排除任何非权利主体对产权的占有和使用；并且，产权的排他对象是多元的，即一个主体可以有多项产权，但一项产权只能归属于一个主体。其次，产权是能够流动或可让渡的权利。在产权拥有者认为不再需要拥有或非拥有者认为需要拥有时，产权应当能够流动并在他们之间互相让渡，从而实现资源的高效率配置。再次，产权是具有可分性的一种权利。如企业产权可以横向分解为使用权、收益权、处置权和让渡权，也可以纵向分解为出资权、经营权和管理权；从其存在方式上，还可分为价值形态的产权和实物形态的产权。最后，任何产权都必须是有边界、可计量的权利。否则，既不可能把特定产权从其他产权中分离开来用于交易，也不可能在交易过程中对产权进行有效计量。

（二）产权的性质

产权的性质可以从产权主体、产权运动和产权体系三个方面进行分析。

（1）产权是产权主体成为经济实体的必要条件。产权明确了投入到生产当中的资源（财产）所有者的权利，保证了经济实体的成立和由此带来的收益。

（2）产权可以独立运动。这是指产权一经确立，产权主体就可以在合法的范围内自主地运用产权，谋求自身利益的最大化，而不受同一财产上其他财产主体的干扰。

（3）产权体系可以分离。财产权利既可以以静止的方式存在，也可以以运动的方式存在。静止的财产权利是指相应法律制度规定的一定主体获取财产的合法途径及其在占有过程中和使用过程中受法律制度保护，排斥其他人抢夺、侵犯等方面的权利，它又可分为价值形态和使用形态。运动的财产权利是指财产所有人根据其意愿通过交易形式将财产的全部或部分权能进行转让的权利。这种转让可以使产、权结合，也可以使其分离。企业产权可以横向分解为使用权、收益权、处置权和让渡权，也可以纵向分解为出资权、经营权和管理权。

三、现代企业制度

人们通常用现代企业来指代那些所有权和经营权相分离的股份制企业，这种企业形式已成为现代经济的一个重要特征（在饭店业也是如此）。所有权与经营权的分离及相应的制度形成了有效的约束机制和激励机制，为企业大规模的产权交易和迅速发展提供了可能。

现代企业制度的内容包括：企业财产所有者与企业高层决策者的行为规范与相互制约关系、企业内部组织管理制度、企业的生产与消亡制度。现代企业制度的核心是企业产权制度（或产权安排）。企业所有权（即企业产权）被看作是剩余索取权和剩余控制权。剩余索取权是相对于合同收益而言的，指的是企业收入在扣除所有固定合同支付（如原材料、固定工资、利息等）的余额的要求权。而剩余控制权则指在契约中没有特别规定的活动的决策权。这两种权能可以被看作是原始产权。一个典型的现代企业的产权安排具有如下特征：股东是剩余索取者，又是剩余收入索取者，拥有对企业日常运转的决策权；债权人拿到合同收入，一般没有投票权，但当企业处于破产时，就取得了对企业的控制；工人拿取固定工资。在这个典型的所有权和经营权相分离的现代企业制度中，公司的资产分成若干股份，财产所有人以购买股份的方式将财产转让给非财产所有者使用。这里的关键就在于对股票这种虚拟的资本所代表的权利的规定，导致了整个财产运动方式的变化。众多分散的财产所有者转让部分权能，如占有权、支配权，但仍享有财产的部分权能，如控制权、处置权、优先认股权、收益权等。

第三节　中国饭店集团化发展

我国的饭店经历了近三十年的飞速发展，饭店的数目有了长足的增长。然而，饭店数量的增长主要还是依靠粗放式的投入。目前，我国饭店业已走过了初期的大规模扩张阶段，总体上呈供过于求的趋势，进入了结构性调整的成熟期。随着中国加入WTO并进一步地介入到世界经济中，整个饭店业既面临着国内同行愈演愈烈的价格竞争，又面临着国外饭店集团的"大军压境"。如何在这样的双重压力下完成产业的结构调整和产业升级成为一个现实而急迫的问题。民族化的饭店集团的形成和发展是一个国家饭店业走向成熟和不断参与全球化竞争的必由之路。对于中国饭店业来说，民族化的饭店集团是一个既涉及企业改制（指非股份制企业），又涉及产业集中的复杂的经济问题。

一、中国饭店业集团化焦点问题——产权

新制度经济学家阿曼•阿尔钦（Armen Alchian）说："经济学的问题，或价格如何决定的问题，实质上是产权如何界定与交换及应采取怎样的形式的问题。"首先应该指出的

是中国民族化饭店集团应是指总部设在中国大陆的饭店集团。目前根据历年饭店业的利润率指标，我们可以看出不同经济类型的饭店的效率存在着较大的差异。其中已完成企业制度改造的饭店、外商投资饭店、中国港澳台投资饭店的经营状况较好。这些企业的管理水平、扩张能力以及对市场的反应能力均优于其他类型的企业，其共同的特征是建立了明晰、可自由转让的产权体系，从而具有其他类型饭店所无法比拟的市场效率。境外投资饭店（包括国外和中国港澳台）多属国际饭店集团，依国际惯例和市场规则，其内部产权关系明晰、产权体系完全，并在资本、管理经验、市场信息共享、技术、人力资源等方面得到所属饭店集团的支持。

境内那些完成了股份制改造的饭店由于实现了所有权和经营权相分离，在企业效率、市场资本和产权交易方面表现出良好的业绩。反观其他类型的企业，包括国有、集体、私营、联营饭店，主要的问题是产权关系。然而，这些饭店所占的比重（占总数2/3）较大，其经营状况的好坏直接影响到我国整个饭店业的状况。比如，国有企业能否实现自身的改造，成为现代企业，将直接关系到我国饭店产业结构的调整和产业集中度的提高。从平均固定资产的指标来看，国有饭店远远低于境外投资饭店和股份制的饭店，这不利于形成有规模、有效率的饭店集团。为什么外部竞争压力客观上要求我国饭店提高产业集中度，而企业也有这方面的强烈愿望，但我国饭店业的集团化却还只是出于起步阶段呢？其关键问题就是产权关系和产权交易市场的建立远远落后于现实的竞争对产业集中的要求。就像施蒂格勒曾指出的那样，"早在兼并运动发生以前，许多产业已具备了旨在垄断和兼并的条件。为什么兼并运动姗姗来迟？我所发现的唯一有说服力的理由是现代公司和资本市场发展跟不上。"

二、创造饭店产权交易的环境

造成我国民族饭店集团规模较小的主要原因是未形成一个运转良好的产权交易市场。多年来的条块分割、地区分割、部门分割以及体制上的弊端，造成我国民族饭店业集团化也必须从产权问题入手。产权交易重要的环境是与产权交易相关的法律体系、产权界定、契约达成、交易过程的监督。这里不讨论这一复杂的问题，只是简单地看一下两个相关市场及国有企业产权关系改革的情况。

（一）完善和发展资本市场

我国饭店业产权交易落后与整个经济处于转轨时期有关，尤其是与资本和证券市场不发达有关。在发达国家，大规模的饭店收购和兼并能顺利地展开，一个很重要的原因就是企业能够通过贷款、发行债券和借款等方式在发达的资本市场上筹措到收购和兼并所需的资金。而在我国目前的情况下，一方面，国有银行转变为商业银行的改革尚在进行当中，其自身的运作能力和贷款能力尚存问题，同时非银行金融机构还处在起步阶段，企业还不能自由进入资本市场发行债券；另一方面，证券市场的限制，也影响了饭店产权交易市场的发展。企业通过借款用于产权交易的资金最终要通过在证券市场上以增发股票的形式由社会分散的投资者承担。另外，企业通过转发债券或换股的方式交易时，也离不开证券市场所提供的融资手段。目前我国资本和证券市场的功能还比较单一，为饭店产权交易提供服务的作用尚需完善。

（二）发展经理人市场

目前，我国饭店的劳动者市场已趋成熟，然而经理人市场却未发展起来，特别是国有饭店的经理层由于个人和所属部门的利益，更多的是通过行政命令的方式而不是市场的方式来选择经理人员。一些初具规模的管理公司一般通过内部经理人输出的方式去管理下属企业，如新锦江集团、新亚集团、金陵饭店集团等，但在规模和经理人员素质上都有待于进一步提高。产权交易的改革仅靠饭店业自身是无法完成的，但饭店业作为一种直接面对市场（特别是国际市场）的产业，应以积极的态度去适应体制的变革并在交易方式上针对新情况不断创新。

（三）改革国有饭店产权体制

产权体制改革包括企业内部产权制度的改革和企业外部产权交易体系的完善。国有企业的财产所有权笼统地被认为是属国家所有，实际上并没有专门机构来行使这项权利，导致企业所有权缺位。各级管理部门并不是企业的所有者，只是代理国家行使管理权；而企业经营者只不过拥有对国有资产的经营权。这样一种双重权利代理关系产生了严重的信息不对称，即部门管理者或企业经营者的行为与企业所有者（国家）目标发生偏差时，国家作为所有者并不能有效地组织和纠正这一偏差。当部门和企业为了自身利益而联合起来时，这种情况就更加严重。解决这一问题的关键在于探索一种有效的国有财产所有权实现形式，促使企业产权明晰化，产权主体行为规范化。许多人提出了解决问题的方案，就目前我国的实际情况来看，"财产信托，资产经营"的实现形式不失为一种可行的方案，其核心是：对国有财产的管理实行"财产信托"，在国有财产的运行上实行"资产经营"。

三、我国饭店业的集团化之路

我国饭店业要走集团化发展之路，就必须加快发展所有权和经营权市场的交易，使产权依据效率原则进行高效流动。

（一）所有权交易的多元化

在国有饭店中，由于企业所有者单一，使企业产权交易的最终决策权集中在单一决策人手中，最终产权交易能够完成要看这个决策人的行为和动机。在目前条块分割、管理部门多的条件下，所有者受非经济因素的驱使，即使在企业效率很低的情况下也不会轻易出让。只有在亏损的情况下，为了完成财政目标才由部门出面用行政的手段"拉郎配"，挂牌出售。即使是在公司制的企业中，大部分企业的股权结构高度集中，国家往往处于绝对的控制地位，就算潜在交易者及时取得全部公众股，也不能获得企业的控制，广大中小股东的投票权（包括潜在的控制权）实际上被剥削。因此，证券市场上的股权收购只能在那些少数几家国有股所占比例低、股权结构比较分散的企业中进行。因此企业股权结构的分散化和形式的多样化是解决这一问题的有效途径。如上海新亚集团在实现了股份制改造后，不但在融资方面采取了多种形式（内部聚资、银行贷款、引进外资、中中合资、发股筹资），而且实行了资产经营一体化。对下属的59家全资、控股企业，通过契约方式明确了集团内企业与集团、经理人员与股东的权责，在多级委托代理关系中做到了"激励相容"，即所有者与经营者目标相一致。

（二）加快发展经营权交易市场

从世界饭店业发展的历史和趋势来看，经营权交易是饭店集团在全球范围内迅速发展的一个重要原因。我国的饭店企业经过近30年的发展，已经形成了一批经济效益突出，经营管理规范，与国际接轨，具有良好企业形象、品牌和一定规模的饭店集团企业，如白天鹅宾馆、金陵饭店、新锦江饭店等。这些饭店集团在经营管理和品牌上的优势由于种种原因的限制还远未发挥出来，其中一个重要原因就是经营权市场还没有发展起来。要解决这个问题，首先要完善多种形式的管理合同。我国的大部分饭店集团采取饭店合同的经营权交易形式输出管理，但面临着国际饭店集团的挑战。目前，许多独立的饭店都选择那些国际著名的饭店管理集团进行管理，以期凭借品牌优势、先进的管理经验和预订系统分享更大的市场份额，如南京市1998年开业的3家高档饭店就分别与喜来登、希尔顿和假日集团签订了管理合同或特许经营合同。在这种形势下，我国的饭店管理集团应采取更灵活的策略。一方面，加强与国内管理公司的联合，这可以在保持各集团所有权独立性的基础上实现经营权的优化组合，从而在人才、培训、管理方式上创出中国特色；另一方面，也可以考虑与国际集团成立合资的管理公司，如1994年，喜来登国际有限公司、中国国际旅游服务公司总部和中国银行信托咨询公司在北京成立中国首家合资饭店管理公司——喜来登东方饭店管理有限公司。

另外，要发展其他形式的经营权交易。特许经营、集团转让的方式在我国的饭店业中还未得到广泛应用，这一方面与我国目前没有一个在全国范围内知名的连锁饭店集团有关，另一方面也是饭店业没有一个规范的特许经营和集团转让的产权市场的反应。这一部分市场一直被国际饭店集团所垄断，中国的饭店要想在这一市场上占有一席之地，就必须发展出有中国特色并与国际接轨的饭店产品，并加强产品和服务质量的标准化建设。同时，中国的饭店应破除地方观念、保护主义和部门主义，在效率优先、利益共享（以产权的投入为标准）的原则下走向联合；在加入饭店组织的问题上，应考虑中国饭店自身的实际情况灵活处理，既可独立加入，也可以一个或几个集团名义共同加入，以增加讨价还价的能力。

第四节　饭店业发展的新趋势

全球饭店业在20世纪的发展速度、规模及其档次，都是前所未有的。"巨无霸"饭店（客房超过5 000间）、智能化饭店，都是在20世纪出现的。因此，全球饭店在20世纪真正形成了一个庞大的产业，其投入总量与产出总量均已超出全球钢铁行业。科学技术的发展改变了世界的面貌，也改变了世界饭店业的面貌。未来的旅游饭店将呈现如下发展趋势：

一、管理理念深化

目前，在信息化和经济全球化的进程中，管理的理论正在发生变化。管理理论的变革已掀起了第三次浪潮，新的管理理论应运而生。如何运用新的管理理论、管理方法经营管理好现代旅游饭店已成为摆在每个企业管理者面前的新课题。

（一）对消费者的尊重与关怀

我们面对的是更加成熟的消费者，饭店的一切经营必须建立在对消费者尊重的基础上。旅游饭店从设计、经营、建设开始到日常管理和服务，都要有一种人文关怀精神，要以客人为本，全面关怀，使客人有宾至如归甚至是宾至胜家的感觉。要进一步了解细分市场客人的需求，更准确地把握饭店的目标市场，更有针对性地提供相应的产品和服务，使宾客的满意度全面得到提高。

（二）企业组织结构扁平化

现代企业管理是一种企业组织结构和制度相组合的管理，其着眼点是人而不是物。目前大部分旅游饭店企业组织形态尚处于一种传统的状况，呈纵向结构的垂直领导。在这种结构中，饭店以总经理为中心，权力相对集中，管理的传递方式是一层层向上汇报，一级级向下传达，需要大批的管理人员进行管理和现场督导，第一线的员工则要求按规定的标准和程序操作。

扁平化的趋势要求改变传统的管理模式并作结构性的变革。信息传递的计算化将取代中下级管理层次的大部分作用，权力将被简单化。企业内沟通的畅通，将有利于减少部门之间的摩擦，提高管理效率，降低管理成本，最大限度地发挥第一线员工的作用，体现参与式的民主管理。扁平式组织机构将会在市场环境变幻莫测的情况下发挥其强大的优越性，使企业从僵化、割裂、局部内向的机械化管理阶段向灵活、关联、整体、外向的有机管理阶段迈进。

（三）倒金字塔的管理理念

大部分旅游饭店的管理体系是以总经理为顶端，一级管一级，层层对上级负责。处于最低层的员工则直接面对宾客，呈正金字塔结构。在这种体制下，管理者忙于层层控制，容易形成人人只对上级负责的状况。倒金字塔的管理理念是以宾客为最高层，依次为员工、下中层管理者、决策层。各层次均依次以前者作为服务对象和后盾。这种管理理念有利于强化宾客导向和各层次的服务意识，逆转了各层次主要只对上级负责的趋向，有利于形成以人为本的管理意识。服务质量在时间、空间上始终处于不断发生、不断完成的动态之中。没有员工的向心力和投入感就不会有优质的服务。日本松下公司成功的诀窍在于一句格言："先制造人，再制造产品"。有的饭店提出"宾客至上，员工第一"的口号，提出"员工是饭店的内部客人"的概念，都体现了以人为本的管理理念。全面质量管理理论本质上是以层层控制为核心，并未改变人们所处的结构环境。新的管理理念是以人为中心，把员工作为服务的主体，注重人力资源的开发、员工素质的培养和工作环境的改善。

（四）学习型组织机构

美国麻省理工学院著名管理学者彼得·圣吉所著的《第五项修炼——学习型组织的艺术与实践》一书指出，现在全世界的管理和思维方式正在酝酿一个新趋势，那就是学习型组织企业的诞生。因为未来唯一持久的优势，就是"有能力比你的竞争对手学习得更快"。当世界更加相关、更复杂多变时，学习能力也必须更强才能适应变局。未来真正出色的企业，将是能够设法使各阶层全身心地投入并有能力不断学习的组织。彼得·圣吉认为以下五项"修炼"是创造学习型企业，告别传统权威控制组织的先决条件：第一，自我超越的精神基础；第二，改善心智的模式；第三，建立共同的愿望；第四，团队学习；第五，系统思考。彼得·圣吉这一"学习型组织"企业理论正为各国所重视。在饭店业，人们明白了未来饭店企业的经营决胜之道，将会出现更多真正意义上的"学习型"饭店。

（五）实施CIS-CS-ES战略

CIS是英文"Corporate Identity System"缩写，直译为"企业识别系统"。作为一种新概念的形象战略，它于20世纪50年代崛起于商品经济高度发达的美国，70年代盛行于欧美，80年代传入日本，而后风靡全球，在理论体系上得到不断充实与完善。CIS的三个子系统是：理念识别（MI）、行为识别（BI）和视觉识别（VI）。CIS是以一种职业化的手段，通过建立一整套能够广泛而迅速传播的识别符号，将企业文化和理论融合其中，传达给公众。形象战略在饭店的导入，犹如给饭店增添了"心"（理念）、"脸"（视觉），既提高了饭店的竞争力，又使内部的管理走上了正轨。饭店形象既包括建筑、客房、餐厅、设备设施等硬件形象，又包括饭店管理、服务质量、员工精神面貌、企业文化等软件形象。良好的饭店形象，是饭店拥有的宝贵财富，可使饭店建立与债权人之间最有利的关系，从而以最低的利率获得贷款，获得良好的资金周转循环系统。当然，更重要的是良好的饭店形象能使饭店吸引更多的顾客，提高经济效益和知名度。

CS是英文"Customer Satisfaction"的缩写，译为"顾客满意"。CS战略是超越于CIS战略的情感战略，它关注顾客的心理需求，通过多种沟通手段，让顾客在消费过程中获得心灵满足，从而认同该产品。CS战略把顾客视为企业最宝贵的财产，坚持以顾客为中心，全力培养对企业忠诚的顾客。企业的全部经营活动都要从满足顾客的需要出发，以提供使顾客满意的产品或服务作为企业的责任和义务。只有顾客满意，企业才能拥有大批持久忠诚的顾客，才能真正获得企业的需要。

ES是英文"Employ Satisfaction"的缩写，译为"员工满意"。ES战略是CS战略理念的进一步深化，它以内部员工为中心，强调"员工第一"，认为只有员工满意，才能产生顾客满意。从这种意义上讲，ES是真正意义上的顾客满意。旅游饭店积极实施ES战略是十分必要的。当今旅游饭店正面临激烈的市场竞争，员工是企业兴衰成败的关键，饭店只有提高员工的满意度，才能形成和增强饭店的凝聚力和竞争力。饭店产品是以服务形式表现的无形产品，是一种有别于其他产品的特殊产品，其特殊性在于它本身带有感情色彩。如果没有员工的满意，饭店服务产品就不可能成为具有情感成分的优质产品，也就难以赢得宾客的满意。饭店大量的服务工作和管理行为，都是通过员工的行动付诸实现。没有员工的满意，必然出现服务效率下降和服务质量的降低。因此，积极实施ES战略，充分理解被管理者的要求和愿望，尊重、关怀、帮助、信任和培养员工，员工才会为企业的发展作出最大的贡献。

（六）注重品牌和资产经营

在日益激烈的饭店市场竞争形势下，消费者认知品牌、选择品牌渐成时尚，饭店的品牌竞争也越来越激烈。没有品牌的企业是缺乏竞争力的企业，没有品牌的经济是缺乏活力的经济。积极实施品牌战略，已成为饭店经营者的一个重要课题。饭店的品牌是饭店产品质量和信誉的标志。著名的品牌既是一种重要的知识产权，也是一种可以量化的重要资产。从饭店品牌的构成要素来看，大致包括以下几个方面：①完善的饭店产品功能；②稳定的饭店产品质量；③鲜明的饭店企业形象；④高水准的经营与有效的管理；⑤较高的文化含量；⑥高额的市场占有率；⑦好的口碑。旅游饭店应制定可行的品牌规划，积极实施品牌战略，培育饭店员工的品牌意识，努力提高饭店产品质量，加强饭店文化建设，丰富企业文化内涵，加强企业形象策划，加大广告宣传力度，珍视和不断巩固饭店的美誉度。

资产经营是旅游饭店的发展趋势。饭店业的经营主要包括三个层次：一是饭店的直接经营，即传统的主体产品，如住宿、餐饮、娱乐、商品的经营等；二是饭店的综合经营，是饭店直接经营的延伸，就是按照饭店的性质、特点、功能在多个方面的延伸，使潜在的效益变成现实的效应，如饭店全方位向社会开放等，一般可取得较好的效益；三是资产经营。资产经营是企业通过资本的形式，对资产的存量和增量进行管理，为企业带来利润最大化的一种经济活动，并通过资产重组实现增量集聚和集中。资产重组包括合并、购入外部资产，也包括股权结构重组，即通过吸纳部分增量资产，结合对现有资产的调整、优化配置，使资产组合在使用过程中有更大收益。资产经营要求对饭店的资产进行深层次的经营，要求盘活存量资产，让现有资产流动起来，通过资产结构和形态的变化与重组，吸引外来资本，合股、合作或合资经营，在短期内使饭店资本量增大，资产增值。要完成这个转变，饭店除了要重视形成利润中心外，还要重视考核资金利税率、资本利润率、投入产出率、资产负债比例、资产保值增值率等指标，着眼于提高饭店资产和资本的运营水平。

二、文化内涵升值

旅游饭店业的发展使竞争更趋激烈，竞争由低层次的价格竞争逐步走向高层次的质量竞争和企业文化竞争。饭店服务产品的本质实际上是销售一种具有文化附加值的服务，文化的内涵将在旅游饭店企业中占据越来越高的价值。

随着社会经济的发展，旅游饭店业的主要市场将面对正在成长并日趋成熟、文化素质越来越多的高收入阶层，他们不再仅仅满足于功能上、生理上的需求，而是追求更高层次的需求，希望在饭店文化氛围和具有文化附加值的服务中得到自尊和满足，实现潜意识中的自我价值。

文化内涵的提高对旅游饭店来说主要表现在外在的、有形的文化氛围的营造和内在的、无形的企业文化的建设两个方面。从建筑造型、功能布局、设计装饰、环境烘托、灯光运用等都需要体现出文化的主题和气息。饭店以拥有艺术珍品的艺术廊、画廊、音乐厅、表演展览厅等文化设施而自豪，以散发不同文化韵味的风味美食厅，不同文化主题的客房楼层和娱乐设施，甚至有文化品位的饭店内部景观而知名。国外一些著名饭店把投资总额的15%用于艺术品的购置与布局。饭店文化氛围的成功营造不仅使自身成为旅游景观，有利于吸引客源，而且有利于提高服务的品质，树立企业的品牌。那种没有整体文化立意和创意的东拼西凑，一味追求高档材料堆砌，盲目追赶新潮设施的罗列等，均是没有文化的表现，将难以获得消费者的喜欢。

饭店不能简单地依靠地理位置和自身资源的优势赢得竞争，必须借助于企业的文化建设。对于一个以人为本的旅游饭店来说，有目的地确定企业的文化坐标，自觉地形成有良好文化内涵的经营哲学、企业精神，有意识地培养和提高从业人员的文化素养，对饭店经营具有重要的意义。企业文化的作用虽不能直接作用于经营，但却能通过人的经营活动产生效果。一支没有文化的军队是没有战斗力的军队。杭州之江度假村的员工培训中除了进行业务知识和技能培训外，还学习中外文学史、美学等课程。这是一种有远见的做法。一流的员工才能有一流的服务。文化渗透和熏陶才能营造出有文化品位的饭店氛围，使规范达标的服务转化为主动细微的、善解人意的优质服务，使饭店服务从一般的劳务活动升华为一门服务艺术，使饭店服务产品从原始的使用功能价值达到一种具有文化附加值的新境界。

▌三、新技术广泛运用

从传统眼光看，饭店业是一种劳动密集型的服务性行业。但随着科技的迅猛发展，这种状况正趋向转变，旅游饭店的科技含量正日趋提高。先进的设备设施，全面的计算机智能管理，信息技术的运用，将成为饭店在竞争中求得发展的必要手段。

智能化管理系统包括办公、通信、大楼管理、信息处理、设备运行等自动化状态控制系统。实现对整个饭店运行的智能化管理，就是把目前仅限于入住、付账、报表的初级阶段提升到智能化的高级阶段，使饭店能根据客人流量、气候环境对整个设施设备和前后台系统实行自动优化控制，不仅使整个饭店从温度、光线、通风、安全等方面处于良好状态，而且使能源的消耗大幅度下降。同时运用计算机大容量地收集和处理信息，分析客人背景资料，使针对每个客人的个性化服务成为可能。

多媒体技术的运用，使客房内的电视机具有多媒体的功能，成为客房的信息中心，集图像、动画、图表、音响、语音、电子游戏、传真、通信、电子媒介于一体；并且多媒体技术的运用还可以使双向的信息交流成为现实，可提供如离店的自动登记、结账、信息咨询、选择菜单、留言、叫醒服务、旅游线路、预订机票、座位、商品等交互式服务。虚拟现实技术的运用，将使客房虚拟娱乐、虚拟旅游等得以实现。

网络技术的运用，使得旅游者可在互联网上十分方便、快捷地查阅旅游信息，获得咨询服务，预订饭店产品。网络正在改变着人们的生活和购买行为习惯，也在改变着企业的生产和促销方式，这给饭店业带来了新的机遇和挑战。正如专家们指出的那样，没有入网的饭店将发现自己是孤立无助的，将难以分享市场中应得的份额。

科技发展将给旅游饭店带来前所未有的革命，也对饭店管理者提出严峻的挑战。因此，能否跟上科技的发展，不断提高饭店科技含量的比例，决定着企业的生存和发展。那种对高科技麻木不仁、反应迟缓者，势必在竞争中处于劣势，甚至有可能被新技术浪潮无情地淘汰。

四、酒店集团化趋势更加明显

随着经济全球化、市场和资源跨国化的影响，饭店的联盟和合并将导致更大规模的饭店集团的诞生。世界高档名牌酒店集团将越来越多地出现在各个国家。在潜力巨大的新兴市场中，新名牌也会脱颖而出。今后大的酒店连锁集团数目将逐渐减少，剩下的都是那些更强更大的集团。不仅大公司会继续收购小公司，而且小公司之间也会不断地联合变成有相对规模的公司，以便与大的对手相抗衡。如英国巴斯公司先后兼并了国际假日酒店集团、洲际酒店集团，成为规模更大、更具竞争力的英国巴斯酒店集团（Bass Hotels & Resorts）。

中国旅游饭店的集团化、品牌化经营虽然已得到一定的发展，但总体看来还处于发展阶段，与世界上大的饭店集团相比还存在较大的差距。我们要看到差距，振奋精神，奋力赶超，要大力推进中国饭店的集团化进程。

五、饭店产品多样化、特色化、个性化

现代旅游者的需求越来越多样化，饭店为了满足客人的需求，应尽量提供多样化的产品。一些饭店不断调整其产品结构，改变产品形象，或不断完善饭店产品的功能，都是为了满足客户多样化的需求。例如，一些饭店的客房经过改造并引进新的技术和设备，使客房不仅具有家居功能，而且具有商务办公、客房娱乐、客房健身等多种功能。商务饭店、会议饭店、度假饭店、青年旅馆、汽车旅馆等各种类型的饭店的兴起，全套间饭店、分时制饭店、无修饰饭店等的出现，行政楼层、无烟客房、女性楼层和五花八门的多种餐饮娱乐设施的开设等，凡此种种，都是消费需求多样化的产物。

20世纪90年代以后，饭店逐步进入个性化服务时代。许多产品有特色、服务有个性的饭店在市场上显示出强有力的竞争力和生命力，而那些产品雷同、缺乏特色的饭店皆面临生存的危机。饭店在为客人提供规范化、标准化服务的同时，越来越注重对不同客人提供具有针对性的个性化服务。个性化服务是规范服务的延伸，是针对客人的个别需求而提供的优质服务，它体现在超常服务、感情服务、灵活服务、细节服务、癖好服务、自选服务等方面，能大大提高客人的满意度，有时还能为客人带来惊喜。例如，豪华饭店中的"金钥匙"服务，被客人视为"百事通""万能博士"和解决问题的"专家"，代表了饭店委托代办的最高水平。"尽管不是无所不能，却一定竭尽所能"，是"金钥匙"的服务哲学。中国"金钥匙"的承诺是：为全世界旅游者提供"高效、准确同时完善的服务"。"金钥匙"服务已成为饭店优质服务的象征。

■ 六、市场高度细分与多元化营销

高度地细分饭店市场，按照顾客满意理论（CS）让饭店对应的客源高度满意，是饭店在21世纪中求生存谋发展的至关重要的原则，也是必然的发展趋势。要清醒地认识到，饭店不可能满足所有客人的需求。美国哈佛大学商学院迈克尔·波特（Michael E. Porter）教授在其著名的《竞争优势》中指出，企业竞争战略，归根结底只有两大类，一是竞争化策略，二是成本领先策略，而这两类策略又与同一种营销手段有关，即密集型营销有关。也就是说，饭店实行专业化市场分工，饭店以针对性的产品和服务去高度满足特定的客源群。随着具有鲜明特色和明确市场定位的主题饭店越来越成为饭店发展的主流方向。寻找主题，挖掘主题，设计主题，制作主题产品和服务，将成为饭店管理者在落实本店市场定位中最主要、最具体、最花心思和精力的事。主题的成功等于市场营销成功了一半。例如，总部设在美国的硬石酒店国际集团所属的酒店，是以摇滚乐为主题的酒店，曾得到全球唱片界的最高荣誉奖——格莱美奖，在摇滚客源市场上所产生巨大的感召力，使之与其他饭店明显区别开来，硬石酒店集团也因其鲜明的主题形象而获得了巨大的发展。

随着顾客需求的变化和市场竞争的加剧，饭店的营销策略呈现多元化趋势。21世纪将是一个以整合营销为主导，以文化营销、关系营销、网络营销、绿色营销、服务营销等营销方式为组合的多元化营销的时代。饭店营销将表现出营销网络普遍化、消费档案普遍化和饭店品牌普遍化的趋势。饭店经营管理者应树立新的市场营销观念，认真调查研究市场，了解消费者需求，把握市场机会和市场发展趋势，运用多种营销手段，加强市场促销力度，提高市场占有率，努力为饭店的发展创造最好的市场条件。

■ 七、绿色饭店将大受欢迎

人类已进入以持续发展为导向的消费时代。创建绿色饭店，倡导绿色消费，推行绿色管理，为社会环保作出贡献是旅游饭店发展的必然趋向。绿色饭店是指为客户提供的产品与服务符合充分利用资源、保护生态环境要求和对人体无害的饭店。绿色饭店将更加注重保护环境，维护生态平衡，节约能源和材料耗费。比如，饭店的建筑尽可能减少现代建筑带来的光污染，利用先进的几何造型，使室内采光度好；饭店的能源尽量使用太阳能，节省普通能源的消耗，降低对大气层的污染；饭店尽量减少使用塑料等无机化和易耗品，而改用易分解的制品，以利于生态环境的平衡；客房的床单、毛巾最好是纯天然的棉织或亚麻织品，肥皂宜选用纯植物油脂皂，尽量体现绿色服务；减少污水排放，客房可不再每日更换一次性用品，床单、毛巾的更换也根据客人的需要而定；餐饮部的生产和供应必须严格遵守环保法令，做到清洁生产，并推出无公害、无污染、安全、优质的绿色食品。

总之，强化绿色意识，培养绿色员工，尽量采购绿色物品，减少浪费，循环利用，节能降耗，珍惜资源，降低污染，保护生态，开设绿色客房，推广绿色食品，提供绿色服务，营造绿色环境，加强绿色企业文化建设，是创建绿色饭店的主要内涵。创建绿色饭店是旅游可持续发展的需要，是满足日益增多的绿色旅游消费需求的需要。创建绿色旅游饭店是开源节流的重大举措之一，有利于节约自然资源，降低经营成本、增强市场竞争力，赢得更多的客源。创建绿色饭店可使饭店的环境效益、经济效益和社会效益达到高度的统一。

八、新概念饭店将取代传统饭店

目前，雅高集团、喜来登集团已相继推出新概念客房，新概念饭店也呼之欲出。新材料、新设备、新技术的大量采用，将更适应客人的需求。如发光材料、调温材料、调色材料、可散发香气的材料将改变传统的饭店用材；洗涤、排污、废水废气废烟的环保处理，将改变饭店的环境；自然通风、照明及太阳能的开发利用将改变饭店的能源消耗；客房中便捷通信、自动预订、登记、入住系统的建立，将改变饭店目前的经营模式；总之，饭店的不断智能化，将打破已往的经营理念。

九、饭店选址不再限于陆地和地球

高科技带来无限商机，也给饭店建造打开了新的大门。太空旅游的新概念，既刺激旅行者，也刺激那些标新立异的饭店投资人。饭店选址不再限于陆地和地球，海洋、太空都可能成为建立饭店的场所。

展望未来，全球饭店业的"和平"竞争将给饭店的业主及经营者带来难以名状的躁动，人们可能忧喜参半。

□【阅读专栏】

最佳本土酒店集团：上海锦江集团

锦江集团成立于1984年3月，地处我国沿海开放的第一大城市——上海。锦江国际集团是中国规模最大的综合性旅游企业集团之一。集团以酒店、餐饮服务、旅游客运业为核心产业，并设有酒店、旅游、客运物流、地产、实业、金融六个事业部。

锦江国际集团投资和管理近1 000家酒店、100 000间（套）客房，在全球酒店集团300强中排名第22位，列亚洲第一位，获"中国最佳信誉品牌"称号。2017年6月30日，锦江国际（集团）有限公司获得2017年中国商标金奖商标运用奖。

□【前沿资讯】

第五届世界酒店联盟会暨第十届世界酒店论坛海口开幕

2017年7月15日上午，第五届世界酒店联盟大会暨第十届世界酒店论坛在海口观澜湖度假区开幕。本届论坛大会以"跨界、融合、投资与合作"为主题，近20多个国家和地区的400多位政要、行业首脑、权威学者、著名企业家等参加。

据了解，论坛大会共分为六个环节：第五届世界酒店联盟大会暨第十届世界酒店论坛开幕式、世界酒店论坛主报告会、国际旅游经济领袖年会、第九届五洲钻石奖颁奖盛典晚宴、考察当地政府安排的特色项目及旅游项目、嘉宾继续考察自选重点项目等。

在开幕式上，联合国经济与社会部国际旅游与酒店联合会宣布成立。该会是在联合国4 000多个组织中的一个机构，有195个国家，是无政府NGO单位，主要是推动世界社会经济，促进世界和平。

（资料来源：http://news.cncn.com/252194.html）

□ 【自我检测】

1. 简述我国饭店发展的基本历程。
2. 目前我国饭店业市场中存在的主要问题是什么？
3. 简述中国饭店集团化经营的发展历史。
4. 分析希尔顿酒店的成功之道。
5. 谈谈你对未来饭店发展趋势的认识。

□ 【思考与讨论】

1. 饭店作为科学运作系统的基本性质。
2. 饭店作为科学运作系统的产品特点。
3. 饭店作为科学运作系统的竞争特点。

□ 【实践与应用】

参观一家绿色饭店，就绿色饭店的可持续发展问题，提出自己的可行性方案。

【思考与讨论】

1. 饭店作为科学运作系统的基本性质。
①实体性；②全面性；③科层制；④服务性。
2. 饭店作为科学运作系统的产品特点。
①综合性；②享受性；③文化性。
3. 饭店作为科学运作系统的竞争特点？
①经营的层次化；②竞争的层次化；③目标层次的配套性和适应性。

参 考 文 献

[1] 刘伟. 现代饭店房务运营与管理. 北京：中国旅游出版社，2017

[2] 秦远好. 现代饭店经营管理. 北京：科学出版社，2017

[3] 李明宇，牟昆. 现代饭店人力资源管理实务（第二版）. 北京：清华大学出版社，2017

[4] 林壁属. 现代饭店管理概论. 大连：东北财经大学出版社，2016

[5] 刘正华，郭伟强. 现代饭店餐饮服务与管理. 北京：旅游教育出版社，2016

[6] 姜华. 现代饭店管理实务. 武汉：武汉理工大学出版社，2016

[7] 赵迁远. 现代饭店市场营销. 武汉：武汉理工大学出版社，2016

[8] 徐松华，鲁婉婷，康芬. 现代饭店房务部运行与管理. 北京：中国旅游出版社，2016

[9] 姚建中. 现代酒店管理：理论、实务与案例. 北京：旅游教育出版社，2015

[10] 朱承强，杨瑜. 现代饭店管理（第三版）. 北京：高等教育出版社，2015

[11] 刘红春，李伶娆，齐欣. 现代饭店管理基础. 大连：东北财经大学出版社，2014

[12] 李红. 现代饭店财务管理（第二版）. 大连：东北财经大学出版社，2014

[13] 李晓冬. 现代饭店管理理论与实务. 北京：中国人民大学出版社，2013

[14] 刘飞龙，郑赤建. 现代饭店人力资源管理. 武汉：华中科技大学出版社，2013

[15] 李若凝. 饭店管理. 北京：机械工业出版社，2012

[16] 张素娟，宋雪莉. 现代饭店管理（第二版）. 北京：化学工业出版社，2011

[17] 罗春燕. 现代饭店管理实务. 北京：中国物资出版社，2011

[18] 王立职. 饭店管理. 北京：中国铁道出版社，2010

[19] 梁玉社，李烨. 饭店管理. 上海：格致出版社，2010

[20] 姜锐. 现代饭店管理实务. 武汉：武汉理工大学出版社，2010

[21] 李辉. 现代饭店管理. 北京：电子工业出版社，2010

[22] 吴敌. 饭店管理实务. 成都：西南交通大学出版，2009

[23] 刘名俭，唐静. 饭店管理. 武汉：华中科技大学出版社，2009

[24] 牟昆. 王林峰. 饭店管理概论. 北京：电子工业出版社，2009

后　记

　　教材建设是旅游教育宏观管理的任务之一，是教学管理和专业建设的重要环节，解决饭店业发展过程中的现实问题，对饭店业发展作深层次的研究，从而指导饭店业向正确的方向迅速发展是本书的编写目的。

　　编写此书的本意在于从饭店业发展的实际出发，结合作者多年从事饭店管理课程的教学科研实践，力求理论与读者需要相结合，成为一本以读者为导向的教材。

　　2017年是难忘的一年，我们到处收集资料，一起研讨，几易其稿，每一章都编写了【关键词】【学习要点】【章前导读】使读者一方面可以很快进入学习的角色，另一方面可以明确的认识到每一章的重点、难点和关键概念；每一章还都安排了【阅读专栏】【前沿资讯】【自我检测】【思考与讨论】【实践与应用】，一方面帮助学生理解、掌握和思考问题，另一方面推荐学生阅读一些课外读物，增加知识面。

　　写作期间，我们参考了很多前辈的著作，也借鉴了他们不少的理论，让我们受益匪浅。如今《现代酒店管理》已摆在读者面前，它是集体心血的结晶。

　　由于撰稿人的水平有限，本书的内容、体例、结构中可能存在一定的问题，再次希望读者给予批评指正。

殷开明

2018年1月　温哥华